Pogačnik · Die Landschaft der Göttin

Marko Pogačnik

Die Landschaft der Göttin

Heilungsprojekte in bedrohten Regionen Europas

Mit Zeichnungen des Autors

Diederichs

Mit Zeichnungen von Marko Pogačnik
Lektorat: Hanna Moog

Die Deutsche Bibliothek – CIP-Einheitsaufnahme
Pogačnik, Marko:
Die Landschaft der Göttin: Heilungsprojekte in bedrohten
Regionen Europas / Marko Pogačnik. Mit Zeichn. des Autors.
[Mit Fotos von Dušan Podgornik]. – München: Diederichs, 1993
ISBN 3-424-01173-8

Umschlaggestaltung: Ute Dissmann, München
Produktion: Tillmann Roeder, München
Reproduktion: Gorenjski Tisk, Kranj
Satz: Typodata GmbH, München
Druck und Bindung: Gorenjski Tisk, Kranj

ISBN 3-424-01173-8

Printed in Slovenia

Inhalt

Gewidmet den Frauen,
mit denen mich die Göttin
reichlich beschenkt hat:
meiner geliebten Frau Marika,
den Töchtern Ajra, Nike und Ana,
der Enkeltochter Tara.

Einleitung

Dieses Buch handelt im Grunde von einer Welt voller Freude und Lebensfülle, die um uns Menschen herum pulsiert, die wir in ihrer ganzen Schönheit aber immer weniger erleben, ganz zu schweigen davon, daß wir uns tanzend in den Rhythmus ihrer zyklischen Wandlungen einschwingen könnten. Poetisch habe ich diese Welt die Landschaft der Göttin genannt.

Ich meine, der Hauptgrund dafür, daß wir als Einzelmenschen aber auch als Kultur immer wieder in unseren leidvollen Welterfahrungen steckenbleiben, liegt darin, daß wir uns eine Weise der Selbstbetrachtung und Weltwahrnehmung zu eigen gemacht haben, die uns verbietet, die Vollkommenheit des Lebens zu sehen und an ihr teilzunehmen. Es ist das zentrale Anliegen meines Buches, diese Schranken so weit wie möglich zu öffnen, um den Blick auf neue Horizonte und Sichtweisen freizugeben, die uns in dieser Zeit der Wandlung so dringend nottun.

So gehen meine Bemühungen als erstes dahin, am Beispiel meines eigenen Wandlungsprozesses den Leserinnen und Lesern Anregungen für einen persönlichen Wertewandel auf den Ebenen der Wahrnehmung, der Denkweise und der Seelenerfahrung zu geben. Zweitens lade ich dazu ein, gewisse konkrete Landschaften und Orte auf eine neue Art zu besuchen und sich darin zu erleben. So kommt es, daß in das Gewebe des Buches auch nützliche Hinweise im Sinne eines Reiseführers eingewoben sind – nicht, um den umweltzerstörenden Tourismus weiter anzufachen, sondern um die Möglichkeit einer heilenden Form des Besuches von Orten anzuregen, bei der die tieferen Dimensionen einer Landschaft oder eines Platzes erkannt und erlebt werden, so daß eine befreiende und bereichernde Wechselwirkung zwischen dem Ort und dem Menschen entstehen kann.

Außerdem wird den Leserinnen und Lesern meines vorangegangenen Buches »Die Erde heilen« durch ein Kapitel über Türnich Gelegenheit geboten, an diesem Beispiel die Wandlung, die mir in der Zeitspanne zwischen den beiden Büchern zuteil wurde, nachzuvollziehen und einiges über die Weiterentwicklung meines Werkes in Türnich zu erfahren.

Ferner möchte ich anmerken, daß ich bewußt die Form der persönlichen Aussage gewählt habe, um klarzustellen, daß ich meine Wahrnehmungs- und Denkweise nicht als allgemeingültig hinstellen will, sondern sie frei anbiete in der Hoffnung, daß dieses oder jenes den Leserinnen und Lesern für die eigene Entwicklung und Arbeit nützen möge. Grundsätzlich sind also beide Bücher anhand meiner Tagebücher entstanden, die ich Tag für Tag neben meinem Werk der Landschaftsheilung führe.

Daraus wird bereits deutlich, daß das Buch in seinem Aufbau einen Prozeß widerspiegelt. Es beginnt mit meinen noch zum Himmel schreienden männlichen Vor-

urteilen über die Göttin und ihre Bedeutung für das Leben, führt durch Erfahrungen hindurch, die mein Weltbild bis auf den Grund erschütterten, und fließt letztlich ein in konkrete Schilderungen, wie wir Landschaften und Orte mit ganz neuen Augen sehen und heilend mit ihnen umgehen können.
Die ersten zwei Kapitel sind der Frage gewidmet, wie wir die Kräfte des allumfassenden Lebens – die ich Göttin nenne – verstehen und in das Gefüge des heutigen Bewußtseins einordnen können. Dabei liegt der Schwerpunkt beim ersten Kapitel mehr auf der kollektiv-kulturellen Bedeutung dieser Frage, beim zweiten jedoch auf ihren persönlichen Dimensionen. Im dritten und vierten Kapitel werden die neu gewonnenen Erkenntnisse an zwei konkreten Beispielen demonstriert, an Venedig als einer Wasserstadt und an der einzigartigen Schöpfung der Kapelle und des Parkes von Schloß Türnich bei Köln. In beiden Fällen geht es um eine Relativierung unserer gewohnten linearen Zeitvorstellung durch die Einbeziehung der zyklischen Zeitkomponente, die uns erkennen läßt, wie scheinbar längst vergessene Dimensionen »vergangener« Realität auch im Hier und Jetzt in verändertem Gewande anwesend sind.
Das fünfte Kapitel greift weit in die Vergangenheit zurück, da es um einen Göttinoffenbarungszyklus kreist, der mir im April 1991 geschenkt wurde. Diese Offenbarungen haben es mir ermöglicht, das ursprüngliche Wissen der neolithischen Kultur Europas über die Ausdehnungen der Lebenskräfte zwischen Erde und Kosmos zu einer Ordnung zusammenzufügen, die mir letztlich die Werkzeuge für die praktische Auseinandersetzung mit der Landschaft liefern sollte, denen die letzten zwei Kapitel gewidmet sind. Dabei handelt es sich im sechsten Kapitel um mein Heilungswerk in der Landschaft Nordirlands, während das siebte meinem Heimatland Slowenien gewidmet ist. Letzteres dient als ein vorzügliches Beispiel, um daran zu demonstrieren, wie ein Land, zusammengesetzt aus verschiedenen Landschaften und Unterlandschaften, als eine seelische Ganzheit verstanden werden kann.
Bei den letzten zwei Kapiteln war die Mitarbeit meiner Tochter Ajra unentbehrlich, da sie durch ihre Kommunikation mit ihrem Engel-Lehrer ein Wissen über die besprochenen Orte beisteuern konnte, das für einen Menschen unerreichbar wäre. Diese Durchsagen werden an entsprechender Stelle ausführlich zitiert. Mein Anliegen dabei ist, auch andere Wesenheiten, die Teil der Interaktion mit diesem Planeten sind, in meine Betrachtungen einzubeziehen – dazu zähle ich sowohl die Bäume und andere Naturwesen wie auch die Intelligenzen, die anderen Dimensionen der Realität angehören.
Um möglichen Mißverständnissen vorzubeugen, möchte ich an dieser Stelle noch klarstellen: Für die Auseinandersetzung mit dem Thema gibt es den wissenschaftlichen Weg, der zum Beispiel darin besteht, die entsprechenden Mythen und Symbole zu untersuchen und zu vergleichen, um verstandesmäßig zu einer Erkenntnis zu gelangen. Es gibt aber auch den künstlerisch-sensitiven Weg, den ich versuche in diesem Buch konsequent zu gehen. Dabei erspüre ich zunächst durch meditative Vertiefung, was ein Phänomen in seinem innersten Wesen ist. Erst danach ziehe ich Symbole und Mythen heran, um die empfangene Intuition zu deuten und zu verstehen. Beide Wege können sich wunderbar ergänzen, wenn wir ihnen ihren jeweils eigenen Wert zugestehen.

Als zweites möchte ich auf die Unzulänglichkeit der Sprache hinweisen. Der Mensch gestaltet die Sprache entsprechend den jeweils geltenden Normen. Sobald ich aber etwas Ungewöhnliches zu sagen habe, muß ich mich ständig mit den Schwierigkeiten auseinandersetzen, wie dies angemessen ausgedrückt werden kann. Ich habe mich immer wieder bemüht – nicht zuletzt mit der umfassenden Hilfestellung meiner Lektorin Hanna Moog –, die passenden Worte zu finden. Sollten dennoch gewisse Begriffe Irritationen auslösen, so bitte ich, sich auf den grundlegenden Gedankengang zu besinnen und Einzelbegriffen gegenüber tolerant zu sein.
Abschließend möchte ich unterstreichen, was hoffentlich klar aus dem Buch hervorgeht, daß ich nicht die Absicht hatte, als Mann Frauen über den Reichtum des Weiblichen zu belehren. Vielmehr möchte ich – auch als ein Mann – die Schönheit und Vollkommenheit des Weiblichen aus der Verleugnung ans Licht heben, um ein Zeichen zu setzen dafür, daß das Bewußtsein eines Mannes dafür wieder empfindsam geworden ist. Darin sehe ich eine Hoffnung für die rasch herannahende Zeit der Wandlung.

Srakane, im August 1992 MARKO POGAČNIK

Die Göttin erscheint

Ab Mitte der 80er Jahre war meine persönliche Entwicklung soweit gediehen, daß ich mich mit ganzer Kraft der Erdheilung widmen konnte. Ich habe dafür die Methode der Lithopunktur* entwickelt, die der Akupunktur des menschlichen Körpers ähnelt. Bei der Lithopunktur werden die Nadeln durch Steine ersetzt, die auf bestimmten Punkten des Geländes – sie entsprechen den Meridianpunkten des menschlichen Körpers – aufgestellt werden.**

Daß dadurch eine heilende Wirkung erzielt werden kann, ist nur vorstellbar, wenn wir die Überzeugung zulassen, daß die Erde ebenso wie der Mensch eine geistige Wesenheit ist, die sich nur im Bereich der Raum- und Zeitdimensionen in einem Körper manifestiert. Dieser Körper wäre ein Leichnam, würde er nicht durch ein feines Kraftliniengewebe belebt, das ihn durchzieht. Wie die Chakrensysteme und Meridiane beim Menschen sorgen unzählige Kraftzentren und Energielinien beim Erdkörper dafür, daß unser Planet auf allen Ebenen von Leben durchströmt und damit eine sinnvolle und schöpferische Verkörperung seines geistigen Wesens ermöglicht wird.

Was auch immer der Mensch tut – sei es, daß er nur Gedanken und Gefühle ausstrahlt oder einen Garten pflegt, sei es, daß er umgestaltend in eine Landschaft eingreift – in jedem Fall wirkt er auf das subtile, lebenstragende Kraftgewebe der Erde ein. Wenn dieses Einwirken mitschöpferisch und im Einklang mit der Natur geschieht, wird die Lebensfülle angeregt, und Erde und Mensch werden dadurch innerlich bereichert. Im anderen Fall – und dies ist leider heute die Regel geworden – entstehen durch die rücksichtslosen Eingriffe in die Landschaft und in die Seele des Menschen Umweltschäden und psychische Wunden, die das feinstoffliche Kraftgewebe stören und oft auf eine schmerzliche Weise blockieren.

Bei meinen Bemühungen, zur Heilung der Erde beizutragen, wurde mir sehr schnell bewußt, daß die schlimmsten Zerstörungen – sei es in bezug auf einen Ort oder auf ein Menschenwesen – in der Unterdrückung und Pervertierung der weiblichen Kräfte wurzeln. Als heutige Menschen sind wir Teil einer Kultur, die sich fast ausschließlich an männlichen Vorstellungen orientiert und den weiblichen Aspekt der Schöpfung grundsätzlich unterschätzt, ja vielfach sogar völlig ignoriert. Um unter diesen Umständen heilend zu wirken, habe ich die Lithopunktursysteme bewußt auf einem Gleichgewicht zwischen den weiblichen (Yin) und den

---

* *lithos* (Gr.) – Stein und *punctura* (Lat.) – Einstich.

** In die Lithopunktursteine werden außerdem Zeichenreliefs, die sogenannten Kosmogramme, eingemeißelt. Ihre archetypischen Muster ziehen durch Resonanz die für die Heilung der einzelnen Lithopunkturpunkte benötigten kosmischen Kräfte an.

männlichen (Yang) Elementen der Landschaft und deren Kraftgewebe gebaut. Nicht genug, ich bin eher bestrebt, nach Wegen zu suchen, um die weiblichen Aspekte eines Ortes stärker hervorzuheben.*

Dabei ist mir zunächst leider völlig entgangen, daß sich mein Bestreben, die weibliche Seite zu unterstützen, fast ausschließlich auf die Ebene der Kraftstrukturen bezog, während die »höhere« geistige Ebene weiterhin dem in unserer Tradition als männlich verstandenen Gott vorbehalten blieb. Eine grundlegende Wandlung dieser unbewußten Einstellung gegenüber dem Weiblichen sollte erst im dritten Jahr meiner Lithopunkturtätigkeit im Schloßpark von Cappenberg bei Dortmund eintreten.

Der Schloßpark von Cappenberg mit seinen unzähligen wundervollen Bäumen aus dem frühen 19. Jahrhundert ist durch das Vorrücken des westfälischen Steinkohleabbaus ernsthaft bedroht. Da der Eigentümer, Carl Albrecht Graf Kanitz, befürchtete, der rücksichtslose Abbau der Kohleschichten unter dem Park und dem Schloßbereich könnte zerstörerische Auswirkungen auch auf das Kraft- und Lebensgewebe des Ortes haben, hatte er mich eingeladen, die Lage zu untersuchen und das Kraftgewebe so weit wie möglich durch Steinsetzungen zu schützen.

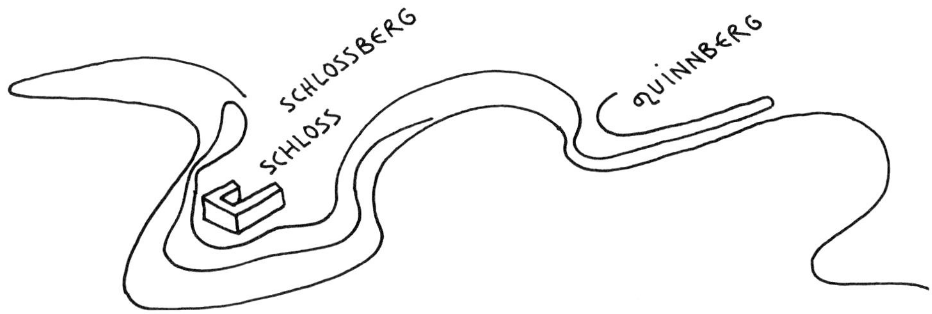

Schloß Cappenberg.
Beziehung zwischen Schloßberg und Quinnberg

Das auf einer Erhebung gelegene, kraftvoll anmutende Schloßgebäude von Cappenberg dominiert über das tiefergelegene Münsterland. So entsteht zunächst der Eindruck, daß die den Schloßberg umgebende und sich in Ost-West-Richtung ausbreitende Parklandschaft nur der Betonung der sich erhebenden Manneskraft des Schloßberges dient und keinen eigenen Inhalt anzubieten hat. Während der ersten beiden Jahre meiner Tätigkeit an diesem Ort habe ich mich ganz diesem Parkbereich gewidmet, doch allmählich mußte ich feststellen, wie sehr der erste Eindruck mich getäuscht hatte.

Wenn wir sorgfältig beobachtend und einfühlend durch die Parklandschaft gehen, zeigt sich auf der Ostseite des Schloßberges ein ganz anders geartetes hügeliges Waldgelände, in dem der weibliche Aspekt der Landschaft überwiegt. Dort breitet sich eine tellerförmige feuchte Senke zwischen drei sanft gerundeten Hügeln aus.

---

* Ein Beispiel für eine solche Heilung, die auf dem Gleichgewicht zwischen den wäßrigen und den feurigen Energiesystemen eines Ortes beruht, ist der Schloßpark Türnich, dessen Heilungsprozeß ich in meinem Buch *Die Erde heilen,* München 1989, beschrieben habe.

Wir finden hier keine vertikal aufstrebende männliche Form, die nicht in horizontale, weibliche Landschaftsrhythmen eingebunden wäre. Dieser Bereich trägt den Namen Quinnberg*.
Im April 1990 war mein Werk soweit gediehen, daß ich vor der Frage stand, wie der Quinnberg zu gestalten sei. Konkret befaßte ich mich zum ersten Mal mit dieser Aufgabe während einer ganztägigen Bahnfahrt von Ljubljana nach Dortmund/Cappenberg am 24. April. Zuerst spielte ich mit ausschließlich mentalen Konzepten herum, die auf der offenkundigen Polarität zwischen dem Schloß- und dem Quinnberg beruhten. Doch dann faßte ich den Mut, den Quinnbergbereich mit dem inneren Auge anzuschauen.
Die Augen geschlossen, entzog ich schrittweise meine Aufmerksamkeit der mich unmittelbar umgebenden Wirklichkeit und versenkte mich in einen tiefen Geistesfrieden. Dann richtete ich meine ganze Konzentration auf die Parklandschaft Cappenbergs. In meiner Vorstellung streifte ich den grünen Schloßbereich und genoß sein Licht und seine Stabilität. Als ich mich jedoch dem »weiblichen« Bereich des Quinnbergs zuwandte, erschien er mir dunkel und von einer schweren Last überschattet. Im nächsten Augenblick schien es mir, als würde die ganze Landschaft nach hinten, in Richtung der wäßrigen Quinnbergsenke kippen. Erschüttert von diesem Anblick fragte ich mich, was es für eine schwere Kraft sein konnte, unter deren Druck der weibliche Pol des Ortes zu versinken drohte.
Durch diese Fragestellung tauchte ich in eine tiefere Ebene der Wahrnehmung ein. Zu meinem Erstaunen sah ich nun vor meinem inneren Auge ein altes, gekrümmtes Weib mit einem häßlichen Frosch, deren Gestalt in ein düsteres Licht getaucht war. Wer kennt nicht solche Bilder aus den Märchen der Kindheit – doch was wollte mir dieses Bild von einer alten Hexe in bezug auf einen Ort sagen? Wollte mich der Ort auf ein Geheimnis aufmerksam machen, das in ihm verborgen lag?
Ich beschloß also, die furchterregende Eingebung sorgfältig innerlich zu prüfen – Zeit dafür hatte ich während der langen Bahnfahrt reichlich. Mir wurde bewußt, daß die Hexengestalt keine friedliche Erscheinung darstellte, vielmehr deutete sie auf eine Verdrehung oder sogar auf eine Verteufelung hin, denn sie war ganz von zerrissenen und kummerbehafteten Schwingungen durchdrungen. Sobald ich mich für eine längere Zeitspanne auf sie konzentrierte, wurde ich von einer tiefen Erschütterung und einer unbekannten Tragik ergriffen. Ich hätte weinen und klagen wollen, obwohl es dafür keinen äußerlichen Grund gab. Schließlich saß ich ja in einem bequemen Schnellzug und fuhr interessanten Aufgaben entgegen.
In der folgenden Nacht, als ich schon in Cappenberg schlief, hatte ich einen merkwürdigen Traum: Ich sah drei Personen in eine erstaunliche Interaktion verwickelt. Als erstes war da eine Art von Poet, der keinerlei Bezug zur praktischen Realität von heute aufwies. Er schien in seinen künstlerischen Inspirationen zu schweben, ohne die Erde unter seinen Füßen zu berühren. Die zweite Gestalt war eine schlanke und strenge Frau, die den poetischen Träumer als nutzlos und überflüssig be-

* In älteren Flurkarten ist er noch als »Jungfernberg« verzeichnet.

trachtete. Sie überredete die dritte Person, einen verstandesmäßig orientierten und mit Logik durchdrungenen Mann, dazu, den nutzlosen Dichter Schritt für Schritt zu vergiften. Sie sagte, er sei für den Weltenlauf nutzlos und müsse daher abgeschafft werden.

Der Vernunftstyp hatte ihre Argumentation als logisch empfunden und dem Narren bereits etwas von dem Gift gegeben. Nach einer gewissen Zeit sollte eine zweite Dosis Gift folgen. Da drängte ich mich, von einer alarmierenden Todesahnung ergriffen, mit meiner gesammelten Kraft in das Traumgeschehen hinein, um die Katastrophe, die ich kommen sah, zu verhindern. Ich nahm den jungen Vergifter unter den Arm und führte ihn zur Seite, um ihm zu erklären, daß der närrische Dichter vielleicht tatsächlich ein unnützer Bursche sei, daß aber er, der Vernunftsmensch, sich bewußt sein müsse, daß er durch das Vergiften des anderen selbst zum Mörder werde. So würden die furchtbaren Folgen seiner Tat auf ihn zurückwirken.

Die auf den Traum folgende Woche verlief in der Suche nach einer sinnvollen Beziehung zwischen dem im Traum erlebten Drama und der düsteren Vision, die ich während der Bahnfahrt nach Cappenberg in bezug auf den weiblichen Bereich des Schloßparks gehabt hatte. Meiner Intuition nach konnte es sich bei dem Traum nur um die Aktualisierung eines uralten Mythos handeln. Mein Verstand schlug rasch eine entsprechende mythische Struktur vor: den griechischen Mythos vom Urteil des Paris.

Tatsächlich fand ich im Parisurteil eine ähnliche Dynamik. Der Mythos erzählt, wie die drei Göttinnen, Aphrodite, Hera und Athene, in einen Streit um den goldenen Apfel verwickelt waren. Im Laufe dieses Streites tauchte eine vierte, außenstehende Person auf in Gestalt des Paris, der – analog zu mir selbst im Traum – den weiteren Verlauf entscheidend beeinflußte. Rein äußerlich betrachtet, hätte dieses mythische Muster wohl gepaßt, aber meine Intuition war damit nicht zufrieden. Meinem Gefühl nach mußte es sich bei der Traumbotschaft um eine viel dringlichere Aussage handeln, um einen geradezu zum Himmel schreienden Notruf.

Am nächsten Wochenende kam glücklicherweise die Lektorin und stille Hüterin dieses Buches, Hanna Moog, zu Besuch. Mit meinen Erklärungen, was das Urteil des Paris, den goldenen Apfel und die drei Göttinnen anging, war sie ganz und gar nicht einverstanden. Ihrer Meinung nach war ich bei meiner Traumdeutung einer patriarchalen Verdrehung des ursprünglichen Mythos gefolgt, wonach die dreigestaltige Göttin ihrem Heros zum Zeichen der Einsetzung in das weltliche Königsamt für ein Jahr den Granatapfel überreichte – und nicht umgekehrt, wie in der patriarchalischen Version.

Ich war beschämt und wußte nichts mehr zu sagen. Tief im Inneren wurde mir klar, wie sehr ich noch immer an die herrschenden patriarchalen Vorstellungen gefesselt war. Meine Wahrnehmungen der weiblichen Dimensionen mußten demnach noch mehr oder weniger verzerrt sein.

Hanna sagte mir aber, mein Traum erinnere sie an einen anderen griechischen Mythos. Er handelt von der Enthauptung der Gorgo Medusa durch Perseus. Es handele sich dabei um einen zentralen Mythos, in dem sich die Umbruchszeit vom Hochmatriarchat zum Patriarchat widerspiegele, der Kampf der aufstrebenden

Haupt der Gorgo Medusa. 6. Jh. v. Chr.
Museum Syracus, Sizilien

männlichen Ordnung, vertreten durch Perseus, gegen die von weiblichen Werten durchdrungene Ordnung, vertreten durch die Göttin Gorgo Medusa.*
Eine wichtige Rolle bei der Enthauptung spielt die aus dem Haupt des Zeus geborene Göttin Athene, die Perseus einen spiegelnden Schild schenkte. Auf diese Weise vermochte Perseus die Medusa mit dem Schwert zu töten, ohne ihrem direkten Blick ausgesetzt zu sein, der ihn auf der Stelle versteinert hätte.
Das Antlitz der Medusa ist von zahlreichen spiralartigen Schlangenlinien umgeben, auf manchen Darstellungen sind sie auch unmittelbar als Schlangen zu erkennen. Nach meinem Verständnis symbolisieren die Schlangen die aus der Erdentiefe aufsteigende Kraft des Lebens, die alle Geschöpfe durchdringt und belebt. Obwohl sie zu den Tieren gehören, die dem Erdboden am nächsten sind, bewegen sich Schlangen blitzschnell aus der Kraft ihres gliederlosen Körpers heraus. So sind sie zum Symbol der Urkraft geworden, die sich aus eigener Vibration heraus bewegt und dadurch alles Leben in pulsierende Bewegung versetzt. Unter diesem Blickwinkel stellt die Schlangengöttin Gorgo Medusa den aufbauenden Bogen im Lebenskreislauf dar.
Gleichzeitig weist sie aber auch die Merkmale der schwarzen Göttin der Wandlung auf.** Der Blick aus ihren weit geöffneten Augen läßt jeden Sterblichen versteinern, der es wagt, sie unverhüllt anzusehen. Im Gegensatz zur lebendigen Schmieg-

* Vgl. die ausführliche Schilderung bei Jutta Voss: *Das Schwarzmond-Tabu,* Stuttgart 1988, S. 283 ff.
** Aus dem Mythos erfahren wir ausdrücklich, daß das Blut aus ihrer linken Körperhälfte Leben und Heilung bringt, das aus der rechten aber den Tod.

samkeit der Schlange wirkt die Regungslosigkeit des Steines wie ein Todeszeichen. Auch ist es der Tod, der den Körper aller Lebenskraft entleert bis auf den »steinernen« Knochen. In diesem Sinne waltet die Gorgo Medusa auch über den absteigenden Bogen des Lebenszyklus. Und schließlich verkörpert sie noch den dritten Kraftbereich der Göttin, die geheimnisvolle Wandlung vom Tod zum Leben. Ihre rote Zunge hängt lang aus ihrem mondsichelförmigen Mund heraus. Jutta Voss sieht in der Zunge ein Symbol des sich zyklisch ausgießenden Menstruationsblutes, das mit der Schwarzmondphase im Mondwechsel verbunden ist. Die zyklisch wiederkehrende Menstruationsblutung war ein Symbol für die potentielle Wiedergeburt, ein sichtbares Zeichen dafür, daß die unsichtbaren lebensspendenden Kräfte noch immer anwesend sind. Die rote Zunge zeichnet die Gorgo Medusa daher auch als Göttin der Wandlung aus, als Hüterin der unbegreifbaren Wendung vom Tod zum Leben.

Doch zurück zu meinem Initiationstraum vom 25. April 1990: Die Entsprechung zur Gorgo Medusa wäre der träumerische Poet, der in seinen künstlerischen Inspirationen schwebte und wenn auch nicht enthauptet, so doch stufenweise vergiftet wurde. Äußerlich unterscheiden sich die beiden Gestalten zwar sehr voneinander, inhaltlich aber nicht. Im Gegensatz zu Perseus und Athene steht die Gorgo Medusa für eine völlig andere Bewußtseinsebene als wir, die Menschen der abendländischen Kultur, sie kennen. Sowohl Perseus als auch Athene waren bereits Kinder des olympischen Götter*vaters,* und auch wir heutigen Menschen sind weitgehend Kinder der antiken griechischen Kultur, indem wir uns deren Entdeckung des logischen Denkens zu eigen gemacht haben. Die Göttin Gorgo Medusa hingegen symbolisiert eine viel ältere, ins Neolithikum und vermutlich noch weit tiefer in die sogenannte »Steinzeit«* zurückreichende Bewußtseinsebene, als der Mensch noch in einem vollkommenen Einklang mit den Zyklen der Göttin und der Natur lebte. Ein solches instinktiv-intuitives Bewußtsein bedingt, daß sich der Mensch vollkommen dem Lebenskreislauf hingibt und eins ist mit den Rhythmen von Leben, Tod und Wiedergeburt. Unter diesen Bedingungen haben die Menschen die Natur wohl noch als geistbeseelt erlebt, und es ist vorstellbar, daß sie so, von innen erlebt, einen so erhabenen und furchterregenden Eindruck darbot, wie die Gestalt der Gorgo Medusa mit ihren feurigen Flügeln, ihren bronzenen Armen und ihrem todbringenden Blick. Denken wir an die Gewalt, mit der sich die vier Elemente offenbaren, wenn etwa ein Waldbrand wütet, Wasserfluten sich ergießen, ein wilder Sturm braust oder ein Erdbeben die Erdkruste erschüttert.

Betrachtet man diese ehrfurchtgebietende Schönheit der Göttin von außen, so wie wir es als Kinder der Neuzeit tun, dann erleben wir ihre Wirklichkeit als einen entrückten Traumzustand. Etwas von solcher Wahrheit und Lebenskraft Durchdrungenes manifestiert sich heute vielleicht noch am ehesten in der Kunst, genauer gesagt durch die poetische Vision eines Künstlers, die oft an Narrheit grenzt. So gesehen wird verständlich, warum ein dichterischer Narr in meinem Traum die

* Das heutige, der Natur entfremdete Bewußtsein identifiziert die Epoche, in der die Menschheit harmonisch mit der Natur lebte – den Paradieszustand – mit den primitiven Steinwerkzeugen, die der damalige Mensch gebrauchte, nicht aber mit der geistigen Qualität jenes Zeitalters, das in der Sprache des Mythos auch als das Goldene Zeitalter bezeichnet wird.

Göttin vertrat. Im übrigen erzählt der Mythos, daß im Augenblick der Enthauptung das geflügelte Pferd Pegasus aus der Medusa geboren wurde, das später zum Symbol der Dichtkunst wurde.
Die andere Gestalt in meinem Traum, die schlanke und strenge Frau, findet im Mythos ihre Entsprechung in der Gestalt der Pallas Athene, die ihren Halbbruder Perseus – verkörpert durch den Vernunftstyp in meinem Traum – mit einem Spiegelschild ausgestattet hatte, um die Gorgo Medusa enthaupten zu können, ohne sich dem todbringenden Blick der Göttin stellen zu müssen. So konnte er sie, während er sie köpfte, im Spiegel seines Verstandes betrachten.
Wie bereits erwähnt, deutet Jutta Voss die Enthauptung der Gorgo Medusa überzeugend als eine mythische Erinnerung an den Sieg des Patriarchats über die von weiblichen Werten getragene Ordnung der Göttin. Sie wurde durch die mit Gewalt vordringenden, männlich dominierten indogermanischen Stämme zerstört. Geschichtlich betrachtet war dieser Umschwung auf griechischem Boden gegen Ende des zweiten vorchristlichen Jahrtausends abgeschlossen, als die Stämme der Achäer, Ionier und Dorier nacheinander in den Balkanraum einbrachen.
Auf der geistigen Ebene läßt sich dieser Umbruch am Auftreten einer männlich dominierten Göttergeneration ablesen. Der Göttervater Zeus tritt gewalttätig seine Herrschaft an. Die Göttin wird entweder enthauptet, wie es das Beispiel der Gorgo Medusa zeigt, oder sie wird in eine untergeordnete Rolle als Gemahlin gedrängt, wie die einst vollmächtige kretische Göttin Hera. Oder sie wird als Tochter aus dem Vater Zeus geboren wie Pallas Athene. Der Mythos will es, daß sie voll zum Krieg gerüstet dem Haupt ihres Vaters entsprungen ist.*
Die Entdeckung des im linken Gehirn angesiedelten Verstandes** dürfte wohl der entscheidende Schlüssel zu dem kultur- und geistesgeschichtlichen Umbruch gewesen sein. Im Mythos von der Enthauptung der Gorgo Medusa zeigt sich die Schlüsselfunktion des trennenden Verstandes im Symbol des Spiegelschildes, der es Perseus ermöglichte, die Göttin zu enthaupten, ohne durch ihre todbringende Kraft verletzt zu werden. Denn was im Spiegel betrachtet wird, ist nicht die konkrete Wirklichkeit, sondern lediglich ihr Abglanz, die Illusion der Realität. Das Gleiche geschieht beim verstandesmäßigen Umgang mit der Wirklichkeit. Es findet kein unmittelbarer Kontakt mehr mit den Elementen der Realität statt, sondern nur mit deren Abbildern in Form von abstrakten Kategorien.
Übersetzt aus der mythischen in die Alltagssprache würde die Botschaft von der Enthauptung der Göttin mit Hilfe des Verstandes also bedeuten, daß sich der Mensch mit Hilfe der Ratio über die Natur und ihre zyklische Ordnung, verkörpert durch die Göttin, erhoben hat. Die unmittelbar erfahrene Kraft der Göttin wurde stufenweise durch die abstrakte Macht des Verstandes ersetzt. Im Lichte die-

* Allerdings konnte selbst der patriarchalisierte Mythos von der Geburt der Athene nicht leugnen, daß es einer Frau bedurfte, um Athene auszutragen. Demnach hatte Zeus die Göttin Tetis, die Mutter der Athene, schwanger verschlungen, weil er befürchtete, das Kind würde ihn entthronen. Als die verschlungene Tetis gebar, mußte Hephaistos den Kopf des Zeus mit einer Axt spalten, damit Athene herausspringen konnte.

** Heute wird davon gesprochen, daß der Mensch mit der rechten Gehirnhälfte vorwiegend ganzheitlich und intuitiv erfaßt, während das verstandesmäßige und logische Denken in der linken Gehirnhälfte angesiedelt sei.

Die Geburt der Athene aus dem Haupt des Zeus mit Hilfe des Schmiedegottes Hephaistos. Griechische Vasenmalerei, 560 v. Chr.

ser Illusionskraft fiel es nun nicht mehr schwer, die wahre Kraft der Göttin, wie sie sich in den Naturzyklen und im kosmischen Reigen manifestiert, zu verleugnen. Sie wurde durch die scheinbare Kraft des menschlichen Willens ersetzt. Der Traum machte mir bewußt, daß die tragische »Köpfung« kein Ereignis war, das endgültig der Vergangenheit angehörte. Vielmehr kennzeichnet sie nur den Beginn eines Prozesses, der noch heute andauert. Im Verlaufe unserer Kulturentwicklung wurde die menschliche Vernunft als *die* gültige und respektierte Form des Bewußtseins inthronisiert, während die Lebenskraft und Weisheit der Göttin, die sich durch Gefühle und Intuitionen äußert, immer konsequenter aus dem Bewußtsein verdrängt und als verteufelt in die Abgründe des Unbewußten verwiesen wurde. »Köpfen« bedeutet hier buchstäblich, etwas unter die Kopfebene abzuschieben.

Mein Traum vom 25. April, der bis zu diesem Punkt parallel zu dem Enthauptungsmythos verlief, nahm nun eine andere Richtung und führte einige vollkommen neue Elemente ein, unterstrichen durch mein heftiges Eingreifen in den Traumverlauf. Dabei fällt allerdings auf, daß mein Traum-Ich die erste Vergiftung des Narrendichters ohne Reaktion hingenommen hatte und erst einschritt, als dieser Vorgang wiederholt werden sollte. Man könnte dies so verstehen, daß es in der tragischen Geschichte doch einen positiven Aspekt gibt, der erst aus der heutigen Perspektive erkennbar wird.

Die Einweihung in die Mechanismen der linken Gehirnhälfte, symbolisiert durch die Rolle der Athene und die Handlungsweise des Perseus, hat dem Menschen den Weg zur Entwicklung des logischen Denkens und als Konsequenz daraus die Möglichkeit einer distanzierten Subjekt-Objekt-Beziehung zwischen Mensch und Kosmos eröffnet. Diese Distanz, die im Bewußtsein als eine Spaltung zwischen dem

Denkenden und dem Gedachten erscheint, hat es dem Menschen ermöglicht, seine eigene Identität zu erkennen. Nun konnte er den dornenreichen Weg zur bewußten Selbsterkenntnis betreten.
Solange der Mensch eingebettet blieb in die Weltganzheit, konnte es keine bewußte Selbsterkenntnis geben. Auf dieser frühen Stufe des Bewußtseins kann er sich nur im Einssein mit den Naturwesenheiten und den göttlichen Kräften erfahren, deren Teil er ist, die aber im Bewußtsein alle umfassender sind als der Mensch selbst. Für eine bewußte Selbsterkenntnis ist das Ausscheiden aus der Weltganzheit unentbehrlich. Nur so wird ein Freiraum geschaffen, in dem der Mensch seine selbständige Kreativität entwickeln kann. Durch diese Freiheitserfahrung als Folge der »Köpfung« wurde der Mensch also in seiner Entwicklung einen Schritt weitergetragen. Aber keinen Schritt mehr!
Sobald der Mensch auch nur einen Augenblick länger als für die Selbsterkenntnis nötig von der Weltganzheit und folglich vom Göttinbewußtsein losgelöst bleibt, wenn er gar in einem solchen Zustand über lange Zeit lebt und wirkt – wie es unsere gegenwärtige Kultur tut –, dann wird er unweigerlich zum Natur- und Selbstzerstörer. Die Folgen dieser Uneinsichtigkeit sind schon längst über uns hereingebrochen, die sinnlosesten Kriege toben um uns herum, und wir werden immer tiefer in eine tödliche ökologische Krise hineingezogen. Es war wohl die drohende Gefahr des zunehmenden Egozentrismus, die mich in den Traum einbrechen und dem Vernunftstyp von jeder weiteren Vergiftung der Göttingestalt dringlichst abraten ließ.
Über den Enthauptungsmythos und dessen Beziehung zu meinem Traum diskutierend, waren Hanna und ich weiter durch den Schloßpark spaziert und schließlich im Quinnbergbereich angekommen, den ich eingangs als den überwiegend weiblichen Teil des Schloßparks vorgestellt habe. Ich hatte die Absicht, Hanna dort zu erklären, wie ich durch eine Komposition von drei Lithopunktursteinen, gruppiert um einen flachen Felsen, die vergessenen Göttinkräfte des Ortes für das Leben dieser Landschaft zurückzugewinnen trachtete. Da stellte sie mir unerwartet eine Frage, für die ich selbst schon nach einer sinnvollen Erklärung gesucht hatte. Warum hatte man durch den Quinnberg eine schnurgerade Allee gegraben, die genau den Kopf des Hügels durchschneidet? Ähnlich wie bei dem zentralen Schloßberg handelt es sich auch bei dem seitlich gelegenen Quinnberg um einen Landvorsprung, der in diesem Fall aber in einem regelmäßigen, kegelförmigen Hügel endet. Der Kopf dieses Hügels erhebt sich mindestens fünf Meter über die Ebene des Hinterlandes. Die Allee wurde auf der Höhe des Hinterlandes wie eine Schneise durch den Kopf des Hügels geschlagen. Sie endet abrupt und ohne erkennbaren Sinn über einem steil abfallenden Hang. Sie führt ins Nichts und konnte auch sonst keine Funktion haben, die das gewaltige Werk der Durchschneidung des Hügelkopfes gerechtfertigt hätte.
Die Allee ist schon auf der ältesten Flurkarte aus der Zeit der Säkularisierung des Cappenberger Klosters* im Jahr 1806 eingezeichnet; sie wird von zwei Kastanien-

* Im Jahr 1122 hatte Graf Gottfried von Cappenberg sein Schloß mit allen Besitztümern in das erste deutsche Stift des Prämonstratenserordens umgewandelt und war selbst mit seiner gesamten Familie dem Orden beigetreten. Das Kloster bestand 680 Jahre lang bis zu seiner Säkularisierung im Jahr 1802.

Gorgo Medusa mit dem geflügelten Pferd Pegasus, das bei ihrer Enthauptung geboren wurde. Aus dem Tempel zu Syracus, 6. Jh. v. Chr.

reihen gesäumt. Einzelne riesige Roßkastanien stehen noch heute entlang der Alleetrasse. Die Durchschneidung des Hügels war also keine romantische Erfindung der Landschaftsparkgestaltung aus dem 19. Jahrhundert, wie man bisher angenommen hatte.

Man kann um den Hügel herum eine Spirale muten*, die genau in der Mitte des ehemaligen Hügelkopfes in ein starkes Kraftfeld ausläuft. Als ich mich meditativ auf den Platz einließ, sah ich vor meinem inneren Auge eine unterirdische Kammer, die den Menschen des Göttinzeitalters als sakraler Raum gedient hatte. Es fühlte sich an, als sei die Steinkammer der Einweihung in das Geheimnis der Wandlung vom Tod zum neuen Leben gewidmet gewesen.

Nun, im Lichte der kurz zuvor besprochenen Köpfung der Gorgo Medusa betrachtet, wurde auf der Stelle klar, daß der Einschnitt der Allee durch den Kopf des Hügels eine gewalttätige Enthauptung des ehemals heiligen Hügels darstellte. Wer diese Aggression gegen das Heiligtum der Göttin begangen hatte und warum sie durch diese sinnlose Allee verhüllt worden war, blieb noch ein Geheimnis. Mein

* Zum Beispiel mit Hilfe eines Radiästhesie-Instrumentes.

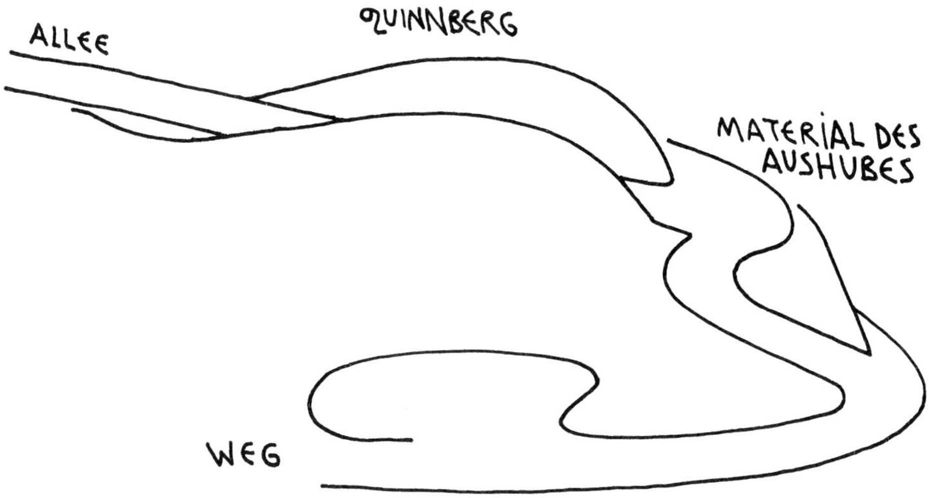

Der durch eine Allee gespaltene (geköpfte) Quinnberghügel im Schloßpark zu Cappenberg. Die schnurgerade Allee endet abrupt und geht über in einen uralten, spiralförmigen Prozessionsweg

Traum über die stufenweise Vergiftung der alten Naturordnung und seine Entschlüsselung mit Hilfe des Enthauptungsmythos hatte ein festes Fundament erhalten. Auch war mir nun die Aufgabenstellung für mein Heilungswerk im Bereich des Quinnberges verständlicher geworden. Das düstere Bild der alten Hexe mit dem häßlichen Frosch war ein Notruf gewesen, der mich zur Erlösung der unterdrückten und verteufelten Göttinkräfte an diesem Ort aufforderte.

Für dieses Mal konnte ich nicht mehr erreichen, als zunächst einmal zu klären, worin die Aufgabe der Heilung bestand. Meine Zeit für den Frühjahrsaufenthalt in Cappenberg war abgelaufen. Am 14. Mai 1990 saß ich wieder im Schnellzug, diesmal in Richtung Heimat. Die langen Stunden relativer Ruhe, die mir die 14stündige Fahrt gewährte, wollte ich nutzen, um die neuen Erfahrungen in mein altes Weltbild zu integrieren. Rückblickend auf die Erlebnisse in den vergangenen drei Wochen hätte ich nicht sagen können, daß ich handfeste Erfahrungen mit der Gegenwart der Göttin gemacht hatte. Eher umgekehrt: Ich hatte sie in einer höchst tragischen Weise abwesend erlebt – einmal verhext in ein altes Froschweib, das andere Mal enthauptet im Medusa-Mythos, dann vergiftet durch den Vernunftstyp in meinem Traum und schließlich noch einmal geköpft in Form des durchschnittenen Einweihungshügels. Gab es überhaupt eine Möglichkeit, sie anders als abwesend zu erleben?

Es war der letzte Tag vor einem Wochenende, und der Zug war voll von Mitreisenden. Ich saß auf einem Klappstuhl im Gang und grübelte über die Wende, die das Erscheinen der Göttin für mein Leben bedeuten könnte. Da fiel mir am anderen Ende des Wagens eine violett gekleidete junge Frau auf, die ebenfalls auf einem Klappstuhl hockte. Ich fragte mich, ob sie eine Botin der Göttin sein könnte und ob die Göttin nicht überhaupt in allen Dingen und Wesenheiten der Welt anwesend ist – nur daß ich sie, gehemmt durch meine verinnerlichten patriarchalischen Fehlvorstellungen, nicht wahrnehmen konnte.

Plötzlich stand die unbekannte Frau auf und bewegte sich in meine Richtung den Flur entlang. Mein Verstand erklärte dieses Zusammentreffen als zufällig, und ich tat so, als ginge mich ihr Vorbeigehen nichts an. Sie blieb aber unmittelbar an meiner Seite stehen – ich hatte meinen Körper gegen die Wand gedrückt, um ihr den Weg freizumachen –, dann drehte sie sich heftig um, wobei sie mich mit ihrem Gesäß unmißverständlich berührte. Anschließend ging sie zu ihrem Platz zurück, stieg an der nächsten Station aus und bestieg auf dem gegenüberliegenden Bahnsteig einen Eilzug, der überraschenderweise in dieselbe Richtung fuhr wie unser Zug und keineswegs leerer war.
Während der nun folgenden Stunden war ich unfähig, klar und logisch zu denken. Es schien mir, als sei meine innere Welt dabei zusammenzubrechen. Ich war vollkommen aufgelöst. Da schoß völlig unerwartet mein bislang verstecktes männliches Mißtrauen gegenüber allem Weiblichen und gegenüber den Frauen hoch. Ich fand mich hin und her getrieben in den Wogen von Ohnmacht und Furcht und war schließlich fest davon überzeugt, daß mich die unbekannte Frau durch ihre nur scheinbar zufällige intime Berührung verhext hatte. Ich fühlte mich völlig kopflos und muß gestehen, daß ich den Verdacht hegte, daß die Frauen einen geheimen Bund bildeten, der versuchte, mich an die Göttin als eine Illusion zu fesseln, um meine geistigen Bestrebungen zu behindern.
Um mich dagegen zu wehren, griff ich nach der Meditation als dem Heilmittel, das mir am besten vertraut war. Ich wollte Licht herbeiholen – es wurde aber immer schwärzer vor meiner inneren Sicht, je tiefer ich in die Stille eintauchte. Immer noch überzeugt, daß es sich um einen Akt der Dämonisierung handelte, war ich aber entschlossen, durch den dunklen Tunnel hindurchzukommen. Da bemerkte ich zu meiner Überraschung, wie das schwarze Licht zu leuchten begann, wie die Dunkelheit selbst zu einem hauchzarten Licht wurde, das mich aus der Tiefe heraus durchflutete und mich in einen seligen Frieden hinüberleitete. Ich wurde gewahr, daß ich in ein andersartiges, mir bislang unbekanntes geistiges Weltsystem eingetreten war. Bis zu diesem Punkt war die Vorstellung vom geistigen Licht für mich ausschließlich mit dem goldenen Sonnenlicht verbunden gewesen, dessen strahlende Quelle ich hoch über meinem Wesen wahrnahm; der Lichteinfall erfolgte von oben durch meinen Kopf und Brustbereich. Nun war alles genau umgekehrt!
Nachdem mich die Göttin durch die fremde Frau berührt hatte – so meine nun optimistische Erklärung des Zwischenfalls im Gang –, waren meine geistigen Vorstellungen umgekippt, und ich erlebte mich, wie ich in die Tiefe zum Licht hinuntertauchte. Außer der »verkehrten« Richtung hatte ich deutlich wahrgenommen, daß sich die Lichtquelle diesmal nicht außerhalb meines Körpers befand. Ich wurde wie von einem Magnet zur Wurzel der Wirbelsäule hingezogen, wo die tiefste Stelle pulsierte. Sie war so gewaltig, daß ich meinen inneren Blick augenblicklich abwenden mußte, um nicht versteinert zu werden wie von dem todbringenden Blick der Gorgo Medusa.
Nun war ich mit meiner alten Weltanschauung ernsthaft in Schwierigkeiten geraten. Die Erfahrung des schwarzen Lichtes hatte ich mir schon mit dem Begriff der »schwarzen Madonna« zufriedenstellend erklären können. Daß sich aber der geistige Schwerpunkt innerhalb des materiellen Körpers befand und das ausgerechnet im ausgesprochen peinlichen Bereich der Geschlechtsorgane, war für mich undenkbar

gewesen. Ich hätte am liebsten die letzten Erfahrungen einfach geleugnet und wäre gern zu meinen gewohnten, »aufrichtigen« Vorstellungen zurückgekehrt.
In höchster Gewissensnot sah ich mich nach einer Hilfe um – da nahm ich ein Bild des Weltalls wahr; es sah zunächst völlig wirr aus, da sich darin offensichtlich zwei Bewegungssysteme untereinandermischten. Stufenweise gelang es mir, sie auseinanderzubringen. Das erste erkannte ich als das unserer Kultur vertraute heliozentrische Weltsystem, bei dem die Erde zusammen mit anderen Planeten um ein hell strahlendes Zentrum, die Sonne, kreist. Es bestand kein Zweifel daran, daß sich die Weltenmitte in diesem Fall weit außerhalb der Erdensphäre befindet. Das zweite war das uralte geozentrische System, bei dem sich sämtliche Himmelskörper ringförmig um die Erde bewegen. In diesem Falle hat das unendliche Universum mit seinen Sternen, Planeten und dem Tierkreis sein Zentrum in der Mitte des irdischen Körpers.
Was mir zu Beginn meiner Meditation widerfahren war, verstand ich plötzlich als die Umkehr vom heliozentrischen zum geozentrischen Weltbild. Das bedeutete aber nicht notwendigerweise, daß wir bei diesem Umschwung aus der Weite des geistigen Himmels in die Enge der irdischen Materie fallen müßten. Das sieht nur aus unserem heutigen Blickwinkel heraus betrachtet so aus, weil er uns die Welt als polarisiert zwischen dem vergeistigten Himmel und der geistfremden Materie erscheinen läßt.
In dem geozentrischen Weltsystem, wie ich es in meiner Vision erlebt habe, gibt es keinen Bruch zwischen dem Reich des Geistes und dem der Materie. Statt dessen findet ein zyklischer Austausch zwischen den beiden Weltpolen statt. Die geistigen Kräfte der Planeten, der Sterne und des Tierkreises strahlen aus allen Himmelsrichtungen auf den Erdkörper wie auf einen Brennpunkt ein. Auf diese Weise wird der Erdkörper mit Licht erfüllt und wird potentiell selbst zu einer Quelle der Geisteskräfte: Die aus der Tiefe des Erdkörpers aufsteigende Weisheit und Lebenskraft wird zum Eigenlicht der Erde, das in das Weltall ausstrahlt. Was auf der makrokosmischen Ebene gilt, gilt auch für den Menschen als Mikrokosmos: Das Licht kann nicht nur als etwas von außen eindringendes, sondern auch als ein aus dem Inneren des Körpers aufsteigendes Licht erfahren werden.
Begeistert von diesem Einblick in das Geheimnis der körperlichen Spiritualität war ich sofort bereit, die wissenschaftlich untermauerte heliozentrische Weltanschauung abzulegen und das alte, geozentrische System zusammen mit den dazugehörigen Lebensvorstellungen, Ritualen und Symbolen der Göttintradition zu akzeptieren. Doch hielt mich zunächst noch eine mir bis dahin unverstandene Kindheitserinnerung davon zurück.
Als Kinder mußten wir von der Schule aus an einer Filmvorführung teilnehmen, die uns das Grauen des Zweiten Weltkrieges vor Augen führte. Seitdem ist in mein Gedächtnis das Bild der geometrisch perfekt gestalteten Nazi-Militärparaden eingeprägt, und es kommt mir seit über 30 Jahren immer wieder ins Bewußtsein. Ich sehe Menschen, zusammengepreßt zu einer lebendigen Kriegsmaschine, die im Zeichen von drei alles überstrahlenden Farben marschieren: Schwarz, Weiß und Rot. In meiner jugendlichen Seele haben diese drei Farben einen zugleich anziehenden und abstoßenden Eindruck hinterlassen. In der Auseinandersetzung mit dem Mythos von der Enthauptung der Gorgo Medusa erfuhr ich durch das Buch

von Jutta Voss, daß die Farben Schwarz, Weiß und Rot von altersher die drei sakralen Farben der Göttin waren als Ausdruck für die geistige Wesenheit des dreiphasigen Menstruations-, Mond- und Lebenszyklus:*
Die ternäre** Göttin verkörpert die zyklischen Schöpfungsordnungen der kosmischen Erneuerung. Weiß ist die Farbe der Blütengöttin. Sie steht für den Beginn eines neuen Zyklus, den Neubeginn. Von den Lebenszeit-Phasen der Frau her ist die Blüte das Zeichen des Mädchens, der jungen Frau. Rot ist die Farbe der Granatapfelgöttin, die die reale und sakrale Vollmacht hat. Sie war es, die – wie schon an früherer Stelle erwähnt – den Apfel als Zeichen der Einsetzung in das Königsamt dem Einjahreskönig überreichte. Sie ist die Frau in ihrer Fülle und in ihrem zyklisch fruchtbaren Aspekt. Schwarz ist die Farbe der Göttin des Granatapfelmostes, des ausgepreßten Lebenssaftes. Sie ist die Göttin der sakralen Wandlungsgeburt, des sich ständig erneuernden, dynamischen Lebensprinzips. Erst in patriarchalischer Zeit wurde sie zur Todes- oder gar Tötungsgöttin herabgewürdigt; ihre Fähigkeit zur zyklischen Wandlung und Erneuerung hatte keinen Platz mehr in der patriarchalen Vorstellung von einem endgültigen Tod. Bezogen auf die Lebenszeit-Phasen der Frau entspricht der Wandlungsgöttin die weise Alte.
Mein Kindheitsgefühl war also richtig gewesen. Ich hatte mich auf natürliche Weise von den drei Farben angezogen gefühlt, da sie die vollkommene Schönheit und die erneuernde Kraft des Lebens symbolisieren. Die Seele fühlt sich von der schwarz-weiß-roten Dreiheit inspiriert und möchte sich ganz ihren urbildlichen Schwingungen hingeben. Doch im gleichen Moment spürte ich eine schmerzhafte Abstoßung aus der Erfahrung, daß die Männer an der Schwelle des Zweiten Weltkrieges im Zeichen der Göttinfarben zu unermeßlicher Gewalt und Weltzerstörung aufmarschiert waren. Die Kraft der schwarzen Göttin, die durch Wandlung neues Leben hervorbringen kann, wurde verdreht, ihre Symbole*** mißbraucht, um durch todbringende Zerstörung die patriarchale Herrschaft zu sichern.
Leider setzt sich diese Pervertierung bis heute fort. Dabei wird immer wieder die seelische Not des modernen Menschen angesichts der verstoßenen und unverstandenen Göttinkräfte ausgenützt, denn die nie geheilte Wunde der Enthauptung der Göttin brennt natürlich noch im Unbewußten der Menschen. Durch den Mißbrauch der alten Göttinnensymbole und Urbilder werden die Menschen – und insbesondere die immer sensiblere Jugend, aber auch ganze Nationen – in immer neue Strudel der Pervertierung hineingezogen und zu Gewalttaten aufgeputscht.
Da ich den unreflektierten Rückgriff auf die Tradition der Göttinkultur als einen gefährlichen Mißbrauch erlebt hatte, suchte ich während der Wochen nach meiner Heimkehr nach Zeichen für das mögliche Vorhandensein eines Göttinbewußtseins innerhalb der noch heute vorherrschenden Entwicklungsstufe unserer westlichen

---

* Diese *sakralen*, wesenhaften Phasen sind nicht deckungsgleich mit den *real* am Himmel erscheinenden *vier* Mondbildern.

** *ternarius* (Lat.) – dreifach, aus drei Teilen bestehend. Ich verwende diesen Begriff für die Drei-Phasen-Göttin (zyklische Ordnung) in Abgrenzung zur Dreifaltigkeit bzw. Trinität des christlichen Gottesbildes.

*** Außer den drei erwähnten Farben – insbesondere die Farbe Schwarz – auch die Swastika (ein Wandlungssymbol) und der Lorbeerkranz (ein Symbol der weißen Phase der Göttin und der Einweihung).

Kultur, mit anderen Worten, innerhalb der christlichen Epoche. Schon immer hatte ich mich von der Tatsache angezogen gefühlt, daß die Botschaft Jesu auf Eigenschaften beruhte, die zweifellos weiblichen Charakter haben, wie Liebe, Güte und Heilung. Für jeden kritischen Christen ist es offenkundig, daß sich Jesus in seiner Lehre und in seinem Handeln von der zeitgenössischen patriarchalen Haltung deutlich distanzierte, die von Machtgier, Tabuisierungen und geistlichem Prunk gekennzeichnet war. Ohne Zweifel war die sensible, mitfühlende und alles einschließende Natur seiner Botschaft darauf gerichtet, die weibliche Seite des durch den androkratischen* Einbruch zerstörten Gleichgewichts hervorzuheben, um die Welt wieder zu einer harmonischen Ordnung zu führen.

Die lang ersehnte Gelegenheit, Anzeichen für die Anwesenheit der Göttin innerhalb der christlichen Epoche zu finden, bot sich schon am 1. Juni 1990, als ich mich verpflichtete, zwei Klassen einer Mittelschule aus Nova Gorica auf einer Busfahrt durch Istrien zu führen. Als Reiseziele hatte ich einige Kraftorte** ausgewählt, die mir aus meiner früheren Erforschung der istrischen Halbinsel vertraut waren.*** Der Schuldirektor bestand aber unbedingt darauf, daß ich der Jugend auch die Kirche von Hrastovlje zeigen sollte.

Die kleine romanische Kirche der Heiligen Trinität in Hrastovlje im Rižana-Tal gilt als eines der wichtigsten Kulturdenkmäler Sloweniens. Sie wurde Ende des 15. Jahrhunderts von dem einheimischen Maler Johannes von Kastav bis zum letzten Quadratzentimeter ausgemalt, einschließlich der Säulen, des Gewölbes und der Nischen. Das Dorf von Hrastovlje war schon immer arm gewesen, so daß es im Laufe der Jahrhunderte zu keinen nennenswerten Veränderungen und Umbauten gekommen war. Unter einer dicken Schicht von weißem Kalk sind die Fresken fast vollständig erhalten geblieben.

Während meiner früheren Erkundungen in Istrien hatte ich mir auch dieses Heiligtum angesehen. Die Kirche gefiel mir sehr, doch konnte ich darin keine Beziehungen zum Kraftnetz des Landes feststellen – und damit war sie für mich uninteressant gewesen. Tatsächlich war ich bis vor nicht allzu langer Zeit so stark an die ausschließlich radiästhetischen Aspekte**** der Erde und der Landschaft gebunden, daß mich dieser Umstand für tiefere Zusammenhänge blind machte.

Um dem Wunsch des Schuldirektors zu entsprechen, führte ich die beiden Klassen als erstes nach Hrastovlje. So standen wir schließlich im Inneren der Kirche, und ich wollte etwas Formales über die Fresken sagen, um wenigstens einen gewissen Nutzen aus diesem Besuch zu ziehen, als ich im selben Augenblick gewahr wurde, daß in den Malereien der Trinitätskirche – so unglaublich dies klingen mag – die heilige Dreiheit der Göttin dargestellt ist! Nun konnte ich, zurückgreifend auf mei-

---

* androkratisch – vom männlichen Prinzip beherrscht; *andros* (Gr.) – der Mann und *kratein* (Gr.) – herrschen.

** Als Kraftorte werden Orte bezeichnet, an denen sich die Kraftlinien der Erde kreuzen und ein intensiver Austausch zwischen Erde und Kosmos stattfindet. Sie sind oft mit Wallfahrtsorten identisch.

*** Vgl. dazu meine Veröffentlichung *Introduction to the Sacred Landscape of Istria,* Koper 1985.

**** Radiästhesie ist die Kunst, Strahlung zu erspüren und zu unterscheiden; von *radiare* (Lat.) – strahlen und *aisthesis* (Gr.) – die Wahrnehmung.

ne Göttinstudien des letzten Monats, der Jugend anhand der Fresken die Geschichte der dreigestaltigen Göttin erzählen, die sich in Hrastovlje hinter den uns ikonografisch vertraut erscheinenden Szenen verbirgt, angefangen beim nördlichen Seitenschiff über das Gewölbe des Mittelschiffes bis zur Wand des südlichen Seitenschiffes.

Die Wand des nördlichen Seitenschiffes zeigt eine Anbetung der Heiligen Drei Könige. Ihr feierlicher Zug bewegt sich von West nach Ost in Richtung der aufgehenden Sonne, wo die Jungfrau Maria mit dem Jesuskind auf einem goldenen Thron sitzt. Sie ist in einen weißen, mit Edelsteinen eingefaßten Mantel gehüllt und trägt eine Krone, obwohl sie nach unserem gängigen Verständnis in einem ärmlichen Stall bei Ochs und Esel knien müßte. Die beiden Tiere stehen tatsächlich noch im Hintergrund, um anzudeuten, daß die gekrönte Himmelskönigin auch die Göttin der irdischen Hemisphäre ist. Es scheint mir offensichtlich, daß es sich hier nicht nur um die heilige Maria handelt, sondern gleichzeitig um eine archetypische Darstellung der weißen Göttin in der konkreten Gestalt der Jungfrau Maria.

Die weiße Göttin verkörpert nach meiner Erkenntnis die allumfassende Ganzheit von Himmel und Erde als das große Runde. Daher möchte ich die Göttin in ihrer weißen Phase als die Göttin der Ganzheit bezeichnen. In Hrastovlje thront sie im Osten und wird dadurch mit dem Sonnenaufgang in Verbindung gebracht; die wundersame Blüte, die ihren Thron schmückt, verweist auf die Blütengöttin der weißen Phase, des Neubeginns und des Frühlings. Der Sonnenaufgang und die Zeit des Frühlings sind beides Symbole der Neugeburt und bezeichnen die Göttin der allumfassenden Ganzheit als die Gebärerin allen Lebens. Eine weitere Funktion der Göttin der Ganzheit sehe ich darin, daß sie das männliche Prinzip hervorbringt, was sich darin zeigt, daß sie ihren göttlichen Sohn im Schoß hält.* Königin des Himmels und der Erde, Lebensgebärerin und Hervorbringerin des männlichen Prinzips sind nach meiner Erkenntnis die drei zentralen Aspekte der Göttin der Ganzheit.

In der Mitte des Hauptschiffes tritt uns die mütterliche Göttin entgegen, dargestellt in einem kraftvollen Bildnis der Eva – in der Bibel wird sie als die Mutter allen Lebens bezeichnet. Sie sitzt im Zentrum des Mikro-Universums des häuslichen Heimes, nährt zwei Kinder an ihren Brüsten und ist mit dem Spinnen von Wolle beschäftigt. Damit weist sie drei Merkmale der roten Göttin der Lebensfülle auf: Durch ihre Position in der Mitte des Heimes repräsentiert sie die Achse, um die herum die unterschiedlichen Ausdehnungen der Schöpfung angeordnet sind. In der Rolle der Nährenden stellt sie die Quelle der unbegrenzten Fruchtbarkeit und Lebensfülle dar. Als drittes spinnt sie den Lebensfaden, mit dem sie allen Geschöpfen ihr Schicksal zuteilt.

Eva als Verkörperung der Göttin der Lebensfülle offenbart in Hrastovlje eine weitere Charakteristik der roten Phase der Göttin. Wir sehen sie Seite an Seite mit ihrem Mann Adam, der die Erde bearbeitet. Durch das aktive Yang des Adam im

* Parallelen zur Jungfrau Maria mit dem Jesuskind finden wir in der ägyptischen Isis mit ihrem Sohn Horus und in der etruskischen Turan mit ihrem Sohn Maris. Vgl. auch die Erläuterungen zur Rolle des Männlichen im Kapitel: Das »Pantheon« der Göttin.

Vergleich zum stillen, aber zentralen Yin der Eva erweist sich die rote Phase als Yin/Yang polarisiert und dynamisiert. Innerhalb des Kirchenraumes befindet sich das Bildnis am Gewölbe des Mittelschiffes, so daß die Göttin der Lebensfülle mit der Sommersonne gleichgesetzt wird, die am höchsten Punkt des Himmels steht.
Entlang der südlichen Wand zieht sich ein sogenannter Totentanz. Der feierliche Zug, geleitet von elf Skeletten, folgt der Bahn der untergehenden Sonne nach Westen. Dort sitzt als zwölftes Skelett die Göttin der Wandlung auf einem aus grobem Stein gehauenen Thron. Mit ihrer Rechten hält sie die geöffnete Platte eines Grabes als Geste der Aufforderung zur Wandlung. Die elf Skelettgestalten führen Repräsentanten der Menschheit dem offenen Grab zu: als erstes den Papst, es folgen König und Königin, ein Kardinal, ein Bischof und so weiter, die ganze gesellschaftliche Hierarchie hinunter bis zu einem frommen Bettler und letztlich einem Kindlein, das gerade der Wiege entsteigt.
Unter dem Zeichen der untergehenden Sonne wird hier der dritte Aspekt der Göttin versinnbildlicht: die unerbittliche Göttin der Wandlung. Ihr Thron ist im Gegensatz zu dem der Frühlingsgöttin wüst und leer, um die Öde der Winterzeit zu bezeichnen. Die Göttin der Wandlung regiert über die dunkle Zeit des Winters, wenn sich alles Leben in der Natur zur Auflösung und Erneuerung zurückzieht. In der Kirche von Hrastovlje lädt sie den Zug der Sterblichen ein, in das geöffnete

Die Göttin der unbegrenzten Lebensfülle, dargestellt in der Gestalt der Eva. Nach einem Fresko von Johannes von Kastav, 1490, in der Kirche von Hrastovlje, Slowenien

Grab zu steigen, mit anderen Worten, sie fordert die Menschen auf, die gefahrvolle Unterweltsfahrt anzutreten, sich dem Prozeß der Umwandlung hinzugeben, der durch den Tod zur Wiedergeburt führt.
Von der Frühlingssonne der Jungfrau Maria über die im Zenit stehende Sommersonne der Mutter Eva bis zur Wintersonne der Göttin der Wandlung und zurück zum Neubeginn entfaltet sich die verborgene Ternität der Göttin in Hrastovlje*. Drei Jahrtausende nach der mythischen Enthauptung der Gorgo Medusa und der Zerstörung der ursprünglichen Göttinreligion taucht hier in Istrien das Göttinbewußtsein wieder auf – ihre Dreiheit ist so vollständig dargestellt, als sei kein einziger Bruchteil davon während der mehrtausendjährigen Umwälzungen verloren gegangen!
Die drei Göttindarstellungen in der hier geschilderten Form haben einen so tiefen Nachklang in meiner Seele hinterlassen, daß ich mich entschloß, ihre ternären Aspekte von nun an so zu benennen, wie die nachstehende Aufstellung zeigt. Die in Klammern gesetzten Begriffe verwende ich im Text alternativ:

1. Die Göttin der allumfassenden Ganzheit
   (der jungfräuliche Aspekt der Göttin)
   (die Göttin der weißen Phase)

2. Die Göttin der unbegrenzten Lebensfülle
   (der mütterliche Aspekt der Göttin)
   (die Göttin der roten Phase)

3. Die Göttin der ständigen Wandlung
   (der Wandlungsaspekt der Göttin)
   (die Göttin der schwarzen Phase)

Johannes von Kastav hat die Fresken von Hrastovlje im Jahr 1490 vollendet. Zu jener Zeit war das Pendel in anderen Teilen Europas schon umgeschlagen. Im Jahr 1487 erschien der »Malleus Maleficarum«, der »Hexenhammer« des Heinrich Institoris, Prior des Dominikanerklosters in Schlettstadt, und des Jakob Sprenger, Professor der Theologie an der Universität Köln, zusammen mit der päpstlichen Bulle von Innonenz VIII. zur Hexenverfolgung und einer Notiz des deutsch-römischen Kaisers Maximilian I., die die Anwendung der Bulle unterstützt. Der Hexenhammer ist in drei Teile gegliedert. Im ersten Teil werden die juristischen Grundlagen der Hexenverfolgung dargelegt. Das Inquisitionsverfahren bedurfte keiner Anklage, keiner Verteidigung und keiner Vorführung von Beweisen. Es genügte schon eine anonyme Anzeige und ein durch Folterung erzwungenes Geständnis. Der zweite Teil handelt von der »naturgegebenen Teufelsanfälligkeit« der Frau. Der dritte Teil enthielt praktische Anweisungen zur Folterung und Hinrichtung. Das Buch wurde neunundzwanzigmal neu aufgelegt und dreihundert Jahre lang erbarmungslos

* Die Kirche in Hrastovlje wurde sicher nicht wegen der hier beschriebenen dreigestaltigen Darstellung der Göttin als »Trinitätskirche« geweiht. In der Apsis ist auch die offizielle, männliche Trinität in der als »Gnadenstuhl« bekannten Form dargestellt.

angewendet*. Es waren die grausamsten drei Jahrhunderte für die Frau und für alles mit der Natur verbundene Wissen.

Mary Daly** zufolge stand hinter den männlichen Hexenphantasien und Wahnvorstellungen die reale Absicht, die Gesellschaft von der Existenz derjenigen Frauen zu »reinigen«, die auf irgendeine Weise von den patriarchalen Verhaltensmustern abwichen. Besonders gefährdet waren Frauen, die nicht in die männlich beherrschte und kontrollierte Familie eingebunden waren, wie etwa Frauen, die eine Ehe ablehnten oder verwitwet waren. Selbständige Frauen, die als Heilerinnen, Hebammen, Beraterinnen, Seherinnen und Lehrerinnen der Entfaltung des zyklischen Lebenskreises dienten, wurden drei Jahrhunderte lang in unübersehbarer Zahl ermordet. Ihre Beziehung zu den Kräften der Natur, zu einer körperbezogenen Geistigkeit und zum Göttinbewußtsein wurde in schrecklicher Weise verdreht und als ein »Werkzeug des Teufels« hingestellt.

Als ich anfangs die Vision von dem alten gekrümmten Weib mit dem häßlichen Frosch hatte, ahnte ich noch nicht, daß es so etwas wie eine durch das Brennen der Scheiterhaufen in das menschliche Gedächtnis eingeprägte Verteufelung der Göttin gab. Ich konnte mir auch nicht vorstellen, daß eine solche Verdrehung an der Schwelle zur Neuzeit, dem Zeitalter der sogenannten Aufklärung, im 16., 17. und 18. Jahrhundert***, geschehen war, so nahe, daß sie zweifellos auch das Bewußtsein des heutigen Menschen entscheidend beeinflußt. Ich wußte auch nicht, daß die Zahl der Opfer in die Hunderttausende, nach einigen Angaben bis in die Millionen**** ging, so daß die unbewußten Auswirkungen dieser Prozesse auf unser Denken und Handeln ein unvorstellbares Ausmaß haben dürften.

Ende Juni kehrte ich zusammen mit meiner Frau Marika nach Cappenberg zurück, um die Lithopunktursteine für den Quinnberg zu meißeln und aufzustellen. Ausgestattet mit den neuen Erfahrungen und Erkenntnissen über die Kultur der Göttin und deren stufenweise Zerstörung vertiefte ich mich erneut in die Geheimnisse des Quinnbergs.

Nun konnte ich endlich meine Vision von dem gekrümmten Weib mit dem häßlichen Frosch klären, die ich am 24. April in Verbindung zum Quinnberg gesehen hatte. Als ich nun an Ort und Stelle im Bereich der feuchten Quinnbergsenke in der Meditation erneut nach den verstoßenen Göttinkräften des Ortes suchte, zeigte sich mir innerlich derselbe Anblick. Dieses Mal bestand ich aber darauf, die verteufelten Energien zu durchschauen, um sie in ihrem unverdrehten, ursprünglichen Schwingungsmuster zu erleben. Meine Mühe wurde belohnt: Vor meinem inneren Auge verwandelte sich das Hexenweib in eine wunderschöne Jungfraugestalt, und der warzige Frosch in ihren gesegneten Sohn, den sie liebevoll in ihrem Schoß hielt, so daß ich sie spontan mit der Jungfrau aus Hrastovlje gleichsetzte. Nach die-

---

* Vgl. Jutta Voss: *Frauenrequiem,* Stuttgart 1989.

** Mary Daly: *Gyn/Ökologie.* Erw. Neuauflage München 1991.

*** Gewöhnlich haben wir gelernt, die Hexenprozesse dem »dunklen Mittelalter« zuzuschreiben.

**** Mary Daly führt dazu verschiedene Quellen an, darunter M. J. Gage, die aufgrund der historischen Quellen eine Zahl von neun Millionen errechnet hat; ferner Felix Morrow, dessen Schätzungen sich von dreißigtausend bis zu mehreren Millionen belaufen.

sem Erlebnis erscheint es auch durchaus als vorstellbar, daß die verhexten Wesen, die im Märchen durch Liebe in Prinzessinnen zurückverwandelt werden können, keine dichterischen Phantasiegeschöpfe sind, sondern eine reale Erinnerung an bestimmte Verdammungspraktiken der patriarchalen Kulturen darstellen, mit denen diese die ursprüngliche Kultur der Göttin in den von ihnen eroberten Ländern zu zerstören trachteten.

Meine Erfahrungen mit der Gegenwart der Göttin hatten mich inzwischen gelehrt, daß der weibliche Aspekt der Gottheit einen dreiphasigen Zyklus verkörpert. Da ich den Jungfrauaspekt im Quinnberg bereits entdeckt hatte, war zu erwarten, daß an dem Ort ursprünglich auch die anderen zwei Gestaltungen der Göttin pulsierten, die in jener fernen Kultur verehrt worden waren. Trotz des Versuchs ihrer Zerstörung oder Pervertierung mußten sie irgendwie noch anwesend sein, denn offensichtlich hatte an diesem Ort noch niemand eine Heilung oder Erlösung versucht. Und soviel hatte ich aus meinen bisherigen Erdheilungen gelernt: Was der Mensch einmal schwingungsmäßig zerstört hat, bleibt an den Ort gebunden, bis ein Menschenherz bereit ist, es zu erlösen. Darin steckt offensichtlich eine Aufforderung an den Menschen, für das Leben der Orte mitverantwortlich zu werden.

Unermüdlich suchte ich durch Vertiefung und inneres Beobachten im Bereich der Quinnbergsenke weiter, bis ich auch die Spur zur Göttin der Wandlung fand, die mich zu einer hochgewachsenen Ilexgruppe am Rand der Senke führte. Den Ilex* kannte ich schon von früher als die Baumart, die mit ihren Schwingungen am höchsten in die kosmische Sphäre eindringt. Nun entdeckte ich, daß das Kraftfeld der Göttin der Wandlung, die ich suchte, der Schwingungssäule der Ilexgruppe folgend vom zerstörten Platz abhob. Meine Aufgabe müßte also darin bestehen, das Kraftpotential der Göttin wieder zu erden und am richtigen Platz im Quinnberg zu verankern.

Die beklagenswerten Reste der dritten Kraftstruktur der Göttin fand ich schließlich am geköpften Quinnberg, angeklammert an das Kraftfeld einer mächtigen Linde. Als ich mich innerlich darauf einstimmte, um ein Gefühl davon zu bekommen, in welchem Zustand sich die vertriebene Göttin der Lebensfülle befand, nahm ich ein zerrissenes, vollkommen erschöpftes Wesen wahr, dessen Kraft bis zur letzten Schwingung ausgesaugt schien; sie war in einem unbeschreiblich elenden Zustand. Ich war von der zerstörten Göttin so berührt, daß ich ohne Zögern mein Herz öffnete, um liebevoll für ihre Erlösung und Umwandlung zu sorgen. Aber, o weh, durch die Lichtbrücke, die durch meine Aufmerksamkeit ihr gegenüber entstand, begannen die zerrissenen Schwingungen in mein eigenes Kraftfeld einzuströmen. Die ausgelaugten Energiefetzen fielen regelrecht über mich her und hefteten sich überall an mein Kraftfeld an, als wollten sie meine Lebenskraft austrinken.

Es sollte mich viel Mühe kosten, bis es mir gelang, die nötige Distanz auf der energetischen Ebene wiederherzustellen, um aus relativ sicherer Entfernung den Erlösungsvorgang einzuleiten. Als erstes hüllte ich das zerstörte Kraftfeld in das Licht meines Herzens – wobei ich mich diesmal selbst durch einen Lichtmantel schütz-

---

* Der Ilex ist eine immergrüne niedrige Baumart mit stacheligen Blättern und roten Beeren, die oft in Buchenwäldern zu finden ist. Im Slowenischen wird er, vermutlich wegen seiner hohen Schwingungen, »Gottesbäumchen« genannt.

te. Danach bat ich durch inneren Ruf die Engel der Umwandlung*, in die erschaffene Lichtkugel einzutreten und die schwerbeschädigten Kraftfelder wieder in ihre ursprüngliche Vollkommenheit umzuwandeln. Ich visualisierte dazu ein violettes Licht, das schwingungsmäßig am besten geeignet ist, Umwandlungsprozesse einzuleiten und zu unterstützen. Nach einer Weile intensiver innerer Tätigkeit begann ein tiefer Frieden mich zu erfüllen, und ich wußte, daß die Erlösungsaufgabe vollendet war. Ich testete noch einmal das Ergebnis, indem ich mich erneut auf das geheilte Kraftfeld einstimmte, um zu erspüren, ob jeder Abschnitt des Energiefeldes sich – gemessen an meinen Herzschwingungen – harmonisch anfühlte. Mit einer Danksagung schloß ich den Heilungsvorgang ab. Die Aufgabe war gelungen.
Nachdem ich ähnlich auch in bezug auf die anderen, schon vorher entdeckten Teile des ehemals einheitlichen Kraftfeldes der Göttin im Quinnbergbereich vorgegangen war, ging ich zur Planung der Lithopunkturkomposition über, die der Anwesenheit der Göttin eine Struktur zur Verkörperung bieten sollte. In Anlehnung an mein bereits begonnenes Werk in Cappenberg entschloß ich mich für Steinsetzungen auf den Akupunkturmeridianen der Erde, die gewöhnlich als Ley-Linien** bezeichnet werden.
Cappenberg ist ein an Ley-Linien außergewöhnlich reicher Brennpunkt. Zwei dieser Linien verlaufen im Abstand von etwa 300 Metern fast parallel zueinander in Richtung Osten und kreuzen eine dritte Ley-Linie, deren Strömung quer dazu in nord-südlicher Richtung verläuft. Eine der beiden Kreuzungen befindet sich mitten in der Quinnbergsenke, die zweite in der Mitte einer großen Wiese unterhalb des Schloßberges. Um die letzte Kreuzung herum hatte ich in den zwei vorausgegangenen Jahren eine umfangreiche konzentrische Steinsetzungskomposition errichtet, die in einem riesigen, auf dem Kreuzungspunkt stehenden Megalith zentriert ist.*** Die Quinnbergkreuzung hingegen sollte nun den wiederentdeckten Göttinkräften des Quinnberges geweiht werden.
Mein Plan sah vor, auf den Kreuzungspunkt in der Quinnbergsenke einen flachen dreieckigen Stein zu legen. Zusätzlich sollten an den Stellen, wo drei von den vier Armen der sich kreuzenden Kraftlinien – die vierte ist schon in die Lithopunkturkomposition der großen Wiese eingebunden – den Rand der Senke erreichen und den die Senke umgebenden dreiteiligen Quinnberghügel berühren, drei neue Lithopunkturstelen aufgestellt werden. Jede dieser Stelen sollte durch ein eingemeißeltes Kosmogramm eine der drei Gestalten der Göttin symbolisieren, während der liegende Felsen in der Mitte die ihnen zugrundeliegende Einheit verkörperte.

---

* Meiner Erkenntnis nach verläuft das Leben auf dem Planeten Erde auf verschiedenen Ebenen, von denen der Mensch einige nicht unmittelbar wahrnehmen kann, was aber nicht heißt, daß er sie nicht in die Lebens- und Schöpfungsprozesse einbinden sollte; zu ihnen gehört auch die Ebene der Engelwesen.

** Das Thema der Ley-Linien habe ich ausführlich in *Die Erde heilen* behandelt.

*** Vgl. dazu das Flugblatt »Landschaftsskulptur im Schloßpark Cappenberg«, das am Eingang zum sogenannten Wildpark erhältlich ist. – Der Quinnberg ist als Teil des Wildparks zu besuchen. Der Wildpark ist im Winter geschlossen, der Bereich des Quinnbergs auch während der Brunftzeit der Hirsche im Oktober. Schloß Cappenberg liegt bei Lünen (Bahnstation), nördlich von Dortmund.

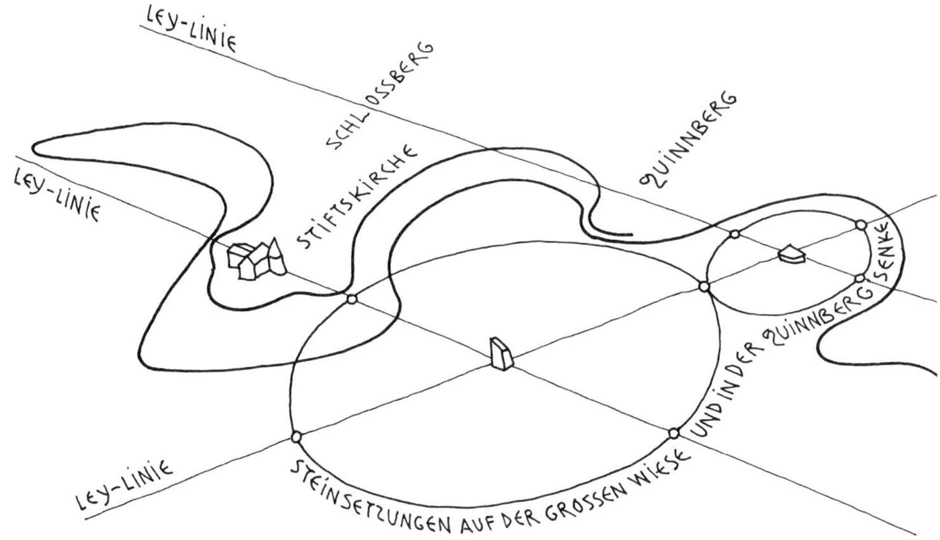

Das Konzept der Lithopunktur
im Schloßpark zu Cappenberg, 1991

Eines Morgens ging ich mit Holzpfählen in den Quinnberg, um nach den oben beschriebenen Kriterien die Standorte für die drei Stelen zu bestimmen und sie zu markieren. Mit Hilfe der Radiästhesie-Instrumente stellte ich zunächst den Verlauf der sich kreuzenden Kraftlinien fest und bestimmte danach die Standorte. Als ich damit begann, an dem zukünftigen Platz der Stele für die Göttin der Ganzheit herumzuhantieren, bemerkte ich zu meiner Überraschung, daß dort eine kristallklare Schwingung zu spüren war, wie ich sie noch nie erlebt hatte. Geradezu eingeladen, tauchte ich in einen meditativen Zustand ein und nahm eine hohe Lichtsäule wahr, die mit einer lieblichen Schwingung strahlte. Sie war schwingungsmäßig so komplex aufgebaut, daß ich nicht daran zweifelte, daß sie in ihrer Mitte ein göttliches Wesen barg. Die weiße Göttin des Quinnberges in ihrer ursprünglichen Schönheit hatte sich bereits an ihrem zukünftigen Platz eingefunden! Es war in dem Moment geschehen, als der Brennpunkt für ihre zukünftige Anwesenheit eindeutig festgelegt war. Auch die beiden anderen Göttinnen manifestierten sich als Lichtsäulen, jede mit einer ihr eigenen Charakteristik.

Die nächste Aufgabe bestand darin, die drei Kosmogramme zu gestalten, die in die Stelen eingemeißelt werden sollten. Die Form der Zeichen sollte die charakteristischen Schwingungsmuster der drei Göttinnen zum Ausdruck bringen, damit die drei Aspekte der Göttin sich schwingungsmäßig in den raumzeitlichen Dimensionen verkörpern könnten. Außerdem sollte es dem Menschen, der als Betrachter davorsteht, durch die Kosmogrammformen ermöglicht werden, die Grenzen der Raum- und Zeitdimensionen zu überwinden und mit den betreffenden Göttinaspekten gefühlsmäßig in Kontakt zu treten, um den Segen der Göttin zu empfangen. Die Kunst sollte hier ihre ursprüngliche Funktion wiederentfalten.

Als erstes fand ich das Kosmogramm für die Göttin der Wandlung. Ich sah es plötzlich in einer Meditation. Es hat die Form einer Lemniskate, deren eine Hälfte spiralförmig in die andere übergeht und umgekehrt – ein Zeichen der Wand-

1 Die Jungfrau Maria mit dem Jesuskind in der Kirche von Hrastovlje. Fresko des Johannes von Kastav, 1490.

2 Die romanische Kirche von Hrastovlje/Istrien, umgeben von Befestigungsmauern aus dem 16. Jh.

3 Eva und Adam aus dem Zyklus »Die sieben Tage der Schöpfung«, Hrastovlje. Fresko des Johannes von Kastav, 1490.

4 Die Heiligen Drei Könige. Hrastovlje. Fresko des Johannes von Kastav, 1490. (Vgl. die Erläuterungen im Kapitel »Pantheon«.)

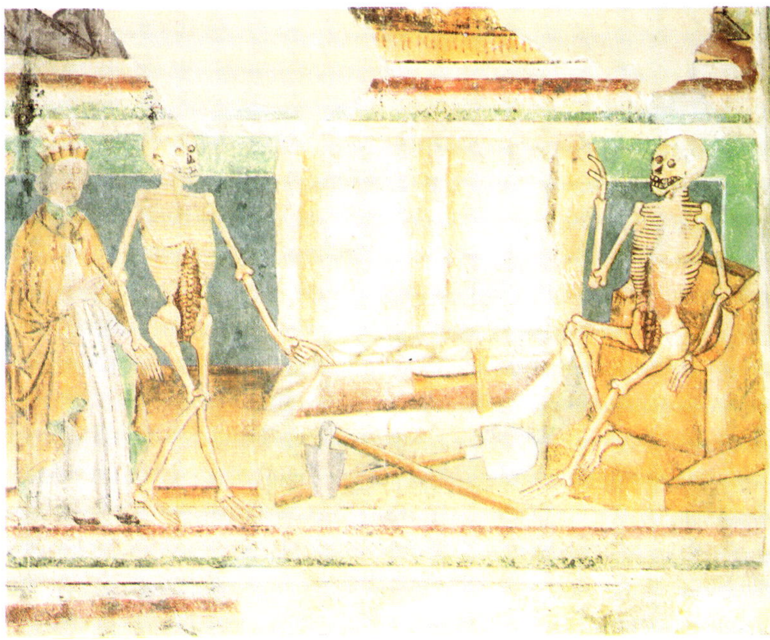

5 *Ausschnitte aus dem »Totentanz«-Fresko. Rechts auf dem Thron die Göttin der Wandlung. Hrastovlje. Johannes von Kastav, 1490.*

6 *Neben dem Tor in die Befestigungsmauer eingelassener Stein mit zwei polarisierten Öffnungen, um die Hände hineinzustecken. Kirche von Hrastovlje. (Vgl. die Erläuterungen im Kapitel »Slowenien«.)*

7 Lithopunkturstein mit dem Kosmogramm der Göttin der unbegrenzten Lebensfülle (oben links). Schloßpark Cappenberg, 1990.

8 Lithopunkturstein mit dem Kosmogramm der Göttin der allumfassenden Ganzheit (links). Schloßpark Cappenberg, 1990.

9 Lithopunkturstein mit dem Kosmogramm der Göttin der ständigen Wandlung (oben). Schloßpark Cappenberg, 1990.

Die Kosmogramme der drei Göttinnen-Stelen im Quinnberg/Cappenberg. Von links nach rechts: Göttin der Ganzheit, Göttin der Lebensfülle, Göttin der Wandlung, 1991

lung. Das Zeichen der Göttin der Ganzheit sollte mich viel mehr Mühe kosten, aber schließlich wurde auch dieses geboren: eine Blüte mit fünf Samenkörnern in der Form der Mandorla*.

Als ich an dem entsprechenden Platz über das Kosmogramm der Göttin der Lebensfülle meditierte, tauchte vor mir das Bild der in das Tympanon über dem Portal des ehemaligen Cappenberger Klosters eingemeißelten Verzierungen auf. Ich war mehr als erstaunt, da ich die Darstellung im Tympanon für einen Ausdruck der patriarchalen Macht hielt, der in seiner Anmaßung kaum zu übertreffen war. Es sind dort drei vollplastische Büsten der römischen Kaiser in ihrem imperialen Glanz nachgebildet. Die vergoldete Inschrift tituliert die kaiserlichen Büsten als ein Sinnbild der Trinität Gottes: DEO TRIUNI ARCHITECTO MAGNO**.

In der Inschrift verbirgt sich auch die Jahreszahl der Errichtung der neuen Klostergebäude: 1708.

Meine innere Eingebung war jedoch nicht auf die drei Kaiserbüsten konzentriert, sondern auf die sie umgebenden, scheinbar unwichtigen Verzierungen. Erst nach erneuter Betrachtung stellte ich fest, daß diese in drei Elemente gegliedert sind, die ich im Lichte meiner meditativen Eingebung als Symbole der dreigestaltigen Göttin deuten konnte. Zum einen gibt es einen Lorbeerkranz, der die zentrale Kaiserbüste einschließt. Der mit einem Band umwickelte Lorbeerkranz ist ein uraltes Symbol der Göttin in ihrem Jungfrauenaspekt. Von dem Lorbeerkranz aus wachsen nach allen Seiten des Tympanons üppige Akanthusblätter, die man als ein Symbol der reichen Lebensfülle verstehen kann, also ein Symbol der Göttin in ihrem mütterlichen Aspekt. Über dem Kranz befindet sich eine Perlenmuschel. Da die wun-

---

* Die Mandorla, auch *vesica piscis* – Fischblase – genannt, ist eines der häufigsten Göttinsymbole. Sie taucht seit frühester Zeit als Darstellung der lebensspendenden Vulva der Göttin auf. Später wurde sie in die christliche Kunst übernommen und in der Aureole der Muttergottes oder der Trinität Gottes vergeistigt.

** »DER DREIEINIGE GOTT, DER GROSSE ARCHITEKT«. Abbildungen der Dreifaltigkeit Gottes in Gestalt von drei Königen sind selten, aber aus der mittelalterlichen Ikonographie bekannt. Sie wurden auf dem Konzil zu Trient verboten.

dervolle Perle durch das Leid entsteht, das ein Steinchen verursacht, wenn es in die Muschel gerät – die Muschel überzieht es mit der schimmernden Substanz der Perle – ist die Muschel zu einem Symbol der Göttin der Wandlung geworden.
Es gibt vermutlich keine Erinnerung daran, mit welcher Absicht die Symbole der dreigestaltigen Göttin in die männliche Trinitätsdarstellung einbezogen worden sind. Aber alles deutet darauf hin, daß die Repräsentanten der patriarchalen Trinität die Kraftsymbole der Göttin an sich gezogen haben, um ihre eigene Macht zu stärken beziehungsweise die Anwesenheit der Göttinkräfte zu unterdrücken. Ich verstand nun meine meditative Eingebung dahingehend, daß ich die Attribute der Göttin symbolisch aus diesem repressiven Zusammenhang herausnehmen und sie durch Einbeziehung in die neuen Kosmogramme der Göttin zurückgeben sollte. So entstand ein zweiseitiges Zeichen, das über Eck in die Stele der Göttin der Lebensfülle eingemeißelt wurde, um ihr damit einen angemessenen Raum im heutigen Bewußtsein zu geben.

Der innere Weg der Wandlung:

Die schwarze Göttin

Es wäre naiv zu glauben, es handele sich bei der hier geschilderten Neuentdeckung der Göttin nur um äußerlich spannende Prozesse, die sich auf einer vom eigenen Leben abgesonderten religiös-kulturellen Ebene vollziehen. Zwar soll die Bedeutung der sich äußerlich manifestierenden Offenbarungen* keineswegs geleugnet werden, doch zeigt die Erfahrung, daß die Vorgänge, die sich in der äußeren Welt abspielen, nicht recht fruchtbar werden und keine tiefgreifenden Wandlungen hervorbringen können, wenn sie nicht durch psychische Prozesse im Inneren des Menschen ergänzt und verwirklicht werden.
Solange die Göttin nicht in den Bereich des eigenen Inneren hineingelassen wird, kann sie leicht zu einer angenehmen Abstraktion geraten, mit der jeder glaubt kokettieren zu können. Wenn wir aber den Mut fassen, ihr die Tür zur eigenen psychischen Welt zu entriegeln, kommt es zu der unvermeidlichen Aufforderung, sich mit der eigenen, mehr oder weniger unterdrückten weiblichen Seite auseinanderzusetzen – ebenso wie mit der eigenen mehr oder weniger tabuisierten geschlechtlichen Körperlichkeit. Erst dann wird die Göttin zu dem, was sie schon immer war: der Mittelpunkt, um den sich die Spirale der inneren Wandlung, des Wachstums und der Vervollkommnung jedes einzelnen Menschen dreht.
So ist es auch mir ergangen. Rückblickend kann ich erkennen, daß die Göttin schon zehn Jahre vor dem geschilderten Aufbruch begonnen hatte, ihren Weg in mein entfremdetes Bewußtsein zu bahnen. Es muß unglaublich schwierig für sie gewesen sein, zu mir durchzudringen, weil ich individuell als Mann und kollektiv als ein Glied der sich über Jahrtausende erstreckenden Zivilisationskette bis zum Hals mit Vorurteilen und Blockierungen zugemauert war. Dabei war ich mir meiner erbärmlichen seelischen Lage gar nicht bewußt. Im Gegenteil, ich fühlte mich frei und schöpferisch – ohne zu merken, daß diese Freiheit und Beweglichkeit sich weitgehend im Bereich des Kopfes abspielte.
Am 24. Dezember 1980 hatte ich einen einfachen, aber kristallklaren Traum gehabt, der mir eine grundsätzliche Wandlung angekündigt hatte. Mein Weg im Traum führte mich zum Rand einer Hochebene oberhalb eines weiten Tales. Von dieser Stelle aus verlief der Pfad steil hinunter in das Tal, das mit Lebenskraft und einer lichten, aber geerdeten Geistigkeit durchflutet war. Erstaunlicherweise wurde ich gar nicht von der Schönheit des Tales angezogen, sondern hegte nur den einen Wunsch, gradlinig das Tal zu überfliegen, um meinen Weg auf der anderen Seite auf gleicher Höhe fortzusetzen – ohne mich überhaupt in den Schoß des Tales hinabbegeben zu müssen.

---

* Dazu zähle ich auch die immer häufiger auftretenden Marienerscheinungen.

Aus dem Traum erwacht, war ich erschüttert, mich an eine unbekannte Kraft gebunden zu erleben, die mich ermutigte, die Lebensfülle zu fliehen. Sofort entschloß ich mich, genau umgekehrt zu handeln, als es im Traum angedeutet war. Statt mich immer weiter mit Ideen und Konzepten zu beschäftigen, die den Menschen in das sogenannte Neue Zeitalter führen sollten*, wollte ich mich möglichst handfesten Aufgaben in Kunst und Ökologie widmen. Dadurch hoffte ich, an Erdung und Schwerkraft zu gewinnen, die mich der Übermacht der mentalen Kräfte entziehen würden. Dann wäre ich frei, mich in das lebensfrohe Tal meiner Traumvision hinabzubegeben.
In der Folge schloß ich mich engagierter denn je den »grünen« Bewegungen an und setzte als erstes meine Kräfte für die Erhaltung der Hecken ein, die im heimischen Vipava-Tal in den nächsten fünf Jahren planmäßig ausgerottet werden sollten. Es war genau im Jahr 1980, als die sogenannte Flurbereinigung in unserem Tal anlief, kombiniert mit der Begradigung der Wasserläufe – was die traumhaft schöne Tallandschaft zerstören würde.
Leider hatten unsere Bemühungen, das Tal zu retten, keinen Erfolg, obwohl wir gemeinsam mit einigen kompetenten Freunden einen umfangreichen Plan vorgelegt hatten, der Alternativen zu der lebenszerstörenden Flurbereinigung aufzeigte. Auch bei den öffentlichen Diskussionen haben wir erbittert gekämpft. Nach zwei Jahren standen die schweren Bagger schon vor den Toren unseres kleinen Bauernhofes. Das ganze Land um uns herum wurde aufgewühlt bis zu den Grenzsteinen, alle Oasen der wilden Natur auf den Feldern, die Hecken samt den Wurzeln herausgerissen.
Ich war darüber so wütend, daß ich mir überlegte, mich vor die Maschinen zu werfen, um als blutiges Wahrzeichen der Naturzerstörung zermalmt zu werden. Doch ein so tapferer Mann war ich gar nicht – und viel später wurde mir auch klar, warum ich den Mut dazu aus eigener Seele gar nicht schöpfen konnte. Vielmehr mußte ich, trotz meines »grünen« Engagements und ganz im Gegensatz zu dem, was ich dachte, die Erdzerstörung um mich herum als sichtbares Zeichen meiner falschen Einstellung akzeptieren.
Es sollten noch einige Jahre vergehen, bis mein Verstand begriff, warum eine so wohlmeinende Einstellung der Natur gegenüber auch falsch sein kann. Zu tief war die Vorstellung, daß Zerstörungsprozesse immer etwas Schlechtes sind, in meinem männlichen Gemüt verankert.
Im Gegensatz zum männlichen Denken, das sich durch Konzentration auf einen einzigen Punkt zubewegt und dabei teilt und bewertet – das eine als gut und das andere als schlecht –, schließt das weibliche, auf die Göttin eingestimmte Bewußtsein alle Dinge in sich ein. Selbst das sogenannte Negative hat im größeren Zusammenhang eine konstruktive Funktion und muß nicht als etwas Schlechtes abgelehnt, ausgeschlossen oder unerbittlich bekämpft werden. Es ist die Weisheit der schwarzen Göttin der Wandlung, die für jedes noch so scheinbar unwürdige Element der Realität einen sinnvollen Platz in der Ganzheit bereithält. Das Negative kann zum Beispiel auch Anstoß für eine innere Reinigung, Bewußtseinsklärung

* Im Jahr 1971 hatte ich zusammen mit meiner Frau und einigen Künstlerkollegen ein kleines geistiges Zentrum, die »Šempas-Familie« gegründet, die fast ein Jahrzehnt lang existiert hat.

oder unumgängliche Wandlung auf dem Lebensweg des einzelnen Menschen oder einer ganzen Kultur werden.
Ganz im Sinne meiner einseitigen männlichen Vorstellungen hatte ich also die gesammelte Kraft meiner »grünen« Bestrebungen dafür eingesetzt, die Zerstörung der Landschaft zu verhindern. Ich ging ganz selbstverständlich davon aus, daß ein solches Vorgehen berechtigt war. Ich war mir nicht bewußt, daß gerade diese Zerstörungsprozesse mit ihren unvermeidlichen Folgen den notwendigen Druck auf die einbezogenen Menschen ausüben könnten, der sie zu einer Änderung ihrer Vorstellungen und Handlungsweisen zwingen würde – leider ist der Mensch oft erst bereit, seine Stellung der Natur und dem Leben gegenüber zu ändern, wenn er die Folgen seiner Zerstörung am eigenen Leib zu spüren bekommt. Erst im ganzheitlichen Zusammenhang betrachtet wird es möglich, das »Negative« als letztendlich konstruktiv zu erkennen.*
In meinem Fall bedurfte es aber nicht jahrelanger Schwierigkeiten, um zu verstehen, warum ein rein äußerlicher Einsatz für die Natur und für ein ökologisches Gleichgewicht mich dem ersehnten Umschwung nicht wesentlich näher bringen konnte. Schon einen Monat nach der Traumvision vom 24. Dezember 1980 hatte ich nämlich einen Korrekturtraum, der mir klarmachte, daß meine Schlußfolgerung aus der Botschaft des ersten Traumes mich in die Irre führen würde. Leider verstand ich die zweite Botschaft noch fragmentarischer als die erste.
Im zweiten Traum führte mich mein Weg – im Gegensatz zum ersten – in die Tiefe der Erde, um mir klarzumachen, daß die rein äußerlichen Vorgänge eines komplementären inneren Wandlungsweges bedürfen. Der Weg verlief labyrinthartig und war trotz häufiger Hindernisse ganz gut begehbar, bis ich plötzlich an eine Mauer stieß, die den Labyrinthtunnel in seiner ganzen Breite versperrte. Anfangs hatte ich noch die Hoffnung, die Blockade untergraben zu können und sie dadurch zu umgehen. Die Mauer war aber massiv in die Erde eingelassen.
Es blieb mir nichts anderes übrig, als den Weg zurückzugehen. Bei meinem Rückzug kam ich durch einen hell erleuchteten Raum, in dem Menschen ein Fest feierten. Ich erkannte einige Freunde unter ihnen, die als Aktivisten des Neuen Zeitalters an der Bewußtseinsänderung der Gesellschaft arbeiteten. Die Feier verlief äußerst unverbindlich, geradezu rücksichtslos; im Vorbeigehen sah ich als Folge ihres rücksichtslosen Verhaltens einen Weihnachtsbaum in Flammen aufgehen.
Durch die Botschaft des Traumes wurde ich gewarnt, daß der Weg der äußeren Veränderungen allein keinen Erfolg bringen kann, wenn ich nicht gleichzeitig sämtliche Blockaden in meinem Inneren abbaute. Zweitens zeigte mir die Festszene den wichtigen Unterschied zwischen einer Wandlung, die den ganzen Menschen, d.h. einschließlich der sogenannten unbewußten Ebene erfaßt – wie sie von mir verlangt wurde –, und einer Veränderung der Weltanschauung, die mehr oder weniger auf die Kopfebene beschränkt bleibt und keine wesentliche Auswirkung auf das Weltenschicksal haben kann. Der Traum hatte mir den Unterschied durch den

* Das soll nicht etwa heißen, daß wir der Zerstörung Tür und Tor öffnen sollen. Es bedeutet nur eine Relativierung von Gut und Böse und die Tatsache, daß der Mensch den geeigneten Platz für sein persönliches Engagement innerhalb des ganzheitlich erfaßten Problemzusammenhangs finden muß.

Kontrast zwischen dem anspruchsvollen Labyrinthweg und der unverbindlichen Feier verdeutlicht, bei der der Weihnachtsbaum, ein Symbol des Lebens, verbrannt war.

Im Anschluß hatte ich noch ein zweites Traumbild, in dem ich auf dem Gipfel eines Hügels wohnte. Ich stand gerade auf der Schwelle meines Hauses, um mich umzusehen, als ich zu meinem Entsetzen eine Flut bemerkte, die sich bedrohlich in das umliegende Tal ergoß. Die gewaltigen Flutwellen stiegen höher und höher, so daß bald nur noch die Spitze meines Berges aus der schmutzigen Wassermasse herausragte. Die Wogen trugen Abfälle aller Art mit sich fort, zerschlagene Teile eines Dammes, Tierleichen und verschiedenes mehr. Das Wasser hatte schon die Schwelle meines Hauses erreicht, als ich erwachte.

Es gab damals eine unbewußte Spaltung in mir, die verhinderte, daß ich die beiden Teile des Traumes als zusammengehörende Botschaft verstand. Hätte es diese Trennung nicht gegeben, so hätte ich in der steigenden Flut die Kräfte erkannt, die stark genug sind, um die scheinbar unüberwindliche Blockade aus dem ersten Teil des Traumes zu sprengen. Aus dem Umstand, daß die Flut von unten aufstieg und aufsteigend das ganze Land mit ihrem reinigenden Wasser erfüllte, hätte ich die sogenannte Schlangenkraft der schwarzen Göttin der Wandlung erkennen können, die in der indischen Tradition als Kundalinikraft* bekannt ist.

Die Kundalinikraft ist, wie so viele andere Attribute der Göttin, ihrer ursprünglichen Bedeutung entfremdet worden. Sie wird gewöhnlich in die Ambitionen der geistigen Entwicklung eingespannt und als ein Mittel zum Erreichen der Erleuchtung betrachtet. Dabei wird die seelische Funktion der Schlangenkraft ignoriert und damit auch die machtvolle Kraft, mit der die Göttin den Menschen in seinem Inneren ausstattet, um mit ihrer Hilfe seine Lebenserfahrungen zu steuern.

Die Kundalini wird traditionell als eine spiralförmig zusammengerollte Schlange beschrieben, die an der Wurzel der Wirbelsäule schlummert. Die Form der Spirale symbolisiert den Unendlichkeitscharakter der Kundalini-Energie. In ihrer aufgerollten Kraft sind alle Erkenntnisse und Erfahrungen kodiert, die die Seele des Menschen in sich trägt, die vergangenen wie die zukünftigen, denn die Spirale läuft in zwei Richtungen ins Unendliche. Aus dieser inneren Goldgrube des Wissens kann jeder Mensch schöpfen, um erfolgreich seine Lebensaufgaben zu meistern, unter der Bedingung, daß er sich bemüht, die Blockaden abzubauen, die den Zugang zu den von der Göttin verliehenen Gaben seines Wesens versperren. Die Botschaften aus dieser Quelle werden ihm dann durch die Intuition zugänglich.

Der eben beschriebene Aspekt der Schlangenkraft bezieht sich auf die weiße Gestalt der Göttin; es gibt aber auch einen anderen Aspekt, der in den Bereich der schwarzen Göttin der Wandlung gehört. Dieser wird durch die zweiphasige Natur der Schlange symbolisiert. In der Winterphase wird sie steif und schläft, während sie in der Sommerzeit lebendig und beweglich ist. So kommt die Schlangenkraft während der Verkörperung des Menschen in der materiellen Welt zusammengerollt und schlummernd vor, und der Mensch wird dadurch gezwungen, sich vorwiegend auf die eigenen, in den Raum- und Zeitdimensionen manifestierten schöpferischen

---

* Vgl. John White: *Kundalini-Energie – die spirituelle Schlange in uns,* München 1979.

Kräfte zu stützen. Wenn aber beim Tod die Seele den Körper verläßt und sich nun wieder frei in den geistigen Welten bewegt, wird die Schlangenkraft in der Seele aktiv, so daß sie zum Antrieb ihrer geistigen Dynamik wird.*

Statt die kombinierte Botschaft der beiden Traumteile so zu verstehen, daß die Seele – als die Vertreterin der Göttin in mir – die Weisheit und die Kraft besitzt, meine innere Blockade zu lösen – ich sollte ihre Hilfe nur bewußt akzeptieren –, griff ich nach einer Selbsttäuschung. Um mich den unbekannten und furchterregenden Kräften der Göttin zu entziehen, bezog ich die beiden Traumbilder nicht auf mich, sondern deutete sie als eine Erklärung der kritischen Weltlage. Ich unternahm daher auch nichts, um den angedeuteten Richtlinien zu folgen. So stand ich genau einen Monat später, am 25. Februar 1981, unvorbereitet vor einem Herzzusammenbruch und war fest davon überzeugt, daß mir ein Unrecht geschah.

Ich raste mit dem Fahrrad in das zwei Kilometer entfernte Dorf, um einen Bus in die Nachbarstadt zu erreichen. Als ich schließlich im Bus saß, konnte ich meinen Atem nicht mehr beruhigen. In seinen stoßartigen Rhythmus wurde auch mein Herzschlag hineingerissen. Ich glaubte, ich würde sterben. Eine endlose Stunde nach der Ankunft verbrachte ich in einem Park, wo ich betete und mich vergeblich bemühte, meinen Atem und Herzschlagrhythmus wieder in die gewohnten Bahnen zu lenken.

Tagelang verbrachte ich dann zu Hause im Bett in der festen Überzeugung, einen Herzinfarkt erlitten zu haben. Die späteren klinischen Untersuchungen zeigten jedoch, daß mein Herz vollkommen in Ordnung war. Auch hatte ich einen Zyklus von Träumen, die mir jede Nacht aus einem anderen Blickwinkel meine physisch ungefährliche Lage und den Sinn des Zusammenbruchs zu erklären suchten. Trotzdem war ich ängstlich und voller Mißtrauen, um dem Weg der Wandlung, den ich vor mir ahnte, auszuweichen.

Erst aus der Distanz, die ich durch die folgenden Jahre zu dem Ereignis gewinnen konnte, war es mir möglich zu verstehen, warum die Lage für mich so schmerzhaft gewesen war. Meine Vorstellungen über die Natur des geistigen Weges waren auf den Kopf gestellt worden. Ich mußte erst den weiblichen Weg innerhalb der Selbstentwicklung kennenlernen, der, im Gegensatz zu dem geradlinig aufsteigenden männlichen Weg, in seinem zyklischen Charakter einer aufsteigenden Spirale gleicht.

In den folgenden Jahren erlebte ich wiederholt Herzbeschwerden und erhebliche Schlafstörungen, bis ich darin ein allgemein gültiges Muster erkannte: Es beginnt mit oft unerträglichen Schwierigkeiten oder innerem Leiden. In solchen Situationen steigen Fragen auf über den Sinn des eigenen Lebens. Unter dem Druck des Leidens und im Spiegel der Wahrheit, die wir in Todesnähe ahnen, sind wir eher bereit, zu eng gewordene mentale Vorstellungen abzulegen und den Krampf emotionaler Blockaden aufzulösen. Tastend beginnen wir, den Weg der Wandlung zu beschreiten.

* Wenn die Schlangenkraft – entgegen ihrer zyklischen Natur – in den Dienst der geistigen Erleuchtung gestellt wird, wird sie während der Inkarnation aktiviert. Deswegen sind die Praktiken zu ihrer Erweckung höchst gefährlich und können dem Körper großen Schaden zufügen, wenn sie nicht richtig angewendet werden.

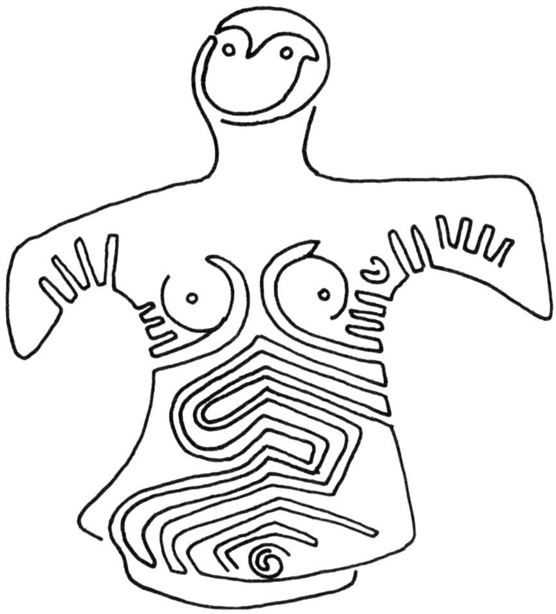

Jungsteinzeitliche Göttin der Wandlung als Eulengöttin. Vinča-Kultur, 5000–4500 v. Chr., Gradešnica, Serbien (vgl. kulturgeografische Übersicht im nächsten Kapitel)

Ich würde dies als den weiblichen geistigen Weg bezeichnen, da er auf dem dreiphasigen Zyklus der Göttin beruht, wie ich ihn am Beispiel der drei Aspekte der Göttin in der Kirche von Hrastovlje erklärt habe. Auf jede schöpferische Phase folgt eine Zeit der relativen Entleerung, in der wir nach neuen Ideen und Inspirationen suchen. Die können wir aber nur erlangen, wenn die alten Gedankenmuster und psychischen Blockaden umgewandelt werden, um die darin gefangene potentielle schöpferische Kraft und die Quellen unserer Inspiration zu befreien. Um diese Wandlungen zu erreichen, werden wir innerlich oder äußerlich in Todesnähe gebracht. Dies ist die Phase, die durch die furchterregende Göttin der Wandlung symbolisiert wird.

In der nächsten Phase des ternären Zyklus wird die innerlich befreite und erneuerte Lebens- und Ideenkraft nach außen geleitet und bricht stufenweise ans Tageslicht, ähnlich wie der Frühling nach der Öde des Winters. Wir befinden uns nun in der jungfräulichen Phase der Wiedergeburt. Die neuen Kräfte werden Schritt für Schritt gestaltet und in die schöpferische Phase der Lebensfülle überführt. Es handelt sich aber mit jedem neuen Zyklus nicht um eine bloße Wiederholung, denn die reflektierten Erfahrungen des vorangegangenen Zyklus haben das Bewußtsein auf eine neue Ebene gehoben. So bilden die sich scheinbar wiederholenden Kreisläufe eine expandierende Spirale, die auch das männliche Prinzip des aufsteigenden Weges enthält. Auf diese Weise gelangen wir mit jedem Zyklus eine Stufe weiter auf unserem inneren Weg.

Mein eigener Weg führte mich mehr und mehr der Begegnung mit der eigenen Seele zu, die ich letztlich als die innere Göttin erfuhr. Ihre Offenbarung kündigte sich durch einen ungewöhnlich klaren Traum an, den ich am 1. Februar 1981 empfing, knapp einen Monat vor dem geschilderten Herzzusammenbruch. Zu jener Zeit weilte ich kurz in Genf, wo ich einen lieben Freund besuchte.

In der ersten Traumszene befanden sich mein Freund und ich am Rande eines ausgedehnten Sees und betrachteten Schwäne und Enten, die leicht auf den Wellen schaukelten. Da bemerkte ich, wie der Himmel plötzlich schwarzdunkel wurde, obwohl die letzten Lichtstrahlen die Wellen noch in einen silbernen Schein tauchten. Plötzlich fuhr ein heftiger Windstoß über die Fläche des Sees und erfüllte die Atmosphäre mit einer Todesahnung.

Es war der grauenerregende Sturm der schwarzen Göttin der Wandlung, die unerbittlich fordert, daß wir loslassen und wandeln, was wir durch Selbsttäuschung und entfremdetes Tun aus uns gemacht haben.

Ich empfand den Traum als eine todernste Mahnung der Gottheit an die Menschheit, eine Mahnung, die keine Unterscheidung zwischen geistig entwickelten und einfachen Menschen kennt – die einen waren durch Schwäne, die anderen durch Enten symbolisiert. Es war, als stünden wir alle vor einer die ganze Welt erfassenden Wandlung, deren Vorahnung die Atmosphäre zu erfüllen begann mit einer Geschwindigkeit, die eine unmittelbare Entscheidung verlangte. Doch welche Art von Entscheidung stand an?

Im zweiten Traumbild wurde ich in eine Höhle geführt, wo ein rauschender Quell entsprang. Ich sah dort ein Knäblein ohnmächtig liegen. Das kristallklare, eiskalte Wasser rann über seine linke Körperhälfte, und es war schon halberfroren. Es gab aber nichts Böses in der Höhle, ganz im Gegenteil, der Höhlenraum war von einer feinen Schwingung erfüllt, die der heiligen Lebensquelle entströmte. Ich eilte zu dem Kindlein, hob es auf und preßte es an mein Herz, um es zu wärmen und wiederzubeleben. Ich dachte: ›Wo sind denn seine Eltern – es muß ihm unverzüglich geholfen werden.‹

Der Höhlenraum, in den ich gelangt war, läßt sich deuten als der Mutterleib der Göttin, aus dem alles Leben der materiellen Ebene hervorgeht. Dieser Urquell der Schöpfung sprudelt auch heute noch ununterbrochen, so wie ich es in meinem Traum gesehen hatte. Es gibt keinen Mangel an Lebenskraft, sondern eine beseligende Fülle – wir brauchen nur den Sommer in seinem festlichen Kleid um uns herum zu betrachten.

Dem modernen Menschen aber – im Traum repräsentiert durch den halberfrorenen Sohn der Göttin – ergeht es gerade umgekehrt. Er lebt größtenteils in seinem Verstandesbewußtsein, abgetrennt von den Lebenszyklen der Natur und der inneren Beziehung zur göttlichen Mutter. Im Zustand zunehmender Entfremdung ist er immer weniger imstande, die Lebenskraft, die gewaltige Kundalinikraft, die durch die materielle Ebene der Schöpfung fließt, auszuhalten. Es droht die Gefahr, daß der Mensch nicht an irgendeiner äußeren Krise, sondern an seiner eigenen inneren Getrenntheit zugrundegeht. Ich bin in den Traum hineingezogen worden, um diese bizarr anmutende Botschaft zu begreifen: nicht am Mangel, sondern an der Lebensfülle erfriert der in der Spaltung lebende Mensch.

Im dritten Traumbild stand ich mit meinem Freund in einem relativ dunklen Raum. Wir beoachteten, was in einer hell erleuchteten Halle vor uns geschah. Wir sahen eine Menge Leute, die hin und her gingen und mit den Händen immer wieder ein und dieselbe Geste vor ihrem Brustbereich ausführten. Ich konnte aber nicht klar erkennen, um welche Geste es sich genau handelte. Ihre Bewegungen mußten irgendeine symbolische Bedeutung haben. Schon verließen alle den hellen Raum, ohne daß ich die geheimnisvolle Geste entziffert hatte, als ein junges Mädchen sich von der Gruppe löste und in Richtung unseres Versteckes zurücklief. Überrascht zogen mein Freund und ich uns tiefer in die Dunkelheit des Raumes zurück.

Das Mädchen kam aber genau zum Eingang unseres Versteckes gelaufen und trat ein, wobei sie noch von dem Licht aus der Halle beleuchtet wurde. Nun hob sie ihr leichtes Kleid bis über die Schulter hoch, so daß ihr wunderschöner nackter Leib voll zu sehen war. Dann berührte sie mit dem Zeigefinger die Bauchmitte und vollzog die Geste, die ich vorher bei den vielen Menschen nicht hatte erkennen können. Ihre Hand mit dem ausgestreckten Zeigefinger fuhr von der Mitte des Bauches zur Herzmitte zwischen den Brüsten. Danach ließ sie ihr Kleid herabfallen und lief unbekümmert der vorangegangenen Gruppe nach. Nur mein Freund und ich blieben im Dunkeln beschämt zurück, als ob wir – unfreiwillig – in ein sorgfältig gehütetes Geheimnis eingedrungen wären.

Ich deutete den Traum so: Die Menschen, die in der Halle eifrig die verschiedensten spirituellen Gesten ausgeführt hatten, waren Repräsentanten der unzähligen gegenwärtigen geistigen Alternativbewegungen, Schulen und Praktiken. Ich konnte sie an ihrer bunten, teilweise östlich beeinflußten Kleidung erkennen. Durch die verschiedensten geistigen Weltvorstellungen oder spirituellen Techniken, die sie anwenden und verbreiten, wird die wahre Grundlage des derzeitigen spirituellen Aufbruchs zwar gefördert, aber gleichzeitig auch verwischt.

Der Offenbarung der Mädchengöttin zufolge gibt es aber im Grunde nur eine einzige innere Geste, die von allen spirituell erwachenden Menschen und Gruppen mehr oder weniger bewußt angestrebt wird – und offensichtlich auch im Sinne der Göttin wäre: die Wiederverbindung des Menschen mit seinem göttlichen Ursprung.*

Die verbindende Geste verlief von der Bauchmitte zum Herzzentrum. Der Bauchbereich ließe sich als der letzte Zufluchtsort der Göttin innerhalb des Menschen betrachten, nachdem sie durch die anfangs erwähnte Enthauptung aus den höheren Sphären verbannt wurde. Sie wurde gezwungen, sich in die Tiefen des Unbewußten zurückzuziehen – im Körper entspricht dem der Bauchbereich.

Um die erwähnte verbindende Geste der Mädchengöttin zu verstehen, fragte ich mich, was die Anwesenheit der Göttin im Inneren des Menschen denn konkret für uns bedeutet. Die Antwort läßt sich nur verstehen, wenn wir den Menschen als ein mehrdimensionales Wesen begreifen, das gleichzeitig auf einer materiellen, seelischen und geistigen Ebene lebt. Eine Seite seines Wesens bewohnt die Zeit- und Raumdimension; sie existiert von der Geburt bis zum Tod und wird vom äußeren Ich, der sogenannten Persönlichkeit oder dem Ego geleitet. Die zweite Ebene des menschlichen Wesens folgt dem zyklischen Weg, der durch Geburt, Wandlung und Wiedergeburt jenseits von Raum und Zeit verläuft, sozusagen von Ewigkeit zu Ewigkeit. Die sich zyklisch verhaltende Ebene seines Wesens wird von der

---

* Der wahre Sinn aller Religionen sollte darin bestehen, dem Menschen zu dieser Wiederverbindung zu verhelfen. *Re-ligo* (Lat.) heißt »sich wiederverbinden«.

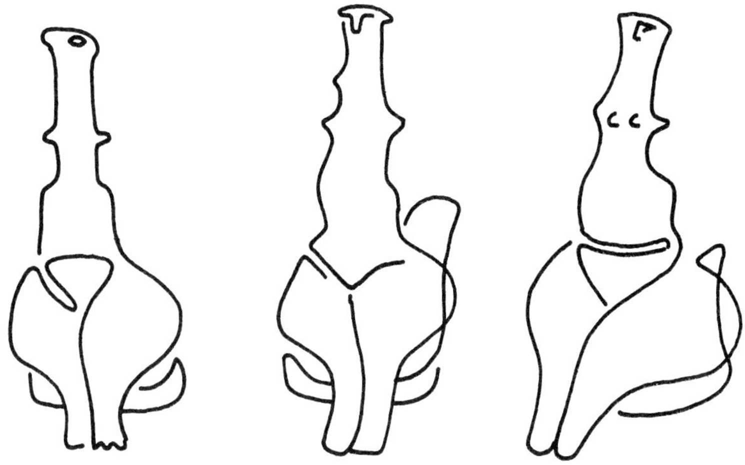

Göttinnen der Lebensfülle als Schlangengöttinnen. Cucuteni-Kultur 4800–4500 v. Chr., Moldavien

Seele, dem inneren Ich, geführt. Hinzu kommt noch die dritte Ebene, die sich auf das sogenannte Höhere Selbst bezieht, durch das der Mensch unberührt von den zyklischen Wandlungen unmittelbar an der Allumfassenheit des Göttlichen teilnimmt.

Dabei spielt die Dimension der Seele die Schlüsselrolle, da sie zwischen der Unendlichkeit des Göttlichen und der relativen Begrenztheit der Verkörperung vermittelt. Die Seele stellt letztlich eine Individuation der dreigestaltigen Göttin innerhalb des einzelnen Menschens dar, was sich meiner Ansicht nach an der dreifachen Funktion zeigt, die der Seele beim Menschen zukommt.

In bezug auf die zweifache Rolle der Kundalinikraft habe ich bereits zwei der drei Funktionen der Seele erwähnt: Zum einen umfaßt sie alle Erkenntnisse und Erfahrungen, die der Mensch in den unüberschaubaren Zeiträumen seiner Entfaltung erworben und gesammelt hat. In diesem, die Ganzheit innerhalb der individuellen Evolution aufrechterhaltenden Aspekt offenbart sich der Jungfrauaspekt der Seele. Als zweites habe ich im Zusammenhang mit den Wandlungen der Schlange zwischen Sommer- und Winterzeit den Wandlungsaspekt der Seele angesprochen. Sie führt den Menschen immer wieder durch den Tod zur Wiedergeburt und steuert seinen Weg der inneren Wandlungen.

Dazu tritt noch der schöpferische Aspekt der Seele, der die geistige und psychische Entfaltung und das kreative Tun anregt. Wie schon bei dem Bildnis der Eva in der Kirche von Hrastovlje angedeutet, wird dieser Aspekt in der Yin/Yang-Polarisierung und im Zusammenwirken des weiblichen und des männlichen Pols verwirklicht. Bei dem in Raum und Zeit inkarnierten Menschen wird die schöpferische Funktion der Seele verkörpert durch die Beziehung zwischen der Seele als dem inneren Ich und der Persönlichkeit als dem äußeren Ich. Diese Beziehung würde ich der urbildlichen Schwester-Bruder-Beziehung gleichsetzen. Die Schwester Seele ist mit ihrer Aufmerksamkeit nach innen gerichtet; sie verweilt in ständiger Kontemplation und hält dadurch den vollkommenen Überblick über den Sinn des individuellen menschlichen Lebens und dessen konkrete Aufgaben aufrecht. Ihr

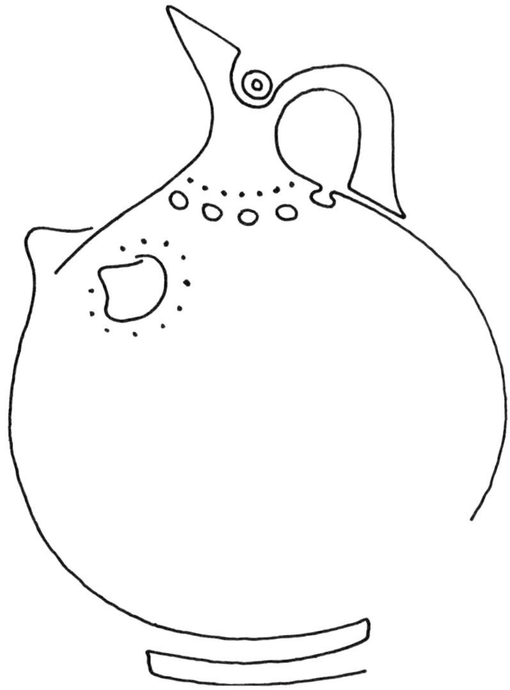

Göttin der Ganzheit als Vogelgöttin.
Spätere Bronzezeit, 1500 v. Chr., Thera, Cycladen

Bruder, das Ego oder die Persönlichkeit, ist im Gegensatz dazu durch die fünf Sinnesorgane auf die Raum- und Zeitdimensionen der äußeren Welt konzentriert und verkörpert die aktiv handelnde Seite des Menschen.
Die wunderbare Dynamik der Schwester-Bruder-Beziehung innerhalb des menschlichen Ichs kann sich in jedem Augenblick des täglichen Lebens manifestieren, wenn Umstände auftauchen, die auf der physischen Ebene nicht mehr beherrschbar sind – sei es in der Situation eines plötzlichen Umbruchs, eines sogenannten Zufalls oder einer Intuition. Die Seele vermag die unsichtbaren Gründe hinter solchen Ereignissen zu überschauen und der Persönlichkeit den tieferen Sinn zu vermitteln. Auf dem Wege der Eingebung, durch Gefühle oder Gedankenblitze, kann die Persönlichkeit die Botschaften der Seele empfangen, sie kann sie mit dem Verstand erfassen und ihre Reaktionen und Handlungen daran ausrichten, um dem tieferen Sinn solcher Ereignisse gerecht zu werden.
Ich meine, daß die drei Funktionen der Seele, die ihrem Charakter nach den drei Aspekten der Göttin entsprechen, ein überzeugender Hinweis darauf sind, daß die Seele als eine Individuation der Göttin im Menscheninneren zu verstehen ist. Mit ihrer verbindenden Geste hat die Mädchengöttin in meiner Genfer Traumvision die dringende Notwendigkeit unterstrichen, daß sich der Mensch hier und jetzt mit der Seele als seiner persönlichen Göttin wiederverbinden soll.
Die wunderbare Schwester-Bruder-Beziehung zwischen der inneren Göttin und der Persönlichkeit des Menschen wurde im Prozeß der Patriarchalisierung, wie er im Mythos von der Enthauptung der Gorgo Medusa beschrieben wird, stufenwei-

se zerstört. Die Existenz der Seele wurde unter die Ebene des Bewußtseins verdrängt und schließlich in die Hölle des Unbewußten verbannt.* Übrig blieb ein Ego, das – ohne die innere Führung der Seele – die Alleinherrschaft über den Lebensweg des Menschen übernommen hat. Dadurch wurden in letzter Konsequenz dem egoistischen Handeln des modernen Menschen alle Schranken geöffnet. Die Folgen davon sind offensichtlich katastrophal.
Von der Tragik dieser Trennung erzählt der antike Mythos von Orpheus und Euridike. Man könnte Euridike als die Personifizierung der menschlichen Seele und Orpheus als Symbol für das in seinem Egoismus befangene Ich verstehen. Orpheus machte sich auf den Weg, um nach seiner Geliebten Euridike in der Unterwelt zu suchen. Sie wurde Orpheus unter der Bedingung zurückgegeben, daß er beim Aufsteigen aus der Unterwelt sich nicht zu ihr umdrehte. Er konnte aber den Zweifeln nicht standhalten, wandte sich um, um zu sehen – und die Seele mußte zurück in die Unterwelt. Orpheus als ein Vorläufer des modernen Menschen war unfähig, Euridike »mit dem Hinterkopf« wahrzunehmen. Um sich zu vergewissern, ob sie tatsächlich hinter ihm ging, mußte er sich umdrehen, d.h. sie mit den physischen Augen schauen.
Das »Schauen mit dem Hinterkopf« bedeutet, aus der Bildersprache in die logische Sprache übersetzt, daß jemand die Dinge ganzheitlich und intuitiv wahrnimmt.** Die äußeren Wahrnehmungsorgane werden dafür nicht gebraucht, ganz zu schweigen davon, daß sie für eine innere Wahrnehmung unbrauchbar sind. Für die Kommunikation und das Gespräch der Persönlichkeit mit der Seele ist aber das »Schauen mit dem Hinterkopf« von grundsätzlicher Bedeutung. Denn die Seele, eingespannt in das kosmische Gewebe, ist so feinfühlig und allumfassend, daß sie mit den groben Werkzeugen der äußeren Sinne und des analysierenden Verstandes gar nicht erfaßt werden kann.
Der Weg des Menschen, wie ihn der Mythos von Euridike und Orpheus beschreibt, nimmt eine immer tragischere Entwicklung. Der Mensch schöpft seine Wahrnehmungskraft nur noch aus den äußeren Sinnen und äußert sich fast ausschließlich durch den Verstand. Im Zustand der blockierten »Hinterkopfwahrnehmung« bleibt ihm als einziges die Möglichkeit – symbolisch ausgedrückt – seine Seele mit dem Gesicht anzuschauen, um sie wahrzunehmen. Im gleichen Augenblick verschwindet sie aber, da sie mit den äußeren Sinnesorganen nur als nichtexistent wahrgenommen werden kann. Auf diese Weise wird sie immer wieder im Hades des Unbewußten verschwinden, sobald sie versucht, mit ihrem geliebten Bruder zu kommunizieren.
Die wiederverbindende Geste der Mädchengöttin in meinem Traum verlief von der Bauchhöhle zur Herzmitte. Da der Herzbereich als das Zentrum gilt, durch das der Mensch seine Identität erfährt und ausstrahlt, würde das bedeuten, daß wir der

---

* Auch die Vergeistigung der Seele, wie sie durch die jüdisch-christlichen Religionen begründet wurde, ist eine Form der Entfremdung des Menschen von seiner Seele. Als eine geistige Kategorie wird sie dem unmittelbaren Erfahrungsbereich der Persönlichkeit entzogen und in ein Jenseitsreich nach dem Tod verwiesen.

** Meinem Empfinden nach ist der Hinterkopf der Bereich, durch den das Gehirn des Menschen mit der kosmischen Ganzheit kommuniziert.

Seele als unserer inneren Göttin den Weg zum Ich öffnen sollen. Wie aber kann das praktisch geschehen?

Um die lebendige Beziehung zu unserer inneren Göttin aufnehmen zu können, müßten wir als erstes unsere Persönlichkeit durch eine gewisse Disziplin – wie zum Beispiel durch regelmäßige Meditation – zu einer relativen Stille erziehen. Aus dieser Stille heraus ist die leise Sprache der Seele zu vernehmen, nicht aus dem ständigen Geräusch der Gedanken, die das vereinzelte Ego aus Angst vor seiner eigenen Entfremdung produziert.

Die Sprachformen, deren sich die Seele bedienen kann, um mit dem Bruder Ego zu kommunizieren, sind vielfältig. Als erstes kennen wir die Bildersprache der Träume, begleitet von Gefühlen und Körperwahrnehmungen. Wenn wir die Dynamik der Schwester-Bruder-Beziehung zwischen Seele und Ego berücksichtigen, ist es relativ leicht, die Botschaften der Traumbilder zu verstehen, weil wir wissen, daß sie in irgendeiner Verbindung stehen zu dem, was wir gerade als laufenden Lernprozeß im Tagesbewußtsein erlebt haben. Denn die Seele möchte der Persönlichkeit helfen, sich in der betreffenden Situation zurechtzufinden und die richtigen Entscheidungen zu treffen.

Es gibt aber auch Formen der Bildersprache, durch die die Seele unser Wachbewußtsein unmittelbar ansprechen kann. Ich denke hier an die Zeichen aller Art, die uns auf unserem Lebensweg begegnen; oft sind es ganz einfache Bilder aus unserem unmittelbaren Umkreis, die aber durch eine innere Kraft der Anziehung, die die Seele erzeugt, unterstrichen und zum Zeichen erhoben werden. So kann es einfache und ganz konkrete Zeichen geben, aber auch komplexe Lebenssituationen, in die die Seele die Persönlichkeit verwickelt, so als wolle sie sich durch eine Theatersprache verständlich machen.

Göttin und ihr göttlicher Sohn. Vinča-Kultur, 6. Jahrtausend v. Chr., Belgrad

Grundsätzlich versucht die Seele, auf zwei entgegengesetzten Wegen mit dem Wachbewußtsein zu kommunizieren. Im Lichte der göttlichen Weisheit und des Wissens über die Vergangenheit und Zukunft sucht sie gewisse Vorgänge im menschlichen Leben zu fördern und andere zu bremsen – je nachdem, ob diese die innere Entwicklung des betreffenden Menschen fördern oder behindern. Die Seele besitzt nämlich eine Fähigkeit, die der Persönlichkeit fehlt: Sie vermag die Umstände in ihrer ganzen Tragweite, jenseits der Raum- und Zeitbeschränkungen zu überblicken.

Die Seele fördert gewisse Vorgänge dadurch, daß sie im Menschen die Begeisterung weckt für bestimmte Entscheidungen oder Tätigkeiten; oder sie führt ihn einem bestimmten Buch oder einem ausgesuchten Menschen zu. Andererseits vermag sie zu bremsen, indem sie zum Beispiel Warnzeichen setzt oder die Persönlichkeit bezüglich einer ungünstigen Entfaltung in abschreckende Situationen führt, um ihr ein Vorgefühl davon zu vermitteln, daß eine bestimmte Entwicklung ungünstig für sie ist.

Zu den warnenden und abschreckenden Zeichen gehören auch Krankheiten, durch die dem Ego oft erfolgreich Schranken gesetzt werden, wenn es Gefahr läuft, sich fehlzuentwickeln. Es kann sich dabei auch um rein psychisch bedingte Krankheitssymptome handeln, wie im Falle meines organisch nicht nachweisbaren Herzinfarktes, oder um körperliche Beschwerden, die uns unmittelbar physisch Einhalt gebieten. Die Krankheit entzieht uns ganz einfach die Kraft, weiter in eine falsche Richtung zu gehen. So werden wir auf geradezu eindringliche Weise von der Seele gezwungen, uns mit der Frage nach unserer Identität und dem Sinn unseres Lebens auseinanderzusetzen.*

Das heißt nun wiederum nicht, daß wir Menschen unseren freien Willen verloren hätten. Wir sind sogar so frei, die Mahnungen der eigenen Seele zu ignorieren. Wir können versuchen, die Zeichen, durch die die Seele trachtet, das Ego den notwendigen Wandlungen zuzuführen, zu unterdrücken. Die moderne Medizin bietet zum Beispiel unzählige Möglichkeiten, eine Krankheit zu verdrängen. In ihrer äußersten Not kann die Seele dann nach dem Tod greifen als dem letzten Mittel, durch das sie die Persönlichkeit daran hindern kann, einen Weg zu gehen, durch den – ganzheitlich gesehen – die Ichentwicklung einen tiefgreifenden Schaden erleiden würde.

Doch auch wenn der Mensch vorzeitig sein Leben verliert – wir sprechen dann häufig von einem Schicksalsschlag – fällt er nicht aus dem Schoß der Göttin. Er wird nur gezwungen, einen wesentlich tiefgreifenderen Weg der Umwandlung, den Weg des Wiedergeburtszyklus, zu gehen. In allen Fällen geht er im Schoße der schwarzen Göttin einer Wiedergeburt entgegen.

---

* Hinzu kommen Krankheiten karmischen Ursprungs. Durch sie werden wir aufgefordert, einen Ausgleich in der Bilanz unserer Kräfte zu leisten, die vom Beginn unserer Existenz an geführt wird.

Venedig:

Die verleugnete Kulturschöpferin

Wenn wir davon ausgehen, daß die Göttin als das weibliche Prinzip in Gestalt der Seele im Menscheninneren wohnt – also ständig anwesend ist, unberührt davon, ob sie von den Menschen der jeweils herrschenden Kultur verdrängt oder anerkannt ist – dann stellt sich die Frage, ob sie nicht auch in der Geschichte der Kultur durchgehend eine Rolle spielt. Ein Blick auf die Geschichtsschreibung der letzten Jahrtausende zeigt natürlich zunächst einmal, daß es Männer waren, die durch ihre Gedanken und Taten bzw. Untaten den Verlauf der Entwicklung bestimmt haben. Und doch könnte es sein, daß die Kräfte der Göttin trotz aller gegenteiligen äußeren Anzeichen aus den unüberschaubaren Tiefen des Unbewußten kulturschöpferisch mitwirkten.

Gehen wir aber weiter in die Vergangenheit zurück, so treffen wir auf eine mehrtausendjährige Epoche, die landläufig als »matriarchal« bezeichnet wird. Gemeint ist damit die Jungsteinzeit, die von der offiziellen Geschichtsschreibung gern als *vor*geschichtlich behandelt und dadurch in bezug auf die späteren, durch die patriarchale Kultur gekennzeichneten »geschichtlichen« Epochen als minderwertig hingestellt wird. Forscherinnen wie Riane Eisler* wehren sich gegen eine solche Abwertung des Neolithikums wie auch gegen die herkömmliche Bezeichnung »matriarchal«, weil wir dabei leicht im Analogieschluß an eine »Herrschaft« der Frauen denken. Es handelt sich dabei zwar um ein Zeitalter, in dem die Kultur von einer die Göttin verehrenden weiblichen Ordnung geprägt war, doch bezeugen die archäologischen Funde, daß die gesellschaftliche Struktur damals nicht hierarchisch gestaltet war, daß also die Frauen keine Übermacht in ihren Händen konzentrierten, wie es für die Männer im Patriarchat typisch ist. Die Erbfolge verlief zwar matrilinear – gewöhnlich von der Mutter zur jüngsten Tochter –, doch wurde die Regentschaft von der Göttin beziehungsweise ihrer Priesterin einem von ihr erwählten König übertragen, was durch zahlreiche Mythen bezeugt wird. Darin spiegelt sich zweifellos die einschließende Natur des Weiblichen, das letztlich in jeder Hinsicht eine sinnvolle Bezogenheit beider Kräfte zueinander anstrebt.

So wie der Begriff »Matriarchat« für die Kultur der Jungsteinzeit künstlich als Gegenstück zur realen und noch heute herrschenden patriarchalen Struktur geschaffen wurde, verhält es sich auch mit der Vorstellung, bei jener fernen Epoche habe es sich um eine primitive, vorzivilisatorische Kultur gehandelt. Die Archäologin Marija Gimbutas hat in ihrer der Kultur der Göttin gewidmeten Arbeit den Begriff des »Alten Europa« eingeführt, womit sie die frühere Kultur auf dem Bo-

---

* Riane Eisler: *The Chalice and the Blade,* San Francisco 1988.

den des alten Kontinents bezeichnet. In ihrem neuesten Werk* hat sie die Ergebnisse und Funde von Ausgrabungen zur Jungsteinzeit aus ganz Europa zusammengefaßt. Anhand unzähliger Miniaturskulpturen aus Ton, Marmor, Knochen, Kupfer und Gold, Ritualgefäßen, Überresten von Heiligtümern, Wohnhäusern und urbanen Strukturen und durch den Nachweis einer sakralen Schrift ist es ihr gelungen, die Jungsteinzeit im Alten Europa als eine blühende Kultur nachzuzeichnen.
Der Übergang vom Mesolithikum zur neolithischen Kultur vollzog sich zwischen dem achten und siebten Jahrtausend v. Chr. mit der Erfindung des Ackerbaus. Die Kunst des Ackerbaues und des bewußten Zusammenwirkens mit der Erde sowie die Kunst des Züchtens von Pflanzen und Tieren ist für Griechenland und Südfrankreich schon Mitte des 7. Jahrtausends reich belegt, für Panonien** zwischen 6000 und 5500 v. Chr. Sie breitete sich um 5500 v. Chr. nach Mitteleuropa aus und erreichte Irland um 4500 v. Chr. Die ältesten Kulturen des Balkanraumes aus dem 7. Jahrtausend werden nach den bedeutendsten Fundorten Sesklo (Thessalien) und Starčevo (im südlichen Teil des ehemaligen Jugoslawien) benannt. Im 5. Jahrtausend folgten auf dem Balkan als der Wiege des Alten Europa die Dimini-, Vinča-, Danilo-Hvar-, Tisza- und Cucuteni-Kultur, die sich bis in die Gegend von Kiew erstreckte, sowie die Lengyel-Kultur, die bis zum heutigen Wien verbreitet war. Die damalige Kultur in Mittel- und Nordeuropa wird wegen ihres charakteristischen Keramikmusters als die Kultur der linearen Bandkeramik bezeichnet.***
Im Zuge der neolithischen Kultur hat sich der Mensch zum ersten Mal aus seinem ganzheitlichen Eingebundensein in die Naturwelt herausgelöst, um eigene schöpferische Kräfte zu entwickeln. Erst nachdem er eine gewisse Distanz zum Einssein mit der Erde und der Natur erreicht hatte, wurde es ihm möglich, sich als ein selbständiges Wesen zu erkennen. Gleichzeitig war er aufgefordert, die Kluft zur ursprünglichen Einheit durch Kunst, Kultur und Religion (im ursprünglichen Sinne des Wortes) zu überbrücken. So entwickelten sich das Wissen über einen naturgemäßen Pflanzenanbau und über die Tierzucht sowie die Kunst des Umganges mit der Materie, die ihren Ausdruck in den unterschiedlichen Handwerken wie Töpferei, Weberei und Metallbearbeitung fand. Gleichzeitig erblühten die Künste der Gestaltung in Form, Farbe, Klang und Ritual. Die energetische Dimension der Kunst stellte den notwendigen Ausgleich zur fortschreitenden Annäherung des Menschen an die Materie her, denn die Seele fühlt sich durch den Austausch mit dem Reich der Materie von den geistigen Welten abgetrennt. Im ganzheitlichen Kunsterlebnis wird der Mensch schwingungsmäßig wieder in die universale Geisteinheit eingebettet und kann daraus immer wieder die Kräfte für ein erneutes Eintauchen in die Materie schöpfen. So kommt es, daß die Kunstwerke des neolithischen Europa die magische Qualität eines Kosmogramms aufweisen, etwa in den geometrischen Mustern ihrer Keramik oder in den erstaunlichen megalithischen Steinmonumenten. Die Religion des Alten Europa beruhte auf der Anerkennung

---

* Marija Gimbutas: *The Civilization of the Goddess,* San Francisco 1991.

** Panonien entspricht der ungarischen Tiefebene.

*** Die Angaben sind dem oben erwähnten Buch von Marija Gimbutas entnommen. Zur Datierung hat sie die geeichte Radiokarbonmethode benutzt, durch die im Gegensatz zu den älteren Datierungsmethoden die enormen Zeiträume festgestellt werden konnten, über die sich die Jungsteinzeit erstreckte.

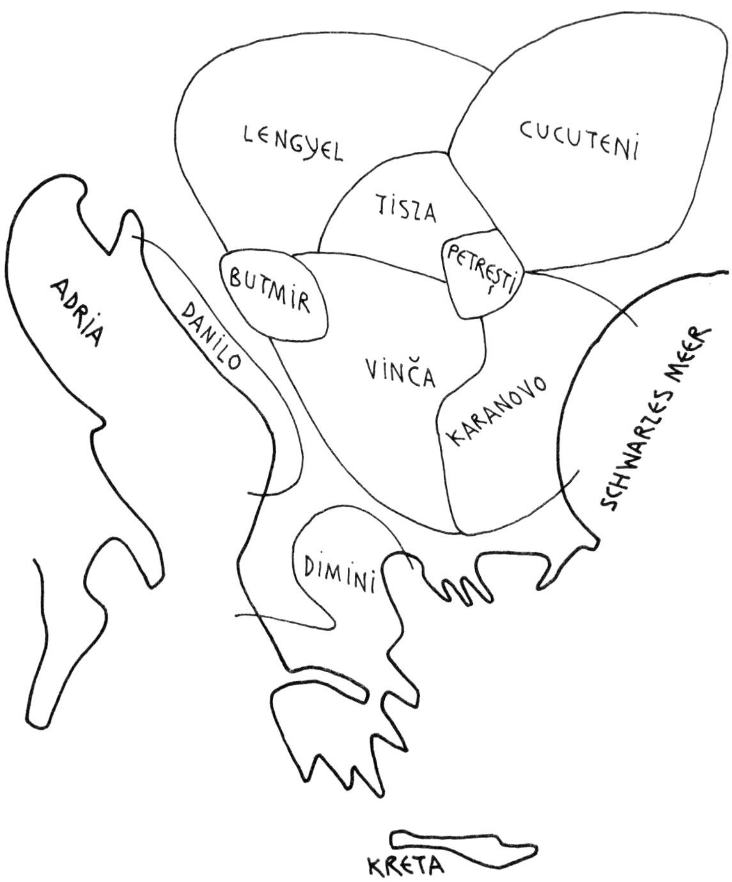

Neolithische Kulturgruppen des 5. Jahrtausends v. Chr. auf dem Gebiet des Alten Europa

der Komplementarität des weiblichen und des männlichen Geschlechtes. Als eine Religion der Göttin schloß sie in ihrer allumfassenden Ganzheitlichkeit alle Gegensätze ein. So wurde auch der lineare Charakter des Männlichen als komplementär zur zyklischen Ordnung des Weiblichen anerkannt und geehrt. Den zyklischen Charakter der Göttin sieht Marija Gimbutas in drei Aspekten: Zum einen symbolisiert die Göttin die gebärenden, sich entfaltenden und nährenden Kräfte des Universums, zum zweiten die zerstörenden und wandelnden Kräfte der Natur und zum dritten die Energien der Erneuerung, Wiedergeburt und Einweihung.

Angesichts unseres kriegerischen Zeitalters ist es von besonderem Interesse, daß diese ausgewogene Kultur des Alten Europa ausgesprochen friedlich war. Es gibt keine archäologischen Hinweise auf Befestigungen, die der Abwehr hätten dienen können, keine Hügelschanzen und auch keine Waffen. Heute können wir uns kaum vorstellen, daß eine mehrtausendjährige Kultur keine Kriege kannte!

Zwischen 4300 und 4200 v. Chr., nachdem die Kultur des Alten Europa ihren Höhepunkt erreicht hatte, kam es zu einer ersten Invasion patriarchal organisierter Stämme der Kurgankultur aus den Steppen am Schwarzen Meer. Wir können uns denken, wie leicht die friedlichen Kulturen des Alten Europa zu erobern waren.

Göttin der Ganzheit als Vogelgöttin. Vinča-Kultur, 6. Jahrtausend v. Chr., Belgrad

Dabei wurden die Kulturen im mittleren Balkanraum zerstört und die Gesellschaft patriarchalisiert. Der Schwerpunkt der Weiterentwicklung der Göttinkultur verlagerte sich danach nach Mittel- und Nordeuropa. Im Zuge der dritten Kurgan-Invasion, die zwischen 3000 und 2800 v. Chr. stattfand, wurde schließlich der ganze Kontinent aus den Bahnen der alteuropäischen Kultur geworfen und einer patriarchalen Herrschaft unterstellt. Nur auf der vom Meer geschützten Insel Kreta hat sich die Kultur der Göttin fast bis zum Ende des zweiten Jahrtausends erhalten.

Ich meine, es ist für den modernen Menschen inspirierend zu wissen, daß es in der Geschichte der Menschheit eine mehrtausendjährige Epoche des Friedens und des Gleichgewichts gab. Einzelne Überreste dieses ganz realen Goldenen Zeitalters lassen sich in den Museen bewundern. Doch der bewußte Zugang zu den urbildlichen Erinnerungen an jene Zeit, die ja jeder Mensch in den Tiefen seiner Seele gespeichert hat, fällt uns schwer. Die Geschichte des Alten Europa klingt für uns fern wie ein Märchen. Das liegt unter anderem daran, daß wir einer ausschließlich linearen Zeitvorstellung anhängen, die irgendwann in grauer Vorzeit beginnt und einer lichten Zukunft entgegenstrebt. Eine solche Zeitvorstellung entspringt der linearen Natur des männlichen Denkens, das die Dynamik des Auftauchens, Erschaffens und Verschwindens als den Horizont ihrer Lebenserfahrung kennt. Aus dem Blickwinkel der linearen Zeitvorstellung sieht die Geschichte wie eine Kette aufeinanderfolgender Kulturen aus, die alle ihre Zeiten des Entstehens, der Blüte und des Zerfalls erlebt haben. Diese Kette führt aus der Vergangenheit in die Zukunft.

Ich bin aber davon überzeugt, daß es gleichzeitig zu der von der patriarchalen Kultur verabsolutierten Zeitvorstellung noch eine zyklische Zeitkomponente gibt, die dem weiblichen Prinzip entspricht. Zyklisch betrachtet durchläuft die Zeitentwicklung wie eine Spirale immer wieder dieselben Phasen von Geburt, Entfaltung, Verfall und Rückkehr zur Quelle der Selbsterkenntnis und Erneuerung. In dieser in sich gerundeten Zeitvorstellung existiert alles gleichzeitig im Hier und Jetzt, wobei sich jeder Teil in einer der erwähnten Phasen des Grundzyklus befindet – wodurch die Zeitdynamik innerhalb der Statik der allumfassenden Ganzheit zustandekommt.

Das würde bedeuten, daß innerhalb des immerwährenden Kreisens der zyklischen Zeit auch die längst vergangenen Epochen, wie zum Beispiel das Zeitalter des Friedens und des Gleichgewichts der Göttinkultur, immer wieder ihren realen Ausdruck auch in allen späteren Manifestationen von Zeit und Raum finden müssen. Die Frage ist nur, ob wir diese Gleichzeitigkeit der unterschiedlichen Zeitqualitäten wahrnehmen wollen und können. Ein Grund, sie nicht wahrnehmen zu wollen, kann zum Beispiel darin liegen, daß wir uns vor der Wahrheit fürchten, die sich zeigen würde, wenn unsere gegenwärtige Kultur im Spiegel einer alternativen Kulturqualität ihre dunklen Seiten offenbaren müßte. Wir fürchten uns vor den Veränderungen, die eine solche Ernüchterung auslösen könnte. Ein weiterer Grund liegt darin, daß wir die subtilen Töne der mitschwingenden Ebenen der zyklischen Zeit leicht überhören, weil unsere gängigen Zeitvorstellungen ununterbrochen Bilder der gewohnten Realität reproduzieren und mit Hilfe der Medien verfestigen, so daß mögliche Spiegelbilder aus der zyklischen Ebene bereits aus unserem Bewußtsein verdrängt werden, noch bevor sie Gestalt annehmen können.

Nirgends habe ich die Unzulänglichkeit der linearen Zeitvorstellung so stark empfunden wie in Venedig. Zum Glück hatte ich während meiner mehrjährigen kreativen Auseinandersetzung mit dieser ungewöhnlichen Stadt – ich bereitete einen alternativen Führer durch Venedig* vor – reichlich Gelegenheit, meine Wahrnehmung zu vertiefen. Es begann schon während meines ersten Besuches im Jahr 1979, als ich nach langer Abwesenheit nach Venedig zurückkehrte. Als ich vom Bahnhof kommend auf dem Floß, der hier üblichen »Haltestelle«, auf das Boot des Stadtverkehrsnetzes wartete – der Boden schwankte unter meinen Füßen – hatte ich das Gefühl, auf einem anderen Stern angekommen zu sein. Plötzlich stand ich nicht mehr auf der Erde, obwohl es um einen ganz normalen irdischen Vorgang ging.

Vertraut mit der gewohnten Wirklichkeit, identifizieren wir uns automatisch mit dem festen Boden, der das Fundament für den Aufbau unserer Kultur bildet. Und doch unterliegen wir einer Selbsttäuschung, wenn wir glauben, daß dieser Boden mit der Erde beziehungsweise Materie gleichzusetzen sei. Es handelt sich vielmehr um eine komplexe Gedankenform, die uns als realitätstragende Struktur dient. Würden wir unsere Kultur tatsächlich auf der Erdmaterie aufbauen, dann gäbe es nicht den ungeheuren Mißklang mit ihren Gesetzmäßigkeiten und folglich auch keine ökologische Zerstörung. Ich meine, unsere Kultur basiert weit mehr auf einer mentalen Struktur, die weitgehend eigenen, dem menschlichen Egoismus folgenden Gesetzmäßigkeiten gehorcht. Die Identifizierung dieser mentalen Struktur mit der Erde und der Materie ist oberflächlich und trügerisch.

---

* Marko Pogačnik: *A Hidden Pathway through Venice,* Rom 1986.

Venedig hingegen steht im Wasser. Würden wir die Stadt aber genauer untersuchen, so kämen wir zu einem ähnlichen Ergebnis, daß nämlich die bloße Erklärung Venedigs zu einer Wasserstadt ebenfalls einer Täuschung unterliegt. Die Stadt ist in 140 Inseln gegliedert, die alle auf unzähligen Holzpfählen stehen, die tief in den festen Grund unter dem Wasser der Lagune eingelassen sind. Wie alle Städte dieser Welt steht also auch Venedig auf festem Boden. Was Venedig zu einer Wasserstadt macht, ist die vielfältige Beziehung ihres urbanen Gewebes zum Wasserelement – sie reicht von der praktisch-physischen Ebene bis in den Bereich der kosmologisch-geistigen Beziehungen.

Zunächst einmal läßt sich Venedig seiner Konstruktion nach mit den Pfahlbauten vergleichen, die in der Jungsteinzeit an den Seen des Alten Europa weit verbreitet waren. Im Falle Venedigs sind die charakteristischen, über die Wasseroberfläche hinausragenden Holzstützen der Pfahlbauweise nicht sichtbar, da die Pfähle bis unter die Meeresoberfläche eingeschlagen wurden, damit sie nicht durch die Einwirkung der Luft beschädigt werden können. In Wirklichkeit wurde ein Baumstamm neben den anderen in den Schlamm eingelassen, eine Holzfläche aus dicken Bohlen darübergelegt und unmittelbar darauf mit Steinen gebaut. Äußerlich sieht Venedig wie jede andere auf festem Grund errichtete Stadt aus; es überrascht nur, daß die schweren Steinmauern aus der weichen Wassermasse herausragen. Bei näherer Betrachtung der alten Gebäude fällt aber auf, daß die Bauweise den Verhältnissen des Wasserambientes und der Beweglichkeit des Meeresbodens angepaßt ist. In die alten Ziegelmauern sind zum Beispiel horizontale Holzbalken eingebaut, die kreuzförmig miteinander verbunden sind. Solche Holzstrukturen verleihen den kolossalen Steinmassen der Kirchen und Paläste eine relative Beweglichkeit, die angesichts des schwankenden Bodens das Einstürzen verhindert. Im Inneren der Kirchen SS. Giovanni e Paolo, Santo Stefano oder San Polo ist diese, den Bedingungen des Meeres angepaßte Konstruktionsweise gut zu erkennen. Sie erinnert stark an die damalige Konstruktionsweise der Schiffe.*

Auch die urbane Form Venedigs wurde dem Wesen des Meeres angepaßt. Die Stadt hat nämlich die Gestalt eines Fisches angenommen: Der Kopf befindet sich im Bereich der ehemaligen Kirche Santa Lucia, wo heute der Bahnhof steht; die Mündung des Canal Grande, der Wasserachse der Stadt, stellt den weit geöffneten Rachen des Fisches dar. Seine Bauchunterseite bildet der Giudecca-Kanal, den Rücken das Ufer des Fondamente Nuovo. Der Fischkörper verengt sich hinter San Marco, erweitert sich dann aber wieder zum breiten Ruderschwanz am Arsenale.

Der Fisch-Charakter Venedigs bleibt aber nicht auf die äußere Form beschränkt. Auch die verschiedenen Funktionsbereiche der Stadt entsprechen diesem Konzept genau. So stellt der Canal Grande die urbane Achse dar. An seiner Mündung sind die Kommunikationssysteme der Stadt konzentriert als ein Symbol der in den Fischrachen einströmenden Kräfte. Um die Mitte der Achse, bezeichnet durch die Rialto-Brücke, blühte seit dem 9. Jahrhundert das Geschäftszentrum, das noch heute vom bunten Treiben eines Marktplatzes belebt wird. Am Ausfluß des Canal Grande befindet sich der geistige und politische Kern der Stadt: der Dogen-Palast und die Verwaltungsgebäude der ehemaligen Republik. Die Flotte Venedigs hin-

---

* Vgl. Guido Perocco/Antonio Salvadori: *Civiltà di Venezia/I*, Venedig 1973.

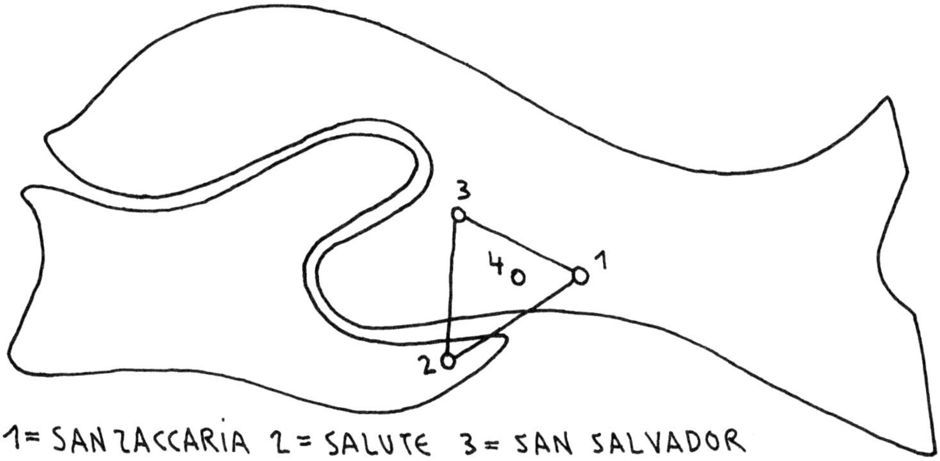

Die Fischform Venedigs. Mit dem Canal Grande und den vier Kirchen San Zaccaria, Santa Maria della Salute, San Salvador und San Marco

gegen hatte ihren Stammhafen im Bereich des Fischschwanzes. Venedig ist offensichtlich so gebaut worden, daß die Bedürfnisse der Kultur in jeder Hinsicht mit dem Wasser als dem Naturelement der Lagunenlandschaft ausgeglichen und harmonisiert worden sind.*

Die Beziehung zum Wasser besaß in Venedig auch eine ungewöhnliche geistige Dimension, die sich am deutlichsten an dem alljährlich stattfindenden Ritual der Vermählung Venedigs mit dem Meer erkennen läßt. Es ging dabei um eines der vornehmsten Staatsfeste der Venezianischen Republik, das schätzungsweise tausend Jahre lang bis zum Untergang der Republik im Jahr 1797 mit großem Prunk gefeiert wurde. Am Tage von Christi Himmelfahrt verließ der Doge** zusammen mit den Inhabern der höchsten Ämter der Stadt und den ausländischen Diplomaten auf einer für diese Gelegenheit errichteten Prunkgaleere die Lagune und fuhr auf das offene Meer vor dem Hafen von San Nicolo di Lido hinaus. Das Schiff wurde von einer großen Menge venezianischer Bürger in Gondeln begleitet. Auf offener See angekommen warf der Doge einen goldenen Ring ins Meer mit den Worten: »Wir vermählen uns mit dir, o Meer, im Zeichen der fortlaufenden Regentschaft.«

Dieses Ritual wird verständlicher, wenn wir uns das Meer als die universale Gebärmutter vorstellen, aus der sich stufenweise alles Leben auf der Erde entwickelt hat. In diesem Sinne ist es die Urmutter, sei es aufgrund seiner wäßrigen, lebensfördernden Substanz oder in der Gestalt der Göttin, die als Weltschöpferin aus dem Meer aufsteigt, wie die griechische Aphrodite in ihrer vorolympischen Gestalt als

* Um den wäßrigen Charakter der Stadt zu erleben, empfehle ich, mit den Booten 1 (»Canal Grande«) und 5 (»Circolare«) des öffentlichen Verkehrsnetzes zu fahren oder sich eine Gondelfahrt durch die inneren Kanäle zu gönnen.

** Der Doge wurde auf Lebenszeit als höchster geistiger und politischer Vertreter der Venezianischen Republik von den aristokratischen Patriziern gewählt. Sein Rang entsprach dem der zeitgenössischen Herrscher Europas.

Aphrodite Urania, die noch die Merkmale der Urschöpferin trägt. Vor Beginn der Welt tauchte sie, so erzählt es der Mythos, aus der Meerestiefe auf, verwandelte sich in eine Taube und legte das Weltenei, aus dem letztlich alle Dinge der Welt hervorgingen.

Sich alljährlich erneut mit dem Meer zu vermählen, bedeutet, sich zyklisch mit der Göttin als der Urquelle des Lebens wiederzuverbinden. Das Ritual der zyklischen Wiederverbindung mit der Göttin wurde in den alten Kulturen in Form der Heiligen Hochzeit alljährlich als eines der wichtigsten Feste gefeiert. Ein Gedicht auf einer Keilschrifttafel aus der Zeit um 2250 v. Chr. besingt die Heilige Hochzeit der sumerischen Hochgöttin Inanna mit dem König Isin-Dagan*. Der König tritt hier als höchster Vertreter des Volkes auf, die Göttin war vertreten durch ihre höchste Priesterin, die den rituellen Beischlaf mit dem König im Tempel vollzog. Das Gedicht beschreibt die festliche Fülle und die Pracht, von der die Heilige Hochzeit begleitet war, ähnlich wie beim Ritual des Dogen vor dem Hafen von Lido.

Die Lebensfülle, die aufgrund des zyklisch erneuerten Gleichgewichts zwischen Meer und Stadt beziehungsweise zwischen der universalen Göttin und der Kultur fast ein Jahrtausend lang Venedig durchströmte, hat sich in einer erstaunlichen Mischung aus materiellem Reichtum, überschwenglicher künstlerischer Produktion und religiöser Blüte niedergeschlagen. Jedes Element dieser Dreiheit ermöglichte dem anderen ein fast grenzenloses Wachstum. Der Abglanz dieser Fülle begegnet uns noch heute bei einem Gang durch die Stadt auf Schritt und Tritt.

Um die Relativität der linearen Zeitvorstellung und die fortwährende Gegenwart der Göttinkräfte innerhalb der Kulturentwicklung zu unterstreichen, möchte ich noch die minoische Kultur auf Kreta erwähnen. Zeitlich ist sie zwischen 2600 und 1150 v. Chr. anzusiedeln. Dank der relativ isolierten Insellage im Mittelmeer konnten sich auf Kreta die Eigenheiten der viel älteren neolithischen Kultur des Alten Europa weiter entfalten und zu einem Höhepunkt geführt werden, obwohl die umgebende Welt schon fest im patriarchalen Bronzezeitalter verankert war. In Ägypten, Babylon, Anatolien und Europa hatten die männlichen Götter bereits sämtliche Funktionen der Göttin übernommen und ihren kriegerischen Geist an die Stelle der einschließenden und friedliebenden Natur der Göttin gesetzt. Die Parallele zur Rolle Venedigs inmitten der streng patriarchalisch beherrschten Kultur Europas im zweiten Jahrtausend nach Chr. ist nicht zu übersehen**, außer daß die beiden gegensätzlichen Kulturordnungen im Falle Venedigs viel dichter nebeneinander existierten. Es waren die gleichen Menschen, die einerseits alle Normen des patriarchalen Systems einschließlich der Verehrung des christlichen Vatergottes verinnerlicht hatten, und gleichzeitig – vermutlich zunehmend unbewußter – die zyklische Erneuerung der Verbindung zur Göttin pflegten.

Diese verborgene zyklische Fortführung der Göttinkultur in Venedig zeigt sich auch in dem zweiten, mit großem Prunk gefeierten geistig-politischen Jahresfest, das jeweils am Ostermontag stattfand. An diesem Tag zog der Doge zusammen mit seinem Hofstaat, der »Signoria«, und den Staatsbeamten in einer Prozession von der

---

* Vgl. Anne Baring/Jules Cashford: *The Myth of the Goddess*, Harmondsworth 1991.

** Interessanterweise gehörte Kreta von 1204 bis zu seiner Eroberung durch die Türken im Jahr 1669 zu den Besitzungen der Republik Venedig.

Göttin mit Kopfbedeckung, die an ein Füllhorn erinnert. Mittelminoisch, 2100–1800 v. Chr., Kreta

Basilica San Marco zum Frauenkloster von San Zaccaria, wo die Äbtissin ihn mit dem »Corno Ducale«, dem Zeichen seines höchsten Amtes, krönte. Es hatte die Form eines Füllhorns und erinnert damit an das traditionelle Symbol der Fruchtbarkeitsgöttin. Eine ähnliche Mütze wurde von den Priestern der Cybele, der großen Göttin von Anatolien, getragen. Jedes Jahr fertigten die Nonnen für diese feierliche Gelegenheit eine neue Kopfbedeckung für den Herrscher an, die dann das ganze folgende Jahr über vom Dogen bei allen Amtshandlungen getragen wurde. Eine solche Kopfbedeckung trug kein anderer Herrscher in Europa.

Um das Ritual in seiner ganzen Tragweite zu verstehen, sollten wir uns auch den urbanen Kontext der Prozession vor Augen halten. Das Frauenkloster von San Zaccaria lehnt sich mit der rechten Seite an die gleichnamige Kirche an. Der Klosterkomplex wiederum steht auf derselben Raumachse wie die einige hundert Meter entfernt gelegene Basilika von San Marco. Bei San Marco wiederholt sich dasselbe Anordnungsprinzip wie bei San Zaccaria: Der Palast des Dogen lehnt sich mit seiner rechten Seite an die Basilika an.*

* Hinzu kommt, daß die Gründung von Venedig im Jahr 810 und die Gründungen von San Marco und San Zaccaria in ein und derselben Periode stattfanden, und zwar durch drei Dogen der Familie Partezipazio: Angelo (810–827), Giustiniano (827–829) und Giovanni I. (829–836), was die Schlüsselrolle der beiden architektonischen Komplexe für Venedig unterstreicht.

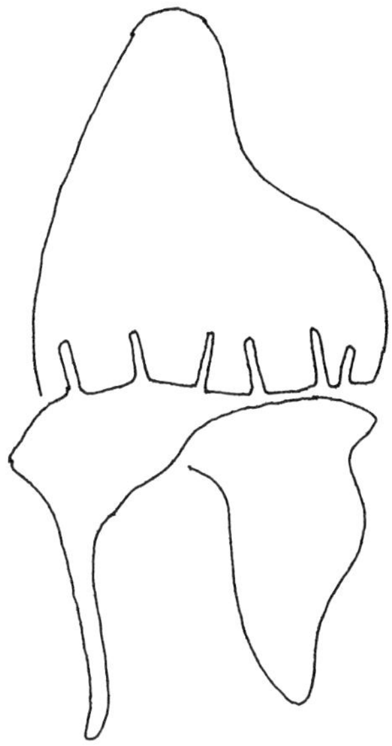

Die Kopfbedeckung des Dogen von Venedig, der sogenannte Corno Ducale. Museo Correr, Venedig

Darin zeigt sich die männlich-weibliche Polarisierung der beiden Architekturkomplexe: Im Dogenpalast saßen ausschließlich Männer, die dem Adel entstammten, mit dem Dogen an der Spitze. Sie lenkten das öffentliche Leben. Dem Kloster von San Zaccaria gehörten nur Frauen aus adeligen Familien an, denselben Familien, die ihre Söhne zum Dienst in den Palast des Dogen entsandten. Die Nonnen verbrachten ihr Leben in der Stille und Kontemplation, während die Männer im Dogenpalast die Staatsgeschäfte betrieben. Zwischen den beiden Parteien des geschilderten Krönungsrituals gab es offensichtlich eine Bruder-Schwester-Beziehung mit genau verteilten Rollen, eine gegenseitige Ergänzung, die im Ritual ihren sichtbaren Ausdruck fand.

Das ganze Jahr hindurch wirkten die Männer als Herrscher, Diplomaten, Kriegsführer, Kaufleute oder Bauherren – doch alles, was sie taten, hatte keinen rechten Sinn, wenn es nicht durch die kontemplative Kraft der Klosterfrauen in die kosmische Ganzheit eingebettet wurde. Durch die symbolische Krönung wurde dieses Sinngebungsritual vollzogen. Die Männer wurden, vertreten durch den Dogen, im Frühling, zu Beginn des neuen Jahreszyklus symbolisch in das Geheimnis des sich zyklisch erneuernden Lebens eingeweiht. Für das kommende Jahr wurden sie von den ganz der Stille und Betrachtung hingegebenen Frauen als den Vertreterinnen der Jungfraugöttin* in der Würde ihres weltlichen Tuns bestätigt.

* Ich verwende diesen Begriff in Anlehnung an die ursprüngliche Bedeutung des griechischen Wortes *parthenos* – Jungfrau, das nichts mit geschlechtlicher Keuschheit zu tun hat, sondern bedeutet, daß die Jungfraugöttin die vollkommene Ganzheit verkörpert, die für ihr volles Sein keine von außen kommende – durch Geschlechtsverkehr symbolisierte – Kraft braucht.

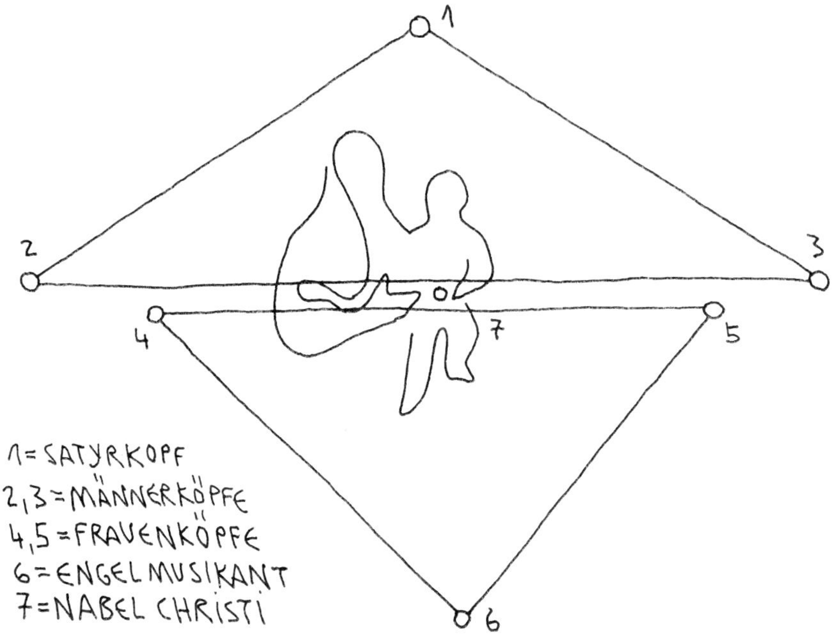

»Madonna mit den Heiligen«. Konzept des Gemäldes von Giovanni Bellini in der Kirche San Zaccaria, Venedig, 1505

In der Kirche von San Zaccaria befindet sich noch immer auf dem originalen Platz ein Gemälde von Giovanni Bellini aus dem Jahr 1505, das diese Einweihung – in den christlichen Kontext übertragen – symbolisch darstellt. Das Bild ist an einem der Seitenaltäre angebracht. Auf einem durch drei Stufen erhöhten Thron sitzt die Jungfrau Maria mit dem Christuskind, das auf ihrem linken Knie steht. Beide berühren den Nabel des Kindes – das Kindlein mit der linken und Maria mit der rechten Hand. Der Nabel symbolisiert die heilige Mitte des Universums, aus der die ganze Schöpfung ihre Kraft bezieht.

Zu beiden Seiten des Thrones stehen je zwei Heiligenfiguren – die männlichen jeweils an der Außenseite, die weiblichen an der Innenseite. Unterhalb der thronenden Maria spielt ein geheimnisvoller Engel auf einer Viola da gamba; oberhalb des Throns ist der mit Pflanzenblättern bedeckte Kopf eines Satyrs angebracht. Die Stirn des Engels bildet zusammen mit den Köpfen der beiden weiblichen Heiligen ein gleichschenkliges Dreieck, das zur Erde weist. Die Köpfe der beiden männlichen Heiligen bilden zusammen mit dem Satyrkopf ein zweites gleichschenkliges Dreieck, das nach oben zum Himmel weist. Das »weibliche« und das »männliche« Dreieck berühren sich mit ihrer Grundlinie genau im Bereich der Weltenmitte, bezeichnet durch den Nabel Christi.

Zu Beginn der achtziger Jahre, als ich mein Venedig-Buch vorbereitete, hatte ich die Botschaft des Gemäldes so weit verstanden, daß sich darin das vollkommene Gleichgewicht zwischen den männlichen Kräften, repräsentiert durch den Palast des Dogen, und den weiblichen Kräften, vertreten durch das Kloster von San Zaccaria, widerspiegelt. Der Nabel der Welt ist der Punkt, an dem die beiden polarisierten Kraftdreiecke im Gleichgewicht sind. Ich konnte aber nicht verstehen,

warum der Engel an der Spitze des einen und der Satyr an der Spitze des andern »falsch« angeordnet waren. Der Satyr als ein Naturwesen gehörte doch nach unten, der Engel aufgrund seiner geistigen Natur aber nach oben.
Am 13. Mai 1989, als sich meine Augen schon für die kommende Göttinoffenbarung zu öffnen begannen, befand ich mich nach einigen Jahren wieder in Venedig. Ich hatte nur einen kurzen Tag Zeit, wollte aber unbedingt auch mein geliebtes Gemälde in der Kirche von San Zaccaria sehen. So stand ich wie immer tief berührt vor dem Kunstwerk*, hatte aber keinerlei Erwartungen. Da bemerkte ich plötzlich, wie die Doppeldreieckskomposition so umkippte, daß der Satyrkopf an den Platz des Engels fiel und umgekehrt. Im nächsten Moment kehrte sich diese unsichtbare Bewegung wieder um, so daß der Engel und der Satyr wieder auf ihre ursprünglichen Plätze zurückkehrten.
In der zyklischen Bewegung, durch die das Himmlische sich der irdischen Welt mitteilt und das Irdische in die Himmelssphäre aufgenommen wird, sehe ich eine Erklärung dessen, was bei der jungfräulichen Einweihung geschieht. Durch die Güte, die die Allumfassenheit der geistigen Kräfte in die Welt der Materie einfließen läßt und gleichzeitig das Bruchstückhafte der irdischen Erfahrung wieder in die Ganzheit der geistigen Welt eingebettet wird, wird der Mensch wieder heil und die Welt geheiligt.
Schließlich stellte ich mir die Frage, ob es in Venedig noch ein drittes öffentliches Ritual gab, in dem möglicherweise die Gegenwart der Göttin der Wandlung verborgen wäre. Da fiel mir der berühmte Karneval von Venedig ein, der mit großem Lärm und Umtrieb in der Winterzeit gefeiert wird. Die Menschen, die eine Maske über ihrem Gesicht tragen, gehören für die Dauer dieser Zeit einer anderen Welt an, aus der sie wiederkehren werden, wenn sie die Maske ablegen. Solange die Maske ihr Gesicht verbirgt, weilen sie symbolisch in der Unterwelt, in der sich ihre Wandlung, ihre Selbsterkenntnis und der Prozeß der Erneuerung vollziehen sollte. Es ist charakteristisch, daß der Karneval im Winter, also in der Zeit gefeiert wird, die im ternären Jahreszyklus der Göttin die Wandlungsphase bezeichnet.
In Venedig begannen die Karnevalsfestlichkeiten offiziell schon am 17. Januar, wenn der Doge mit seinem Hofstaat dem närrischen Treiben der Gaukler auf dem Markusplatz beiwohnte. Das Fest zog sich dann bis zur Fastnacht hin. Die venezianischen Kunsthandwerker haben im Laufe der Jahrhunderte eine Vielfalt von Masken entwickelt, die heute noch als eines der Wahrzeichen Venedigs in aller Welt geschätzt werden. Immer mehr Menschen fühlen sich zum Karneval in Venedig hingezogen. Doch nur in wenigen dürfte noch das Bewußtsein lebendig sein, daß es sich dabei um ein uraltes Ritual des Sterbens und der Wiedergeburt handelt, dessen Ursprung in der Kultur der ternären Göttin liegt.
Dieser ternäre Zyklus, der sich in Venedig in den drei Jahresfesten widerspiegelt, hat sich meiner Ansicht nach auch in einer entsprechenden architektonischen Struktur niedergeschlagen, und zwar in Form von drei Kirchen, die gewisse Merkmale der ternären Göttin tragen und in einem Dreieck um die Basilica San Marco

* Beim Besuch des Gemäldes sollten wir unbedingt versuchen, innerlich den Klang der Melodie zu vernehmen, die der Engel auf seinem Instrument spielt. Ich bezweifle, ob an irgendeinem anderen Ort der Erde heutzutage noch so etwas wahrzunehmen ist.

Außenansicht der Kirche San Zaccaria, Venedig.
Ein Werk von Mauro Coducci, Frührenaissance

herum angeordnet sind: Es sind dies die Kirchen San Zaccaria, Santa Maria della Salute und San Salvador. Wir sollten aber, was ihre Göttinsymbolik angeht, nicht zuviel erwarten, da sie in ihrer heutigen Form alle aus späteren Epochen der Stadtentwicklung stammen, als das Bewußtsein um die verborgene Beziehung der Stadt zur dreigestaltigen Göttin schon weitgehend verlorengegangen war.

Über die Kirche San Zaccaria als einen Kraftort des jungfräulichen Aspekts der Göttin habe ich schon im Zusammenhang mit der alljährlichen Krönung des Dogen gesprochen, auch über ihre besondere Beziehung zur Basilica San Marco und über das Gemälde von Giovanni Bellini, das diese Beziehung darstellt.

Die Basilica Santa Maria della Salute, kurz Salute genannt, birgt wohl den mütterlichen Aspekt der Göttin. Äußerlich wirkt sie wie eine versteinerte Eruption aus den Tiefen der Erde. Der zentrale Innenraum, bei dem wie bei einem Mandala alle Elemente vollkommen symmetrisch um eine imaginäre mittlere Achse angeordnet sind, könnte ein Modell des durch die Göttin erschaffenen Universums sein. Vertikal gliedert sich der Raum in drei Ebenen, die durch ihr unterschiedliches Lichtspiel die drei Aspekte der Göttinternität wiedergeben.

Der weiße Aspekt kommt in der Laterne zum Ausdruck, die wie ein Ei einen vollkommen in sich geschlossenen Raum darstellt, aus dem sich ein Leuchter in der imaginären Mittelachse herabläßt, um die Weltachse zu symbolisieren. Der rote Aspekt manifestiert sich in der Form des zentralen Kuppelraums, der in einem hellen Licht badet. Den Boden bildet ein schimmerndes, sphärengleiches Mosaik aus Marmorplatten, in dem sich das Licht der Kuppel wie in einem in die Erde eingelassen Kessel widerspiegelt. Darin sehe ich ein Symbol des schwarzen Aspekts der Göttin.

Auf dem Hochaltar steht eine Marmorskulptur von Giusto Le Court aus dem 16. Jahrhundert. Sie stellt die Heilige Maria in einer Komposition dar, die noch Anklänge an die Dreigestaltigkeit der Göttin aufweist. In der Mitte steht die Madonna auf der Schwarzmondsichel. Links von ihr die fliehende Gestalt der Wandlungsgöttin, die ein Engel mit einer Fackel vertreibt. Zu ihrer Rechten kniet die jungfräuliche Gestalt, die die Republik Venedig repräsentiert. Die Tatsache, daß hier die Gestalt der Wandlungsgöttin zwar dargestellt, aber als Pest vertrieben wird, zeigt deutlich, daß der schwarze Aspekt nicht mehr als Teil einer dreiphasigen zyklischen Ordnung verstanden, sondern aus dem Bewußtsein gelöscht werden sollte. Die schwarze Göttin wurde regelrecht in die Verbannung geschickt.

Die Kirche San Salvador in der Nähe der Rialto-Brücke müßte folgerichtig den Wandlungsaspekt der Göttin für die Stadt verkörpern, was aber kaum nachzuvollziehen ist. Hinter dem Gemälde des Hauptaltars wird eine silberne Altarplatte verborgen gehalten, die nur einmal im Jahr, zum Fest von Mariä Himmelfahrt, in der Zeit vom 3. bis 15. August, gezeigt wird. In dieser riesigen Silberplatte sind – als Gegenpol zu der berühmten Goldplatte hinter dem Altar von San Marco – die weiblichen Yin-Kräfte verankert. Das Gemälde, das die Platte verdeckt, stammt von Tizian und stellt die Verklärung Christi dar. Alle anderen Kräfte können nur innerlich wahrgenommen werden. Das gilt auch für die beiden anderen Kirchen, die ich als weiblich bezeichnet habe.

Schloss Türnich:

Die verhüllte Anwesenheit der Göttin

Als ich in der zweiten Hälfte der achtziger Jahre den Schwerpunkt meiner Tätigkeit von Venedig nach Türnich verlagerte, stellte ich überrascht fest, daß ich mich wieder in einer stark vom Wasser geprägten Umgebung befand. Das westlich von Köln gelegene Schloß Türnich ist von zwei Wasserringen umgeben – und auch die Schloßkapelle ist offenbar bewußt über Wasser gebaut worden. Aus dem seitlich der Kapelle gelegenen Weiher wird das Wasser durch drei besonders geführte Kanäle tief in die Fundamente der Kapelle geleitet. Es wäre sehr viel einfacher gewesen, das Wasser vom Gebäude fernzuhalten; folglich mußte es einen überzeugenden Grund geben, warum der Kapellenraum von der Wasserschwingung durchtränkt werden sollte.

Später, als ich mit der Landschaft von Nordrhein-Westfalen vertrauter wurde, mußte ich einsehen, daß meine anfängliche Begeisterung über den wasserbetonten Charakter der Schloßanlage übertrieben war, da es in dem wasserreichen Tiefland üblich war, die Schlösser zum Schutz mit Wasser zu umgeben. Andererseits habe ich während meiner Untersuchungen der Anlage in Türnich, besonders der Schloßkapelle, in den Jahren 1986–89 viele Hinweise entdeckt, die zu der Überzeugung führten, daß sich hinter der augenfälligen Tradition der mittelalterlichen Wasseranlagen wohl auch eine innere Beziehung zum Wasserelement verbirgt. Wie am Beispiel Venedigs dargestellt, beinhaltet eine solche Beziehung zum wäßrigen Element im Kern auch schon die Beziehung zum weiblichen Aspekt der Gottheit.

In den Symbolen, die in der Türnicher Schloßkapelle vorkommen, ist diese verborgene Beziehung zu erkennen – es kommt nur darauf an, unter welchem Blickwinkel wir sie betrachten. Bei meinem Buch über Türnich, das schon ein Jahr vor der geschilderten Göttinoffenbarung abgeschlossen war, bin ich noch von einer ausgesprochen männlichen Symbolik ausgegangen, und zwar von der Beziehung zwischen der Sonne, die das Zentrum eines Bodenmosaiks in der Kapelle bildet, und der goldenen Sonnensphäre mit der Christusgestalt im Gewölbe der Apsis. Erst heute ist mir bewußt, daß ich meine Untersuchungen auf traditionell als Yang bewerteten Symbolen gegründet hatte: die Sonne, das Gold und die Christusfigur stehen im Gegensatz zum Mond, zum Silber und zur Gestalt der Göttin.

Es ist unbestreitbar, daß mich die Spur dieser Yang-Symbolik zu vielen interessanten Entdeckungen über die verschiedenen Dimensionen der Realität und ihre inneren Zusammenhänge sowie über das energetische Netzwerk, durch das die Lebensprozesse auf dem Planeten Erde verwirklicht werden, geführt hat. Doch den eigentlichen »Lebenssaft« dieser Prozesse, der durch die im ersten Buch aufgezeigten geistigen, archetypischen, ätherischen und physischen Dimensionen fließt,

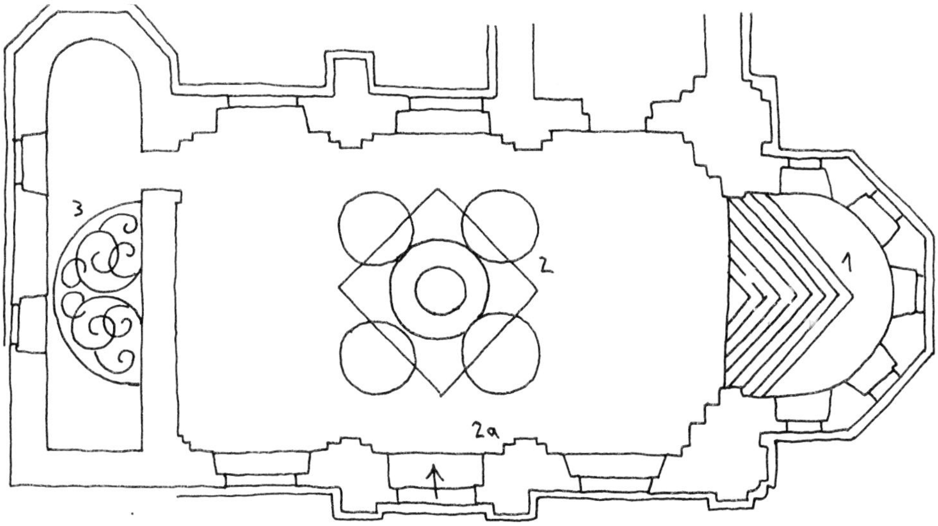

Grundriß der Schloßkapelle zu Türnich, gegliedert in die drei Bereiche mit den Göttinsymbolen. Erbaut 1893

konnte ich in seiner Ganzheit nicht erfassen. Dazu war es nötig, das Wesen der Göttin kennenzulernen.

Das Mosaik, das die Mitte des Kapellenbodens beherrscht, hatte ich durchaus richtig als den entscheidenden Ausgangspunkt für die Entzifferung der Botschaften in der Kapelle ausgewählt. Denn in seiner Symbolik ist genau das angesprochen, was man die zyklische Natur des Lebens nennen könnte: die Himmelskörper, die im All kreisen, der Zyklus der vier Jahreszeiten und die Stufen des menschlichen Lebens vom Kind bis zum Greis (2). Doch anstatt sich von da aus direkt in die Beziehung zu der alles beherrschenden Christussphäre zu stürzen, lohnt es sich, die viel subtiler gestaltete Symbolik der drei Aspekte der Göttin wahrzunehmen. Sie ist in Form eines imaginären Dreiecks um das Bodenmosaik herum angeordnet: an der Schwelle zur Apsis die Symbolik der Göttin der Ganzheit (1), an der Innenseite des Portals die der Göttin der Lebensfülle (2a) und im Bereich der westlich gelegenen Empore* die Attribute der Göttin der Wandlung (3). Die Christus-Darstellung steht dazu sehr wohl in Beziehung, aber sie sollte erst an zweiter Stelle in der Betrachtung stehen, wenn es darum geht, Christus als einen Vertreter des kosmisch-männlichen Prinzips, als den Sohn der Göttin, zu erkennen.

In der Bodengestaltung der Apsis wiederholt sich dieselbe Irreführung wie bei dem Bodenmosaik in der Kapellenmitte. Da gibt es ein Achteck, zusammengesetzt aus unterschiedlich gefärbten Marmorplatten, das den Brennpunkt bezeichnet, auf dem der Priester steht, während er die Messe zelebriert. Jeder, der etwas über die Geheimnisse der Kapelle weiß, ist sofort versucht, sich auf diesen Punkt zu stellen, um den Kraftstrom zu fühlen, der dort vertikal vom Kosmos herabstrahlt. Es ist ein Gefühl, als würde man an diesem Platz zwischen Himmel und Erde schweben.

* Als Empore wird in der frühchristlichen Basilika der Platz für die Frauen bezeichnet, der sich ähnlich dem Balkon in der Türnicher Kapelle im westlichen Teil des Gebäudes, gegenüber dem Altarraum, befand.

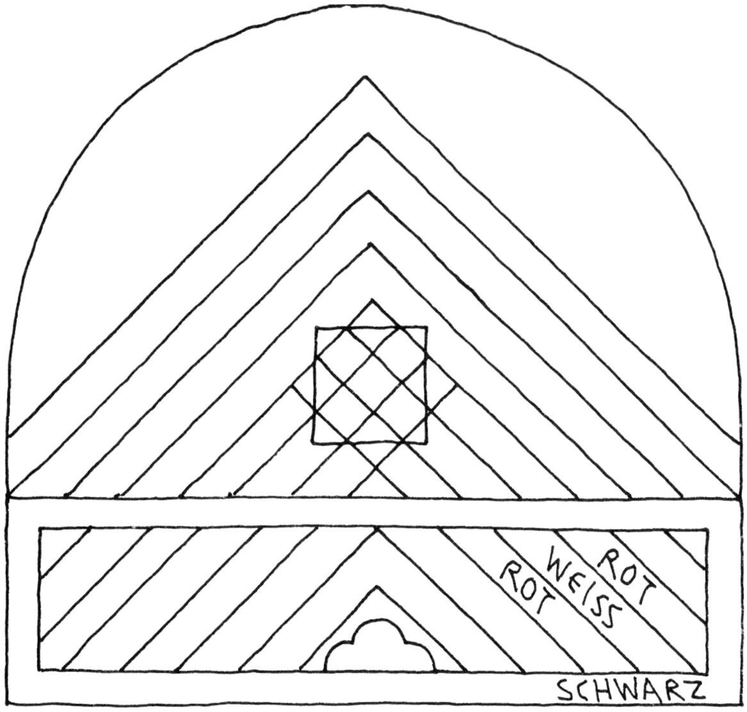

Bodenmuster der Apsis in der Schloßkapelle zu Türnich

Über all dem habe ich jahrelang eine andere rechteckige Mosaikform übersehen, die nur einen Schritt davor, unmittelbar an der Schwelle zur Apsis liegt und die ganze Breite des Zugangs zum Altar einnimmt. Das Rechteck wird aus weißen, roten und schwarzen Marmorplatten gebildet, worin sich zweifellos ein Bereich der ternären Göttin erkennen läßt. Ich habe die Farben Schwarz, Weiß und Rot schon an früherer Stelle als die drei sakralen Farben der Göttin erwähnt. Sie stehen unter anderem für die drei Phasen des Lebenszyklus: Weiß für den aufsteigenden Bogen des Lebenskreises, Rot für die Phase der Fülle und Schwarz für die Wandlung durch den Tod zu einem neuen Lebenszyklus. Die Farbe Schwarz kommt im Mosaikrechteck in der Umrandung vor. Weiß und Rot sind als eine Abfolge von symmetrisch angeordneten Bändern so gelegt, daß sie zusammen das sogenannte Storchschnabelmuster bilden.

Marija Gimbutas hat in ihrer umfassenden Zusammenstellung der Göttinsymbole für die Zeit der neolithischen Kultur des Alten Europa* das Storchschnabelmuster als eines der am häufigsten auftretenden Muster nachgewiesen, die den jungfräulichen Aspekt der Göttin bezeichnen, ich habe diesen Aspekt an früherer Stelle auch der Göttin der allumfassenden Ganzheit zugeordnet. Gimbutas belegt an zahlreichen Beispielen die über mehrere Jahrtausende auftretende Beziehung zwischen bestimmten Vogelformen, dem Storchschnabelmuster und den vogelgestaltigen Göttinnendarstellungen, seien sie nun figürlich oder in Form von Gefäßen.

* Marija Gimbutas: *The Language of the Goddess,* San Francisco 1991.

Die Funde zeigen, daß es sich bei den Vögeln, die als Symbol der Göttin der Ganzheit auftreten, vornehmlich um Wasservögel handelt, die den Bereich der Gewässer auf der Erde mit dem feuchten Bereich der Regenwolken am Himmel durch ihren Flug verbinden. Der irdische Wasserbereich steht für die Lebenskraft, das feuchte Element am Himmel für die befruchtenden kosmischen Kräfte. Die sogenannte Vogelgöttin symbolisiert die Vereinigung dieser beiden Lebensquellen und damit die Geburt allen Lebens. Noch heute wird ja den Kindern erzählt, daß ein Neugeborenes vom Storch, einem Wasservogel, gebracht wird. Der Storch mit seinem roten Schnabel und dem schwarz-weißen Gefieder trägt die drei urbildlichen Farben der Göttin und ist daher als Symbol besonders geeignet.
Die Schwelle der Apsis wird oben durch einen Bogen abgeschlossen, auf den ein Band mit zwölf Taubenpaaren gemalt ist, die sich mit ihren Schnäbeln liebevoll berühren. Die sich schnäbelnden Tauben verstehe ich als ein Symbol der Liebe, die nicht auf einer geschlechtlichen Polarisierung beruht, sondern frei ist, die Zusammengehörigkeit auszudrücken, die alle Lebewesen und den gesamten Kosmos als Einheit zusammenhält. Die Freiheit von allen Bindungen und die alles verbindende Liebe sind in der Göttin der allumfassenden Ganzheit vereint, obwohl sie scheinbar einen Gegensatz zueinander bilden. Frei zu sein ist wohl eine Bedingung, um selbstlos lieben zu können.
Die Tauben im Bogen der Schwelle zur Apsis verweisen auch auf die Zusammengehörigkeit der drei Bereiche, die in der Kapelle die drei Aspekte der Göttin symbolisieren: die Apsis, der Mittelteil und die Empore. Der Zugang zu jedem dieser

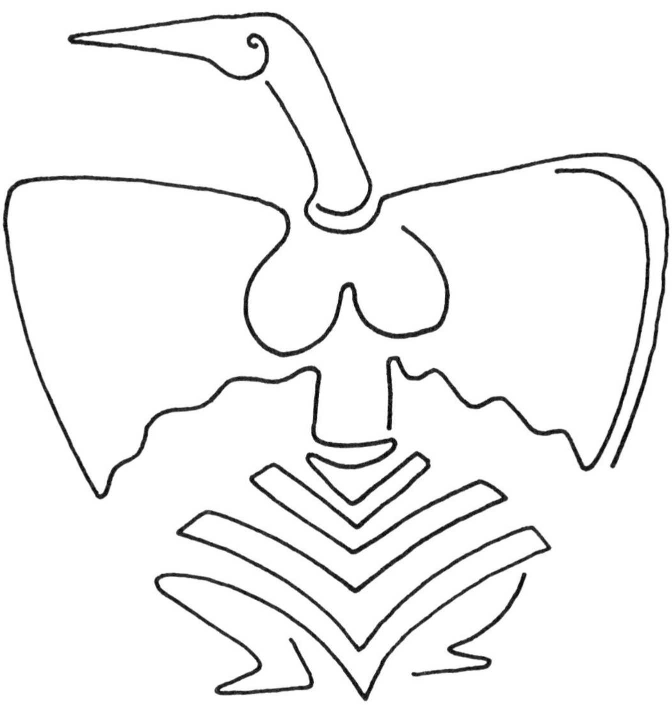

Göttin der Ganzheit als Vogelgöttin mit dem Storchschnabelmuster. Siegelabdruck aus der minoischen Kultur, 1500–1450 v. Chr., Kreta

drei Bereiche ist jeweils durch einen Rundbogen gekennzeichnet, auf dem die Geschichte eines Vogels abgebildet ist, der dem betreffenden Aspekt der Göttin genau entspricht. Ihrem jungfräulichen Aspekt entsprechen die sich schnäbelnden Tauben, der mütterliche Aspekt wird durch nistende Schwalben symbolisiert und der Aspekt der Wandlung durch den sich im Feuer erneuernden Phönix.

Die Geschichte, die die Schwalben auf dem Bogen über dem Kapelleneingang erzählen, ist in die Symbolik zweier symmetrisch angeordneter Lebensbäume eingewoben. Im unteren Bereich der Bäume sind zwei Schwalben in ein Liebesspiel verwickelt, weiter oben bauen sie ihr Nest für den Nachwuchs, und im oberen Bereich verläßt die flügge gewordene Generation das Nest. Hier, im Bereich des Portalbogens, manifestiert sich – im Vergleich zur Apsis – eine anders geartete Kraft, die sich durch Zweiheit, Symmetrie und Polarität ausdrückt. Wir gelangen hier in den Bereich der Göttin der unbegrenzten Lebensfülle. Bei ihrer Analyse der archäologischen Funde aus den Göttinkulturen des Alten Europa hat Marija Gimbutas herausgefunden, daß die Verdoppelung allgemein eine Zunahme an Fruchtbarkeit und Überfluß bedeutet. Jahrtausende hindurch wiederholen sich die unterschiedlichsten Verdoppelungsmotive, sei es in der Form von Doppelstrichen, einer übertonten Zweiheit des weiblichen Gesäßes, Zwillingsfrüchten oder doppelköpfigen Göttinnenfiguren, um den mütterlichen Aspekt der Göttin darzustellen.

Die Symbolik der Göttin der Lebensfülle in der Kapelle entfaltet sich ausgehend von den Verdoppelungsmotiven zu Bildern, die die Yin/Yang-Polarisierung ausdrücken und schließlich zur Kommunikation und dem schöpferischen Austausch zwischen dem weiblichen und dem männlichen Pol. So finden wir an der Seite des linken Lebensbaumes die Symbole der weiblichen Kräfte abgebildet – Schlange und Apfel* – und auf der anderen Seite des Bogens Zeichen für die männlichen Kräfte – das Kreuz und einen Lichtfunken. Darüber ist eine Szene der Verkündigung an Maria so angebracht, daß der Erzengel Gabriel als ein Vertreter der kosmischen Yang-Kräfte über den erwähnten weiblichen Symbolen, Maria als eine Vertreterin der irdischen Yin-Energien aber über den männlichen Insignien kniet. Auf diese Weise werden die Polaritäten kreuzweise miteinander vermählt, wobei das unhörbare Zwiegespräch zwischen Maria und dem Erzengel in diesem Kontext die schöpferische Beziehung zwischen den irdischen und den kosmischen beziehungsweise den weiblichen und den männlichen Kräften symbolisiert. Aus dem Brennpunkt dieses Beziehungsgefüges fließt der unendliche Strom der Lebensfülle und der Freude.

Von dem Bereich der Wandlungsgöttin über der Empore habe ich schon den Wundervogel Phönix erwähnt. Im unteren Bereich des Bogens sehen wir den alten Vogel in der Gestalt eines grausamen, geflügelten Drachens. Der Mythos erzählt, daß der alte Vogel im Feuer verbrennt und neugeboren der Asche entsteigt. Im oberen Bereich der Bogenmalerei ist der gewandelte Phönix zu sehen, wie er in seiner jugendlichen Schönheit davonfliegt.

---

* Im Prozeß der Patriarchalisierung wurden diejenigen Göttinsymbole, die nicht in das neue Weltbild zu integrieren waren, tabuisiert oder verteufelt, wie es der biblische Mythos von Schlange und Apfel zeigt.

Zu den Symbolen der Wandlung im Bereich der Empore zählt auch eine riesige, aus reinem Silber gemalte Halbmondscheibe, die die Decke über der Empore ausfüllt. Ein Netzwerk aus Lilien spiegelt sich in der Mondscheibe wider. Darunter ist in einem Rundfenster als Vertreterin der Göttin der Wandlung unter den christlichen Heiligen die Heilige Elisabeth von Thüringen* mit dem Rosenwunder dargestellt.

Die Legende erzählt von der Wohltätigkeit der Elisabeth von Thüringen gegenüber den Armen und Kranken, was ihr die äußerste Mißbilligung von seiten ihrer landgräflichen Sippe eintrug. Als sie eines Tages mit Brot in der Schürze von Landgraf Ludwig überrascht und gefragt wird, was sie da fortschaffe, antwortet sie: »Rosen, Herr.« Und tatsächlich zeigt sich die Schürze mit Rosen gefüllt**. In der Türnicher Kapelle ist die Heilige Elisabeth mit der aufgeschlagenen Schürze und den Rosen dargestellt. Dabei fällt auf, daß sich die Blumen in Höhe ihres Bauches befinden.

Ich würde die aufgeschlagene Schürze als ein Symbol des weiblichen Schoßes deuten, in dem sich das Wunder der Umwandlung zum lebendigen Menschenwesen vollzieht. Aus diesem Grund ist die Gebärmutter seit Urzeiten als der Ort der den Tod überwindenden Kraft der Göttin geehrt worden. So wurden die Toten in Grabkammern begraben, die die Form der mütterlichen Leibeshöhle hatten. Unzählige Göttinfiguren aus der Jungsteinzeit tragen im Bereich des Schoßes das Kraftdreieck der Göttin eingeritzt, an derselben Stelle, wo die Heilige Elisabeth die Rosen trägt.

Wenn ich das Bild des immerwährenden Kreisens der zyklischen Zeit vor Augen habe und infolgedessen von der ungebrochenen Anwesenheit der Göttin durch alle Stufen der Kulturentwicklung hindurch ausgehe, dann frage ich mich immer wieder, durch welche anderen Gestalten aus der christlichen Religion ihre Gegenwart hindurchscheinen könnte.

Die stärkste Entsprechung zur Göttin der Wandlung sehe ich in der Schwarzen Madonna. Möglicherweise hat sie ihren Ursprung in den östlichen Ikonen der Madona Threnodousa, die Maria mit dem Christuskind zeigen; ihr Gesicht ist verdunkelt oder sogar schwarz gemalt zum Zeichen der Vorahnung des Leidens und Sterbens Christi am Kreuz. Diese unheilvolle Vorahnung ist durch zwei Engelgruppen im Hintergrund versinnbildlicht, die die Zeichen der Passion Christi tragen, wie das Kreuz, den Speer, das Gefäß mit der Galle und andere. Ikonen der Madona Threnodousa wurden im Mittelalter von den Kreuzfahrern aus dem Heiligen Land mitgebracht. Die große Verehrung, die dieser Darstellung spontan entgegengebracht wurde, ist meiner Ansicht nach durch die tiefgreifende Übereinstimmung zu erklären, die sie in ihrer Symbolik mit dem Archetyp der Göttin der Wandlung hat. Die Vorahnung des Todes und die Gewißheit eines neuen Lebens – in Gestalt

* Die ursprüngliche, an einer anderen Stelle errichtete Schloßkapelle war dem Erzengel Michael geweiht. Ende des 19. Jh. wurde sie an ihrem heutigen Platz neu gebaut und 1893 der Heiligen Elisabeth geweiht. Spiegelt sich darin das Bewußtsein, daß an der Schwelle des 20. Jahrhunderts eine Epoche der Wandlung beginnt?

** Eine kritische Studie zur Hl. Elisabeth ist von Elisabeth Busse-Wilson erschienen: *Das Leben der Heiligen Elisabeth von Thüringen,* München MCMXXXI.

Die Heilige Anna Selbdritt. Nach einer spätgotischen Holzskulptur aus der Wallfahrtskirche Maria Saal, Kärnten, Österreich

des Christusknaben – sind hier miteinander verschlungen, ganz anders als bei der Darstellung der Pietà, die später im Mittelalter die Wandlungsbotschaft der schwarzen Madonna ersetzte. Bei ihr ist der Aspekt des Todes in den Vordergrund gestellt und vom Wiedergeburtsaspekt getrennt.

Die Göttin der unbegrenzten Lebensfülle findet ihre genaueste Entsprechung in der Gestalt der Heiligen Anna, der Mutter Marias, wenn sie als Heilige Anna Selbdritt dargestellt wird. Sie trägt Jesus an ihrer rechten und Maria an der linken Seite. In der ursprünglichen Fassung sind erstaunlicherweise beide als Kinder dargestellt, obwohl sie in Wirklichkeit zwei Generationen vertreten: Jesus ist der Sohn der Maria, Maria die Tochter der Anna.

Die ununterbrochene Weitergabe der Lebensfülle von Generation zu Generation als Ausdruck des mütterlichen Aspektes der Göttin habe ich schon im Zusammenhang mit dem Schwalbenmotiv am Portal der Türnicher Kapelle erwähnt. Hinzu kommt im Bild der Heiligen Anna Selbdritt die weiblich-männliche Polarisierung durch das Geschlecht der beiden Kinder, ein weiteres Kennzeichen der Göttin in ihrer roten Phase. Aufgrund dieser Parallelen weckt die Darstellung eine starke Resonanz mit dem Archetyp der Göttin der Lebensfülle, der im Menscheninneren schlummert. Ihr Kult fand im späten Mittelalter eine starke Verbreitung. Folglich wurde auf dem Konzil von Trient (1545–1563), das zeitgleich mit dem Wahnsinn der Hexenverbrennungen stattfand, dieses ikonographische Motiv verboten. Seitdem wurde seine Botschaft in der Gestalt der Heiligen Maria als Muttergottes in einem eingeschränkten Sinne weitergetragen.

Die Heilige Maria-Sophia mit Löwen und Drachen zu ihren Füßen und einem Taubenpaar oben. Nach einem Steinrelief aus dem Tympanon der ehemaligen Templerkirche in Ljubljana, 13. Jh. Nationalgalerie Ljubljana, Slowenien

Die Göttin der allumfassenden Ganzheit sehe ich innerhalb der christlichen Tradition in der Gestalt der Heiligen Sophia*. Im Rahmen des gnostischen Christentums wurde sie erstmals als die heilige Weisheit aus dem Urbeginn verehrt. Durch den Einfluß der Templer im Mittelalter verschmolz sie mit der Heiligen Maria zur Gestalt der Maria-Sophia, und in dieser Form ist sie auch in der anfangs beschriebenen Anbetungsszene in der Trinitätskirche von Hrastovlje dargestellt.

Ihre thronende Haltung und die goldene Krone auf ihrem Haupt weisen sie als die Gebieterin der himmlisch-geistigen Welten aus; die Tiere, die sie umgeben – wie der Ochs und der Esel in der Anbetungsszene –, oder Drachen, die unter ihrem Thron liegen, kennzeichnen sie auch als die Regentin der irdisch-materiellen Sphäre. Damit vereint sie die kosmischen und die irdischen Dimensionen des Alls in ungespaltener Einheit. Auf ihrem Schoß zeigt sie das Christuskind, das sie aus dieser Einheit heraus geboren hat. Der Sohn Christus im Schoße der Maria-Sophia ist für mich zu einem entscheidenden Symbol geworden, seitdem ich darin eine Botschaft über den wesensmäßigen Ursprung des Männlichen erkannt habe.

* *Sophia* ist das griechische Wort für »Weisheit«, hebräisch *hokhmah*. Als *hokhmah* soll sie die Grundlage für den späteren Begriff des Heiligen Geistes geliefert haben, der im Hebräischen immer noch weiblichen Geschlechts ist. Vgl. Baring/Cashford: *The Myth of the Goddess,* Harmondsworth 1991.

Das Wissen um die wahre Allumfassenheit der Sophia wurde von seiten der offiziellen Kirche erstmals durch die Verfolgung der Gnostiker in den Jahren 326 und 333 und später durch die Unterdrückung des Templerordens im Jahr 1312 ausgelöscht. Die Rolle der Jungfraugöttin wurde in der Gestalt der Heiligen Maria als Himmelskönigin teilweise weitergetragen, wobei allerdings ihr Aspekt als Regentin der irdischen Sphäre verlorenging bzw. sogar so verteufelt wurde, daß sie selbst mit dem Fuß der irdischen Schlange den Kopf zertritt.

Nach der Göttinerscheinung, wie ich sie im ersten Kapitel beschrieben habe, hatte sich für mich nicht nur die Weltordnung auf den Kopf gestellt, ich wurde auch unbewußt einseitig. Überall wollte ich die Anwesenheit der Göttin in einem ihrer Aspekte sehen, wobei ich mich konsequent der Frage entzog, worin denn nun der männliche Anteil an der Schöpfung bestehe. Den ersten Schritt zur Wiedergewinnung des Verständnisses der komplementären Natur des weiblichen und des männlichen Pols vollzog ich durch die Anerkennung der Beziehung zwischen den beiden Geschlechtern innerhalb der roten Phase der Göttin. Der zweite Schritt wurde durch ein Erlebnis in der Türnicher Kapelle ausgelöst:

Ich nahm damals – es war das Jahr meiner persönlichen Göttinoffenbarung – an einer Messe in der Kapelle teil. Kaum war ich eingetreten und hatte mich in die Stille vertieft, als ich bemerkte, daß in der Apsis links und rechts über dem Altar zwei Engelwesen pulsierten. Für das innere Auge sahen sie aus wie zwei nach allen Seiten strahlende Kraftbrennpunkte. Wir saßen alle in stiller Erwartung, daß die Glocke die sechste Stunde schlagen und die Messe beginnen würde. Auf einmal wurde es hell in der Apsis und ein Engel einer höheren Potenz, der weißes Licht ausstrahlte, manifestierte sich in der Mitte über den ersten beiden Engeln, so daß sie zusammen ein Dreieck bildeten. Wenige Sekunden später schlug die Uhr, und die Messe begann. Ich war verwundert zu sehen, wie die Kapelle und ihre unsichtbaren Diener so vollkommen aufeinander eingestimmt waren.

Den Höhepunkt des Erlebnisses bildete der Augenblick der Eucharistie. Als der Priester den Kelch erhob, manifestierte sich senkrecht von oben, der Richtung des kosmischen Strahles folgend, der sich auf das Achteck vor dem Altar herabläßt, die Gestalt Christi. Während wir uns um den Priester scharten, um die Hostie zu empfangen, stand er noch immer unauffällig unter uns.

Erst nach dieser ungewöhnlichen Erfahrung fiel mir auf, daß es in der Apsis drei übereinander angeordnete Christusdarstellungen gibt, die senkrecht in der Achse angebracht sind, in der sich die Christusgestalt während der Eucharistie manifestiert hatte. Ganz oben unter dem Gewölbe ist in einer goldenen Sphäre der thronende Christus mit segnender Geste dargestellt, der auf einer dunkelgrünen Erdkugel steht. Läßt man den Blick senkrecht nach unten gleiten, wird man einer zweiten, fast identischen Christusgestalt im oberen Mittelteil des Altars gewahr. Der wesentliche Unterschied zu dem oberen Christus besteht darin, daß er in seiner zum Segen erhobenen Hand die Kreuzigungswunde offenbart, die in der oberen Darstellung fehlt. Ich schloß daraus, daß der ganz oben dargestellte Christus für den kosmischen Christus steht, der untere aber für seine Verkörperung innerhalb der an eine bestimmte Raum-Zeit gebundenen Lebensprozesse. Diese Verkörperung trägt den Namen Jesus Christus. Läßt man nun den Blick noch weiter nach unten gleiten, so fällt er auf die Tabernakeltür, die das Pelikan-Symbol für Christus zeigt. Der

Pelikan ist ein Symbol des Opfertodes. Er wurde zu einem Christussymbol, weil von ihm erzählt wird, daß er im Fall einer Hungersnot mit dem Schnabel sein Herz öffnet, um mit dem eigenen Blut seine Jungen zu nähren.

Das Pelikan-Motiv korrespondiert mit den drei Vögeln der Göttin in der Kapelle – Tauben, Schwalben und Phönix – und deutet darauf hin, daß man die dreistufige Christusdarstellung im Zusammenhang mit den drei Komplexen der Göttinsymbole betrachten soll.

In der Entzifferung der Kapellensymbolik bin ich nun an einem äußerst sensiblen Punkt angelangt, an dem man leicht zu dem Schluß kommen könnte, die Dreiheit der Christusdarstellung stehe im Gegensatz oder gar in Konkurrenz zur ternären Zyklizität der Göttin*. In Wirklichkeit ist es aber so, daß die Göttinsymbolik in der Kapelle, wie ich sie zuvor dargestellt habe, den ganzen Kapellenraum einschließlich der Apsis kreisförmig umfaßt, die beschriebene dreistufige Symbolik Christi ihren Platz jedoch nur im Apsisraum beansprucht, wo sie zusammen mit den Symbolen des jungfräulichen Göttinaspektes eine harmonische Einheit bildet. In dieser Harmonie spiegelt sich die ursprüngliche jungfräuliche Ganzheit, in der die männlichen wie die weiblichen Kräfte noch unpolarisiert schwingen.

Eine bekannte ikonografische Entsprechung zu der so verstandenen Symbolik der Apsis findet man auf bestimmten mittelalterlichen Abbildungen, die eine besondere Form der Krönung Marias zeigen: Die heilige Maria-Sophia und Christus sitzen als Braut und Bräutigam gemeinsam auf dem himmlischen Thron. Der gekrönte Bräutigam ehrt nun seine Braut dadurch, daß er ihr eine Krone aufsetzt. Sie sind in ihrem höchsten Wesen harmonisch auf dem Thron der Göttin der allumfassenden Ganzheit vereint.

Die Geburt Christi aus dem Schoße der Jungfrau Maria ist meiner Meinung nach ein Symbol dafür, daß er aus dieser Einheit hervorgebracht wurde, um einen vielschichtigen Prozeß der Wandlung unter uns Menschen anzufachen, der auch heute noch wirksam ist.

Vermutlich waren die Ritter des Templerordens** lineargeschichtlich gesehen die letzte geistige Strömung, die das Bewußtsein von der wesensmäßigen Einheit von Maria-Sophia und Christus pflegten. Zwei Templerkreuze, eingearbeitet in ein Mosaikband in der Apsis der Türnicher Kapelle, legen die Vermutung nahe, daß die ganze Anlage der Kapelle aus dem geheimen Wissen des im 14. Jahrhundert unterdrückten Templerordens gespeist wurde. Leider wurden dazu noch keine Dokumente in Türnich gefunden, obwohl uns im Jahr 1993 nur ein Jahrhundert von dem Einweihungsjahr der Schloßkapelle trennt.

Es wurde aber in jener Zeit nicht nur die neue Kapelle gebaut – dieselben Meister haben auch jenseits der Weiher einen neuen Park angelegt. Kapelle und Park wurden so konzipiert, daß sie – um ein Bild zu gebrauchen – im gleichen Verhältnis

---

* Über den dreistufigen Charakter der männlichen Kräfte vgl. die ausführlichere Darstellung im Kapitel Das »Pantheon« der Göttin.

** Der Templerorden wurde im Jahr 1119 in Jerusalem gegründet. Nach der Wiedereroberung Palästinas durch die Sarazenen verlagerte der Orden seinen Schwerpunkt nach Europa, wo er wichtige kulturelle Impulse gab, unter anderem das Grundlagenwissen für den Bau der gotischen Kathedralen.

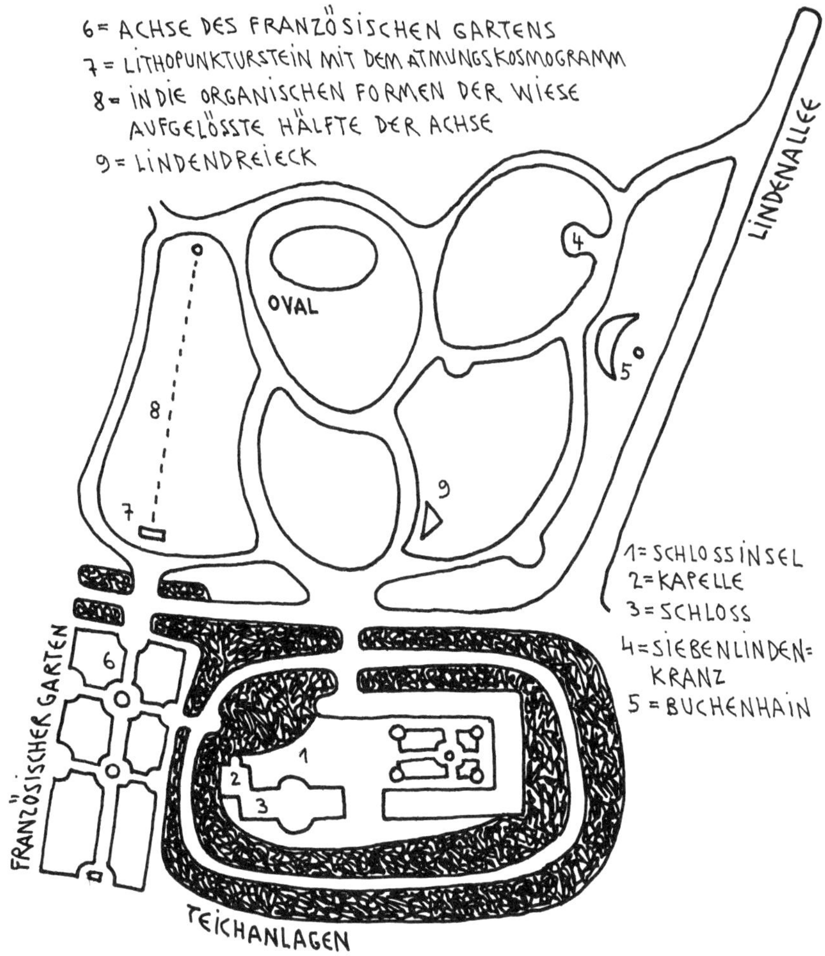

Schloßinsel und Parkanlage zu Türnich

zueinander stehen wie das relativ kleine Ohr in Beziehung zur Gesamtheit des menschlichen Körpers. Am Ohr befinden sich Entsprechungen zu allen Organen und zu den wichtigsten Akupunkturpunkten des Körpers. Auf ähnliche Weise finden wir in der Kapelle alle Inhalte und Energiephänomene konzentriert, die in den verschiedenen Bereichen des Parks ausgebreitet sind.*

Die wundervolle Einheit der Christus-Sophia-Symbolik der Apsis ist im Park in Form zweier gegenüberliegender Haine vertreten, die in dem Bereich nördlich der Lindenallee liegen. Am Rande eines Weges, der seitlich auf die Allee zuführt, steht ein Kranz aus sieben Linden, auf der anderen Seite dieses Weges ein Buchenhain mit 14, also 2 × 7, Bäumen. Die Komplementarität der beiden Haine spiegelt sich auch darin, daß der Siebenlindenkranz auf einem künstlich gebauten Hügel steht,

* Der Schloßpark ist ständig für Besucher offen. Eine Besichtigung der Kapelle ist mit dem Umweltzentrum im Schloßnebengebäude abzustimmen (Anschrift und Telefonnummer siehe Anhang).

der Buchenhain dagegen in einer leichten Senke. Schwingungsmäßig hat der erste Ort eine männliche (Yang), der zweite eine weibliche (Yin) Charakteristik.
Es erübrigt sich fast zu sagen, daß mir während der ersten Jahre meines Wirkens in Türnich – in der Kapelle wie auch im Park – meine einseitig männliche Sichtweise den Blick verstellte. Wie oft habe ich bei Seminaren oder Parkführungen mit den Gruppen im Siebenlindenkranz gestanden, um dessen Zahlensymbolik* zu erklären und gemeinsam in der Stille die wunderbare Kraftsäule des Ortes zu spüren. Danach bin ich mit den Gruppen desinteressiert an dem Buchenhain vorbeigegangen, weil ich davon ausging, daß es sich dabei nur um einen dekorativen Buchenbestand handelte.
Nachdem meine fixen Vorstellungen durch die Göttinerfahrung des Jahres 1990 gehörig erschüttert waren, habe ich mich bewußt bemüht, auch den Türnicher Park aus dem neugewonnenen Blickwinkel heraus zu betrachten. Dabei entdeckte ich zu meiner Überraschung die Zahl 14 des Buchenhaines und dessen Mondsichelform. Der Hain besteht aus 13 gewöhnlichen Buchen und einer Blutbuche, ein Umstand, der mich zur Entdeckung einer reichen Göttinsymbolik führte.
Die Sichelform und die Zahl 13 verweisen auf den Mond und damit auf die Vorstellung von einer zyklischen Zeit, wie ich sie im Zusammenhang mit den alten Göttinkulturen vorgestellt habe. Der monatliche Kreislauf des Mondes, der 28 Tage (2 × 14) dauert, stellte die Basis der zyklischen Zeitrechnung dar. Ein Mondjahr zählte daher 13 Monate** plus einen Tag, was genau 365 Tage des Sonnenjahres ergibt. Es handelt sich beim Mondzyklus um einen Zeitrhythmus, der den Wachstumsphasen in der Natur entspricht und den Zyklus der Menstruation einschließt. Der Mondsichel des Buchenhaines war in der ursprünglichen Parkgestaltung eine Gruppe von drei Roteichen gegenübergesetzt, so daß kontrapunktisch zum Yin-Bereich eine Insel der Yang-Kraft entstand. Das Gesamtkonzept des Haines schloß also auch den Gegenpol zur Yin-Kraft der Mondsichel ein, so wie die weiße Göttin als die Weltganzheitsbewahrerin die beiden Weltpole harmonisch aufeinander bezogen in sich trägt. Leider sind wegen der extremen Kronendichte in den achtziger Jahren zwei der drei Eichen gefällt worden. Danach schlug ein Blitz in die letzte Eiche ein und zerstörte auch sie. Die Kronen der Nachbarbäume haben inzwischen den Raum, den die drei Eichen hinterlassen haben, weitgehend wieder geschlossen, so daß es heute nicht mehr möglich wäre, ein neues Eichendreieck zu pflanzen. Ich fühlte mich daher aufgefordert, die Eichen durch einen Lithopunkturstein zu ersetzen. Dieser wurde im Oktober 1990 in Form

* Es geht dabei um die Zahlen 7, 8 und 12, die in der christlichen Tradition die Taufe symbolisieren. Die sieben Linden stehen auf sieben Ecken eines Achtecks. Da, wo sich die Stämme zu den Kronen entfalten, gliedern sie sich erneut zu einer bemerkenswerten Ordnung: drei einstämmige Linden rechts, drei zweistämmige Linden links und eine dreistämmige in der Mitte: (3 × 1) + (3 × 2) + (1 × 3) = 12. Vgl. meine Ausführungen in *Die Erde heilen*.

** Bei der Umstellung vom Mondjahr zum Sonnenjahr mit seinen 12 Monaten, was der patriarchalen Verehrung der Sonne entsprach, wurde der 13. Monat abgeschafft und die Zahl 13 als unheilvoll tabuisiert.

Kosmogramm des Lithopunktursteins am Buchenhain, Schloßpark zu Türnich, 1991

einer dreieckigen Pyramide aufgestellt. Ich habe ein Kosmogramm eingemeißelt, das die Grundzüge eines Unendlichkeitszeichens enthält.*

Schon von dem vorbeiführenden Weg aus kann man eine besonders hohe und liebliche Schwingung spüren, wenn man sich innerlich auf das Kraftfeld des Buchenhaines einstimmt. Die räumliche Ausdehnung der Schwingungen ist nicht geringer als bei dem komplementären Lindenkranz. Es gibt aber einen wesentlichen Unterschied: Man kann das Schwingungsmuster trotz der hohen Frequenz körperlich wahrnehmen. Dabei schwingt vorrangig der obere Bereich des Körpers mit, insbesondere der Kopf und die Kehle. Die Schwingungen ergießen sich – trotz ihrer Höhen – waagerecht in die Umgebung, was den Buchenhain als den Ort der Göttin der allumfassenden Ganzheit innerhalb des Parks auszeichnet.

Der mütterliche Aspekt der Göttin der roten Phase ist im entgegengesetzten Teil des Parks beheimatet, der sich in unmittelbarer Nachbarschaft zum nördlichen Parktor befindet. Treten wir durch das Löwentor ein, so stoßen wir zunächst auf je einen länglichen Weiher zu beiden Seiten des Weges. Die Linienführung der beiden Weiher wird nach wenigen Schritten jeweils durch eine Brücke und einen quer darüber verlaufenden Weg unterbrochen. Wir befinden uns nun in der Achse des sogenannten Französischen Gartens**, der in westlicher Richtung jenseits der Brücke liegt. Dieser Garten ist ein Überrest der ehemaligen barocken Gartenanlage, die vor der Errichtung des Landschaftsparks gegen Ende des 19. Jahrhunderts weitgehend das gesamte Gelände des heutigen Schloßparks umfaßte.

---

* Für die Kenner meiner Lithopunkturarbeit in Türnich möchte ich erwähnen, daß ich im Jahr 1990 wegen der eingetretenen Intensivierung der Verbindung zwischen dem Siebenlindenkranz und dem zweiten, nie gestalteten Parkteil jenseits der Allee sowohl den achteckigen Schlußstein wie auch den Zwillingsstein entfernen mußte. Der Schlußstein hat 1991 einen neuen Platz an der Schwelle zwischen Schloß- und Parkbereich gefunden, die Grundzüge des Kosmogrammes des Zwillingssteines wurden in das zuvor erwähnte Kosmogramm des Pyramidensteines im Buchenhain eingewoben.

** Die geometrisch angelegten Gärten aus der Zeit des Barock werden gern als »französisch« bezeichnet.

Bei der Neugestaltung des Türnicher Schloßparks, die parallel zum Bau der Kapelle verlief, wurde eine Hälfte der barocken Achse zusammen mit der dazugehörigen Gartenanlage unberührt gelassen und durch Wasserflächen vom Rest des Parks abgegrenzt. Dadurch ist ein »Paradiesgarten« entstanden, eine Traumlandschaft, jenseits der realen Landschaft des übrigen Parks. Der Paradiesgarten ist nicht für Besucher geöffnet, wir können der Achse nur mit dem Blick bis weit zum anderen Ende des Gartens folgen. Dabei erkennen wir die durch Buchsbaumhecken vollkommen geometrisch gestaltete Ordnung des Gartens mit einer schimmernden Brunnenquelle in der Mitte.

Die andere Hälfte der alten Achse wurde in die freien Formen einer langgezogenen, relativ schmalen Wiese überführt, die sich in Richtung Osten über die ganze Länge des Parks erstreckt. Dadurch entsteht eine bipolare Raumstruktur, die dem Polarisationsprinzip des roten Aspekts der Göttin entspricht. Auf der einen Seite führt die Achse in den streng formal gestalteten Französischen Garten, der durch seine exakten geometrischen Proportionen einen Brennpunkt der kosmischen Kräfte darstellt. Auf der anderen Seite führt uns dieselbe Achse zu den organischen Formen der langgestreckten Wiese, wo wir die Nähe der irdischen Kräfte wahrnehmen. Diese bipolare Raumstruktur stellt einen idealen Rahmen dar für die Verkörperung der Energien der Göttin der unbegrenzten Lebensfülle. Ihre Schwingung läßt sich am besten in dem Bereich wahrnehmen, wo die schnurgerade Achse des Französischen Gartens umgepolt wird in die organischen Formen des Parks*.

Das Atmungskosmogramm, eingemeißelt in den Lithopunkturstein auf der Achse des Französischen Gartens. Schloßpark Türnich, 1990

* Am Punkt der Umpolung habe ich 1990 einen Felsen aufgestellt mit einem Kosmogramm, das den Atmungsprozeß der Erde widerspiegelt; das der Erde zustrebende Dreieck der kosmischen Kraft (Einatmung) wandelt sich in der Mitte in das aus der Erde aufsteigende Dreieck der Lebenskraft (Ausatmung).

Es wachsen dort einige außergewöhnlich kräftige Eiben, die uns am besten helfen können, mit den Kraftmustern der Göttin in ihrem roten Aspekt in Berührung zu kommen. Die Eiben haben schwingungsmäßig eine starke Beziehung zur Erdentiefe. Stimmt man sich auf eine Eibe ein, so ist sie fähig, das Wahrnehmungsvermögen des Menschen tief hinunter in die Bauchhöhle und in den Sexualbereich zu ziehen, wo wir besonders empfindsam sind für das Schwingungsspektrum der Göttin der Lebensfülle.

Parallel zu der dreigliedrigen Raumstruktur der Schloßkapelle, die die drei Göttinaspekte beheimatet, läßt sich auch in der Komposition des Parks eine Dreiheit erkennen, die durch die Formgebung in der Bepflanzung und die Wegeführung angedeutet ist. Da sich im südlichen Parkbereich der Hain der Göttin der Ganzheit – der mit der Apsis korrespondiert – und im nördlichen Teil die Entsprechung zum mütterlichen Aspekt der Göttin – analog zum mittleren Teil der Kapelle – befindet, ist zu erwarten, daß der mittlere Parkteil der Göttin der Wandlung geweiht ist und zur Empore in Beziehung steht.

Die Mitte des Parks gleicht schon ihrer Form nach einem Unendlichkeitszeichen. In der oberen Schlinge dieser Lemniskate* liegt eine ovale Lichtung, deren Zentrum ich im Zuge der Lithopunktur des Parks in den Jahren 1987–89 mit einem lehnenden Felsen bezeichnet habe. Die geistige Nähe der Göttin der Wandlung habe ich zur damaligen Zeit so stark gespürt, daß ich dem Felsen den Namen »Schwarze Madonna« gab. Doch kannte ich zu jener Zeit noch nicht den Schlüssel, durch den ich die gefühlsmäßige Nähe der Göttin der Wandlung hätte verstehen und einordnen können.

Erst später habe ich entdeckt, daß es an der zweiten Schlinge der Lemniskate einen kleinen heiligen Hain gibt, den ich vorher nie bemerkt hatte, obwohl er zweifellos zu der ursprünglichen Parkanlage gehört. Auf der rechten Seite dieser unteren Schlinge findet man – vom Schloßtor aus gesehen an der rechten Seite des Weges – ein Lindendreieck. Die Zahl 3 der Stämme wird im oberen Stammbereich zur Zahl 9 erweitert, da jede der drei Linden dreistämmig ist: 3 × 3 = 9. Die Zahl 9 ist von altersher die heilige Zahl der Göttin, da sich darin die 3 × 3 Aspekte ihres Wesens widerspiegeln.**

An der anderen Seite des Weges steht in der Achse des Lindendreiecks ein Bergahorn, der die äußerste Ausdehnung des Energiekreises markiert, der um das Dreieck verläuft und den intensiven Strahlungsbezirk der Göttin bezeichnet. Der Weg führt durch diesen Kreis hindurch. In der Kreismitte steht eine unglaublich gekrümmte Hainbuche, die ihre Äste fächerförmig ausgebreitet hat, als wolle sie die ungeheure Ausstrahlung aus der Erdentiefe, die sich innerhalb des beschriebenen Strahlungskreises ausgießt, auffangen. Und wirklich hat sie als Reaktion auf die Strahlung, die aus dem Kessel der Erdentiefe aufsteigt und durch ihre gefächerte Krone zieht, ihre Äste so künstlerisch umgestaltet, daß man darin vielfältige Symbole erkennen kann.

Während eines meiner Seminare in Türnich im Sommer 1991 habe ich mich gemeinsam mit den Teilnehmern der Erforschung des Lindendreiecks gewidmet.

---

* Das Zeichen entspricht der Form 8 und gilt als ein Symbol der ewigen Wandlung.

** Mehr darüber im Kapitel: Das »Pantheon« der Göttin.

Manchmal, wenn ich einen tieferen Zugang zu einem Platz suche, wende ich mich an einen in der Nähe stehenden Baum mit der Bitte, mir das Geheimnis des Ortes zu enthüllen. Nach Möglichkeit wähle ich einen alten Baum aus, der das Wissen über die Entfaltungen des Ortes über eine längere Zeitspanne in sich gespeichert hat.

Auch in diesem Fall wandte ich mich an eine alte Eiche, die in unmittelbarer Nähe des Dreiecks steht, und lehnte mich mit den Händen an ihren Stamm. Während ich innerlich meine Bitte aussprach, versuchte ich gleichzeitig in meiner Vorstellung, den Bereich der drei dreistämmigen Linden durch den Stamm der Eiche hindurch zu betrachten. Plötzlich sah ich an der Stelle der drei Linden drei schwarze Schlangen aus der Erdentiefe aufsteigen. Ich wollte der Richtung ihres Aufstiegs nach oben folgen; es wurde aber immer dunkler, je höher ich meinen Blick schweifen ließ. Letztlich war ich angesichts der dichten Dunkelheit gezwungen, umzukehren – und siehe da, je weiter ich in die Erdentiefe eindrang, desto heller wurde das Licht, bis ich an einen Punkt gelangte, wo ich die blendende Strahlung nicht mehr ertragen konnte.

In dem Moment erinnerte ich mich an das Symbol des umgekehrten Baumes, dessen Wurzeln aus dem Himmel wachsen und dessen Krone sich in der Erdentiefe ausbreitet. Ich erlebte es als ein Symbol der Wandlung, das den Rückzug der Kräfte aus dem Lebenskreislauf bezeichnet und deren Einstieg in den Prozeß der Umwandlung. Im Prozeß der Umwandlung werden die Kräfte, die der Entfaltung des Lebens im letzten Zyklus gedient haben, durch den Todesimpuls von ihren alten Kraftmustern befreit und in einer dem Pflanzenwachstum entgegengesetzten Richtung in die Erde gezogen, um zu Licht zu werden. Dies ist das Licht der Weisheit, das reine Licht der Lebenserfahrung, befreit von allen Bindungen. An den seltenen Orten, wo dieses Licht aus der Erde aufsteigt – wie im Bereich des Lindendreiecks –, befinden sich die sogenannten Orakelplätze, die die Fähigkeit besitzen, die Geheimnisse der Vergangenheit, Gegenwart und Zukunft zu offenbaren.

DAS »PANTHEON« DER GÖTTIN

Es wäre grundsätzlich falsch, sich die Göttin als eine weibliche Entsprechung zum monotheistischen Vatergott vorzustellen. Es handelt sich vielmehr um zwei wesensmäßig verschieden geartete Aspekte des Göttlichen, die letztlich in einer vollkommenen Harmonie zueinander stehen. Es scheint nur ungeheuer schwierig für den Menschen zu sein, diese Harmonie zu begreifen und durch theologische Vorstellungen zu erklären.

Die wesensmäßige Verschiedenheit der Göttin zeigt sich schon allein darin, daß es in der mehrtausendjährigen Göttintradition keine einheitliche Muttergöttin gibt, die als möglicher Gegenpol zum Vatergott hingestellt werden könnte. Wenn es sie gäbe, wäre sie nichts anderes als eine Personifizierung patriarchaler Vorstellungen von der Göttin – wie wir sie tatsächlich in der modernen Forschung antreffen, wenn von der Großen Mutter des matriarchalen Zeitalters gesprochen wird. Sie existiert aber nur in den Vorstellungen des patriarchalen Bewußtseins, das für die fundamentale Komplementarität und den wesensmäßigen Unterschied zwischen dem weiblichen und dem männlichen Aspekt des Göttlichen verschlossen ist.

Vereinfacht gesagt, ist das männliche Prinzip linear und pfeilartig auf einen einzigen Punkt gerichtet. In dem Sinne liegt dem monotheistischen Gott eine dem männlichen Wesen korrekt entsprechende Vorstellung zugrunde*. Die weibliche Ordnung hingegen ist zyklisch und allumfassend. Nicht in der Konzentration auf einen Punkt, sondern in der Ausdehnung in alle sechs Richtungen des Alls erstreckt sich die Göttin – sowohl in die vier Himmelsrichtungen wie in die Richtung der Erde nach unten und in die Richtung des Himmels nach oben. Während das Männlich-Göttliche zu einem einzigen Punkt tendiert, entfaltet sich die Göttin zu einer unbegrenzten Vielfalt.

Als ich noch klein war, kannten wir in Slowenien einen Spruch, mit dem wir den Teufel fürchterlich ärgern konnten, wenn er uns alljährlich mit dem heiligen Nikolaus besuchte. Der Schwarze pflegte immer zu fragen, wie viele Götter es gäbe. Um vor seinen Eisenketten, mit denen er die ganze Zeit klirrte, sicher zu sein, mußten wir die Zahl Eins nennen. Die tapfersten Kinder sagten aber: »Es gibt so viele wie Baumstümpfe auf dem Šmarjetna-Berg.« Der Šmarjetna- oder Sankt-Margarethen-Berg ist ein bewaldeter Berg, der sich mit seinem sanften Doppelgipfel steil über meine Geburtsstadt Kranj erhebt.** Verhüllt in der Kindersprache ist

---

* Das würde auch für die männliche Trinität gelten, die sich – wie an späterer Stelle erklärt – hierarchisch-linear entfaltet und keinen zyklischen Charakter aufweist.

** Auf dem linken Gipfel wurden die Reste einer bronzezeitlichen Siedlung ausgegraben, auf dem rechten vermute ich den Radiästhesiebefunden nach ein Göttinheiligtum, das später durch eine der heiligen Margareta geweihte Wallfahrtskirche weiter gepflegt wurde.

hier die Wahrheit über die Göttin, unberührt von den herrschenden monotheistischen Vorstellungen erhalten geblieben.

In den vorangegangenen Kapiteln habe ich immer wieder von der ternären, d.h. in drei Phasen gegliederten Göttin gesprochen, die ich als die Göttin der allumfassenden Ganzheit, die Göttin der unbegrenzten Lebensfülle und die Göttin der ständigen Wandlung bezeichnet habe. So weit war ich mit meinem Verständnis bezüglich des Gliederungsmusters aufgrund der mir zuteil gewordenen Offenbarungen der Göttin gekommen, wie ich sie im Frühjahr 1990 in Cappenberg und in Hrastovlje erlebt hatte. Die Dinge haben sich nun ganz ungewollt so entwickelt, daß ich mich ein Jahr später wieder in Cappenberg befand, um meine Lithopunkturarbeit zu Ende zu führen. Um mich herum war wieder Frühling, die traditionelle Zeit der Einweihung durch die Göttin, und so war ich letztlich gar nicht überrascht festzustellen, daß die Einweihung in die Geheimnisse der Göttin plötzlich wiederaufgenommen wurde.

Es begann mit unüberschaubaren Schwierigkeiten am Tage meiner Ankunft und setzte sich Tag für Tag so fort. Alles, was ich anging, war irgendwie falsch und verursachte Disharmonien auf verschiedenen Ebenen. Unglücklich und beschämt bat ich meine Seele, mir Zeichen zu geben, um besser zu verstehen, was dies alles zu bedeuten hatte. Offensichtlich war ich herausgefordert, mich geistig in eine bestimmte Richtung zu bewegen, von der ich aber keine Ahnung hatte.

Daraufhin hatte ich einen Traum, in dem ich aus unserem Haus trat und überrascht feststellte, daß der Fliederbusch auf dem Hof reife Orangenfrüchte trug. Meine kleine Tochter, die dabei war, nahm dies als etwas ganz Selbstverständliches auf, sie lief hin und begann die Früchte zu pflücken. Die Botschaft, die ich dahinter erkannte, lautete ganz einfach, daß ich meine gewohnten Vorstellungen über das, was real, und das, was unmöglich ist, loslassen sollte, um mein Bewußtsein für Unerwartetes offenzuhalten.

Im zweiten Traum sah ich eine wunderschöne nackte Frau in der Begleitung einer meiner Töchter. Ich fühlte mich eingeladen, den intimsten Bereich ihres Körpers zu berühren. Als ich dies tat, war ich wie gelähmt, weil ich innerlich eine ungeheure Hemmung gegenüber den geschlechtlichen Zonen des Körpers spürte. Diese Lähmung war noch dadurch verstärkt, daß meine Tochter anwesend war, die ihrerseits dies alles als ganz natürlich hinnahm, nur ich hatte das Gefühl, daß mein Berühren des nackten Körpers in ihren Augen etwas Schlimmes sein mußte.

Ich denke, es bedarf hier nicht vieler Erklärungen. Sicher bin ich keine Ausnahme, was die christliche Erziehung und ihr Verhältnis zur Sexualität angeht. Sie treibt uns so in den Zwiespalt, daß wir alles, was mit Körper und Geschlechtlichkeit zu tun hat, als verabscheuungswürdig empfinden und die geschlechtliche Liebe als etwas Niedriges, von unserem »reinen« Wesen Abgetrenntes erleben und uns entsprechend verhalten. Die Botschaft des Traumes habe ich so verstanden, daß diese Spaltung zwischen der geistigen und der körperlichen Ebene, die mir durch das Traumerlebnis gezeigt wurde, eine abstoßende Blockade für die Göttinkräfte darstellte, die sich – entsprechend der ganzheitlichen Natur des Göttinwesens – nur durch ein ungespaltenes Kraftfeld, in dem die geistigen und materiellen Kräfte vereint sind, mitteilen können.

In einem dritten Traum geriet ich in Hetze wegen einer wichtigen Sitzung und schließlich in eine unlösbare Zeitnot. Als ich dann auf meine Uhr schaute, um zu sehen, wie spät es war, sah ich da keine Zeiger und auch keine Zahlen, sondern nur ein Stück altertümlichen Leinengewebes. Es war nicht ganz leicht, dieses Traumbild zu entschlüsseln, obwohl die Botschaft ganz einfach war. Mir sollte bewußt gemacht werden, daß ich mich zu zielstrebig auf die lineare Zeit konzentrierte. Ich sollte mein Bewußtsein auch für das Pulsieren der zyklischen Zeit offenhalten. Im Gegensatz zum linearen Zeitfaden ist ein Stück Gewebe, das aus vielen in verschiedene Richtungen verlaufenden Fäden besteht, ein Symbol der mehrdimensionalen, gleichzeitig in verschiedene Richtungen verlaufenden Zeit.

Nach diesen drei Träumen habe ich mir Mühe gegeben, an mir zu arbeiten, um die drei erwähnten Aufgaben, die ich als Prüfung* bekommen hatte, zu bewältigen. Als es dann in den nächsten zwei Wochen zum Gespräch mit den verschiedenen Gestaltungen der Göttin kam, leuchtete mir ein, warum ich mich genau mit den beschriebenen Blockaden in mir auseinanderzusetzen hatte, um die Kommunikation möglich zu machen. Ich war es gewohnt, etwas Neues ausschließlich durch die Werkzeuge meines Geistes zu erfahren. Die Göttin lehrt aber meiner Erfahrung nach in der Weise, daß sie sich innerlich mit dem Menschen vereint und ihre Botschaften durch geistig-körperliche Erfahrungen vermittelt. Dabei werden wir zu dem, was wir erfahren sollen. Da aber der menschliche Körper im Sexualbereich am empfindsamsten ist, wirkt sich eine Blockierung gerade an dieser Stelle fatal für ein ungehindertes Durchfließen ihrer Botschaft aus.

Auf der anderen Seite war der Inhalt ihrer Botschaften so neu für mich, daß ich sie gar nicht in den gewohnten Begriffen hätte fassen können. Also mußte ich mich der Symbolsprache einer alten Kulturtradition öffnen, um das, was ich erlebte, benennen zu können.

Nach einigem Hin und Her habe ich mich für die Bezeichnungen aus der Symbolsprache des griechischen Pantheons entschieden, obwohl es innerhalb der zeitgenössischen Göttinforschung starke Vorbehalte gegenüber den olympischen Göttinnen gibt. Natürlich war das griechische Pantheon** patriarchalisch-hierarchisch geordnet, wobei die wichtigsten Götter die Funktionen der vorher verehrten Göttinnen an sich gezogen und die Göttinnen zu ihren Ehefrauen und Töchtern herabgewürdigt hatten. Doch existierten parallel zur offiziellen patriarchalischen Ordnung auch noch alte Mythen und Kulte, in denen die Integrität der Göttinkultur des Alten Europa durch die Antike weitergetragen wurde und mit deren Hilfe man die zersplitterten Göttinaspekte weitgehend restaurieren kann.***

---

* Wir kennen dieses Motiv aus den Märchen, wo den männlichen Helden, die für eine Einweihung reif sind, drei Prüfungsaufgaben gestellt werden, bevor sie die Prinzessin zur Frau bekommen, d.h. reif sind für die Vereinigung mit dem Weiblichen.

** Ich gebrauche diesen Begriff hier in seiner *allgemeinen* Bedeutung als Ausdruck für die Gesamtheit aller in einer polytheistischen Religion verehrten Gottheiten.

*** Bei meiner Übersicht über das »Pantheon« der Göttin habe ich zur Kontrolle die Überlieferungen des Alten Europa herangezogen, wie sie Marija Gimbutas in *The Language of the Goddess* zusammengestellt hat.

Als erstes hat sich mir in diesem Zusammenhang ein Göttinaspekt gezeigt, der innerhalb des antiken Pantheons als Aphrodite vorkommt. Sie ist dort auf die Rolle einer Liebesgöttin beschränkt worden, hat aber im Rahmen ihrer Kulte drei Namen beibehalten, die auf ihre viel umfangreichere Dreigestaltigkeit verweisen: Als Aphrodite Urania galt sie als eine parthenogene Göttin der Schöpfung. Als Aphrodite Pandemos verkörperte sie die Kraft der sozialen Anziehung, die die Menschen in Gemeinschaften zusammenhält – eine Form der Liebe, die die Menschen auffordert, Beziehungen zueinander aufzunehmen und das gesellschaftliche Gewebe zu gestalten. In ihrem dritten Aspekt als Aphrodite Apostrophia wurde sie als Göttin der geschlechtlichen Liebe verehrt.

Den ersten Aspekt konnte ich leicht als Verkörperung der weißen Phase der Aphrodite verstehen und den zweiten als den der roten Phase. Den dritten vermochte ich aber nicht richtig einzuordnen. Ich habe daher die Göttin während einer Meditation gebeten, meine Vorstellungen über den irdischen Aspekt der Liebe zu erhellen. Daraufhin hat sie mich geistig durch einen Liebesakt hindurchgeführt, so daß ich gleichzeitig im Körper beider Beteiligten anwesend war. Welch eine reiche Welt eröffnete sich mir da!

Ich wurde dabei gewahr, daß es sich bei einem Liebesakt um eine Wandlungsqualität handelt, die potentiell in jeder geschlechtlichen Vereinigung anwesend ist, auch wenn es dabei nicht um eine Zeugung geht. Sie wird von den Partnern in ihrer liebevollen Hinwendung zueinander erfahren. Es kommt dabei zu einer alchemistischen Wandlung, bei der die feinen Kraftmuster der Seelen beider Partner dicht an den irdischen Bereich des Körpers herangezogen werden. Hierbei wurde mir gezeigt, wie sich das seelische Wesen bei der Frau im ganzen Körper verteilt, während

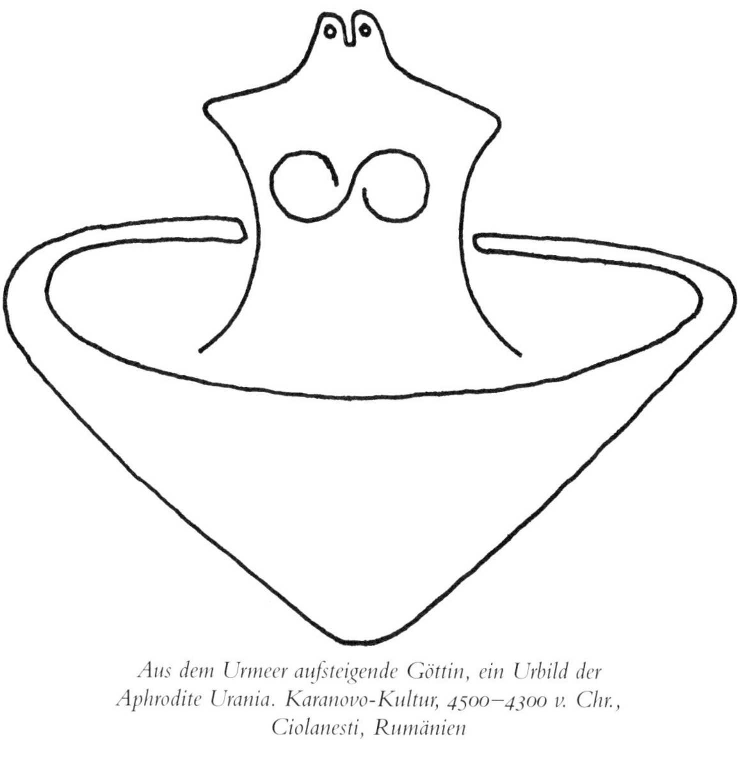

Aus dem Urmeer aufsteigende Göttin, ein Urbild der Aphrodite Urania. Karanovo-Kultur, 4500–4300 v. Chr., Ciolanesti, Rumänien

es sich beim Mann während der Erregungsphase in seinem Glied konzentriert. Folglich steigen beide während der Vereinigung in die »Unterwelt« des weiblichen Körpers. Danach erfuhr ich zu meinem Erstaunen, daß die Göttin in ihrem Aspekt als Aphrodite Apostrophia in der »Unterwelt« jedes einzelnen weiblichen Körpers – unterhalb des Venushügels – in Form eines Brennpunktes der regenerativen Lebenskraft individualisiert ist. Durch das gemeinsame Eintauchen in diese Gegenwart der Göttin werden die Kraftmuster beider Seelen erneuert, bevor sie nach der Vereinigung durch die liebenden Gefühle der Partner in das tägliche Leben hinein wiedergeboren werden. Aufgrund dieses Wandlungsprozesses konnte ich Aphrodite Apostrophia als den schwarzen Aspekt der Göttin einordnen.

Durch die Mitteilung der Aphrodite habe ich ein gutes Stück mehr über die Ordnung des Göttinpantheons erfahren. Unterstellt man, daß sie eine der drei Hauptgestaltungen der ternären Göttin verkörpert, ein Umstand, der mir erst nach der Begegnung mit den anderen zwei Hauptgestaltungen der Göttin klar wurde, so untergliedert sich ihr Wesen wiederum in die drei Aspekte, einen jungfräulichen oder weißen, einen mütterlichen oder roten und einen schwarzen Wandlungsaspekt. Sie pulsiert also auf zwei unterschiedlichen Potenzebenen der Grundzahl drei: auf der ersten Potenzebene (3) und auf der zweiten (3 × 3).

Nicht weniger klärend war meine Begegnung mit einer zweiten Göttingestalt, die aus dem olympischen Pantheon bekannt ist, der Artemis.

Im Gedächtnis unserer Kultur ist sie als eine mädchenhafte Göttin der Jagd festgeschrieben, obwohl auch weithin bekannt ist, daß die griechischen Frauen Artemis beim Gebären zu Hilfe riefen. Sie müßte also ursprünglich eine lebengebärende Göttin der weißen Phase gewesen sein, wie ich sie im Zusammenhang mit dem Storchschnabelmuster und der Vogelgöttin der neolithischen Kultur erwähnt habe. Ehrlich gesagt, habe ich den Kontakt zu ihr gar nicht gesucht, weil sie mich in ihrer Jagdbekleidung abstieß.

Sie hat sich aber selbst durch einen Traum, den ich am 9. April 1991 hatte, bei mir gemeldet, als wolle sie durch mein Bewußtsein zurück zu ihrem wahren Wesen geleitet werden. Im Traum saß ich mit meinem Schwiegersohn gemütlich auf einem Sofa und beobachtete durch ein Dachfenster ein furchtbares Gewitter, das draußen tobte. Da wurde plötzlich eine Frauengestalt mit langen Haaren durch einen Windstoß gegen die Fensterscheibe geworfen. Während der Regen erbarmungslos über ihr niederging, hielt sie sich am Fenster fest. Im Licht der Blitze schien sie vollkommen grün zu sein. Offensichtlich wollte sie uns etwas sagen. Fast war es ihr gelungen, das Fenster von außen zu öffnen, als es durch einen neuen Windstoß wieder zugeknallt wurde. In ihren Augen war die Verzweiflung über die Lage abzulesen, in der sie sich befand.

Tagelang habe ich versucht, die Botschaft des Traumes zu entziffern. Eines war mir klar – eine der Göttingestalten rang danach, mit ihrer wahren Identität durch mein träges Bewußtsein hindurchzudringen. Schließlich kam ich auf die Idee, während einer Meditation die Göttin zu bitten, mich körperlich spüren zu lassen, wer sie ist. Lange Zeit geschah nichts. Dann bemerkte ich, daß mein Körper immer steifer wurde. Zuerst dachte ich, es sei eine Einbildung. Doch dann wurde ich gewahr, daß ich über einen sehr still verlaufenden Vorgang dabei war, in eine Pflanze verwandelt zu werden.

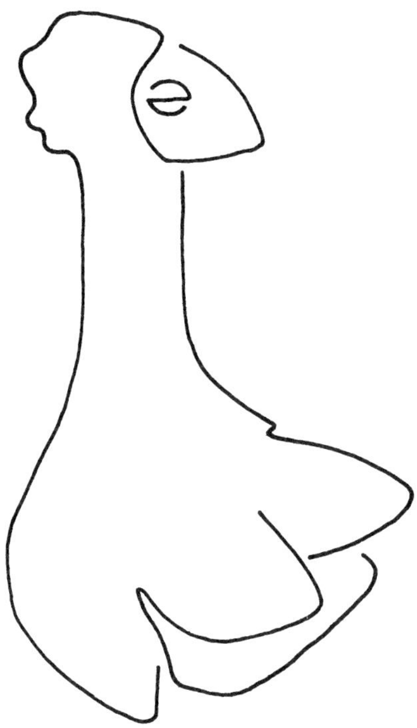

Vogelgöttin, ein Urbild der lebengebärenden Göttin Artemis.
Sesklo-Kultur. 5900–5700 v. Chr., Thessalien

Ich hatte ungeheure Schwierigkeiten mit dieser Wandlung, weil ich dabei in ein andersartiges Bewußtsein eintauchen mußte. Doch schließlich spürte ich, wie die Säfte ungehemmt durch meinen Körper zu fließen begannen und ich mehr und mehr zu einem geraden, gesund gewachsenen Baumstamm geworden war. Ich dachte schon, meine Menschengestalt verloren zu haben, als ich für den Splitter eines Augenblicks eine weiße nackte Göttingestalt erblickte und schon war der Zauber verschwunden.

Was ich erlebt hatte, war eine umgekehrte Version des Artemis-Aktaion-Mythos. Aktaion hatte die nackte Göttin beim Baden gesehen und wurde von ihr in einen Hirsch verwandelt. Ich hingegen wurde in eine Pflanze verzaubert, um die Göttin zu erblicken. Zweifellos handelte es sich um Artemis, die ursprünglich als Beschützerin der Tiere und als Vegetationsgöttin galt. Erst im patriarchalisierten Mythos wurde sie in eine wilde Jägerin verkehrt.

Ich hatte nun bereits zwei Aspekte der Artemis kennengelernt: Erstens war sie eine Gestaltung der lebengebärenden Göttin in ihrem weißen Aspekt. In der an mir vollzogenen Verwandlung in einen Baum hatte sie ihren schwarzen Wandlungsaspekt offenbart, der die Funktion hat, den Menschen in die zyklischen Kräfte der Natur einzuweihen. Als vollkommene dreigestaltige Göttin mußte sie aber auch einen mütterlichen, roten Aspekt, aufweisen. Dieser wurde mir wenige Tage später, am 19. April, offenbart.

An dem betreffenden Morgen erwachte ich so früh, daß der Tag noch kaum zu dämmern begonnen hatte. Zwei Stunden später sollte ich nach Türnich zu meinem Seminar aufbrechen. Da ich den Wunsch hatte, beim Seminar die Natur so darzustellen, wie es die Göttin der freien Natur sich wünschen würde, rief ich Artemis an und bat sie, mir die Naturwelt aus ihrer Sicht darzustellen. Sie kam im selben Augenblick und wurde eins mit mir und ich mit ihr. Noch hatte ich nicht recht ihren wunderschönen Körper überschauen können, der ich nun selbst war, als ich bemerkte, daß aus ihrer Vulva eine dünne Pflanze zum Himmel emporwuchs. Und schon wurde der Bereich ihrer Geschlechtsorgane zu einem Biotop. Einen ganzen Hain sah ich auf dem Venushügel wachsen mit den unterschiedlichsten Pflanzen und Baumarten und Vögeln, die in den Ästen zwitscherten.

In dem Moment wurde ich gewahr, daß die Pflanzen ein Ausdruck der sexuellen Kräfte der Göttin sein müssen. Sie tragen ja in Form der Blüten ihre Geschlechtsorgane an ihrem obersten Ende, wo beim Menschen der Kopf ist. Der Ackerbaukultur mußte also eine erotische Beziehung zugrundegelegen haben, die zwischen den Menschen und den Pflanzen pulsierte.

Dann fragte ich die Göttin, wo sich die Lebenskräfte befänden, die das Wachstum, das ich so bewunderte, anfachen. Als Antwort sah ich unterhalb des Geschlechtsbereichs eine Feuerspirale, die sich zwischen ihren Beinen bewegte. Es sah aus wie ein Lavawirbel innerhalb eines Vulkankraters. Nach einer gewissen Zeit bemerkte ich, daß sich am Rande des Wirbels Kristalle bildeten und eine dünne Schicht Erde am Kraterrand entstand. Dort, wo diese dünne Schicht mit der Feuchtigkeit der Vulva der Göttin in Berührung kam, entstand nun eine hauchdünne Schicht fruchtbarer Erde.

›Die Erde ist da und auch die Pflanzen‹, sagte ich, ›wo sind die Tiere?‹ Erst dann wurde mir bewußt, daß die Kraftfunken der Feuerspirale durch eine winzige Öffnung am Ende der Wirbelsäule, das sogenannte Wurzelchakra, in den Körper der Göttin Natur eintreten und sich samenartig zerstreuen, um überall das Leben anzufachen. Zum einen handelte es sich um das sensible Leben der Pflanzen und darüber, in ihrem Bauchbereich, auch um die Tierwelt, die sich zuerst in wellenartigen Bewegungen der Bauchoberfläche ankündigten. Die Bauchbewegungen nahmen die Gestalt der verschiedensten Tierarten an, obwohl sie alle noch unter der weichen Haut verborgen blieben, die sie zu einer Familie zusammenschloß. Schon konnte ich meine Lieblingstiere erkennen – den Löwen, den Bären und den Hirsch. Alle möglichen Tierarten drängten sich letztlich um ihr Sonnengeflechtchakra herum, so als würden sie die vielfältigen Emotionen der Göttin verkörpern.

Dann bemerkte ich, daß einige der Tiere die Schwelle zwischen Artemisens Brüsten überspringen wollten, also die Schwelle, die zum Herzbereich, dem Bereich des Menschen führt. Es waren Wale und Delphine! Nun tauchte in meiner Erinnerung die Skulptur der Artemis von Ephesus auf, bei der unzählige Lebewesen aus ihrem Körper ans Licht des Tages drängen. Sie hatte einmal in dem berühmten Artemis-Tempel zu Ephesus gestanden, der zu den sieben Weltwundern der Antike zählte.

Als der Prozeß der Entfaltung aller Lebewesen die Höhe ihres Kopfes erreicht hatte, sah ich, wie sich das Gehirn als ein Ausdruck des Selbstbewußtseins entfaltete. Es glich einer innerlich fein gegliederten Kristallkugel. Sie wurde mir wortlos als eine transformierte Form des goldenen Apfels erklärt, den die Göttin in ihrem Leib trägt und der den Samen und gleichzeitig die Frucht der ganzen Schöpfung darstellt.

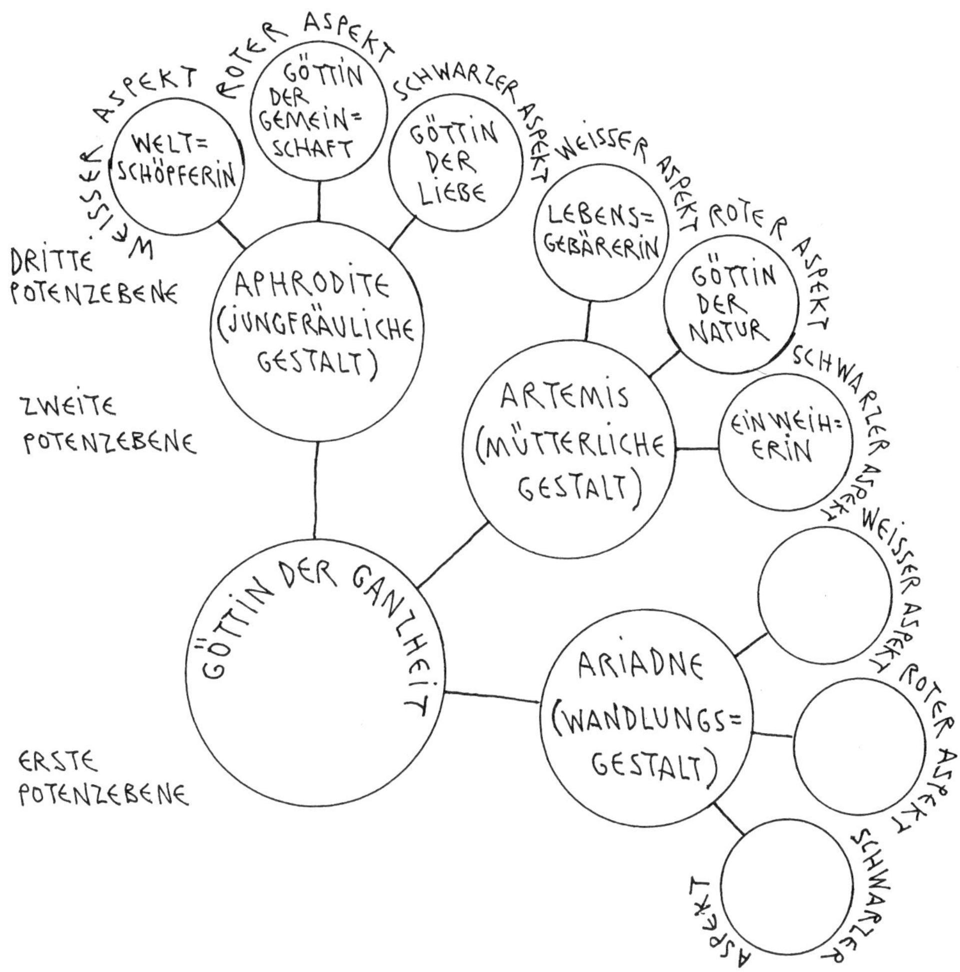

Die Göttin der Ganzheit in bezug zu den ersten drei Potenzebenen des Göttinpantheons

Danach begann ihr Kopf – der gleichzeitig mein eigener Kopf war – sich feierlich zu heben – während der ganzen Zeit der Vision war der Körper in horizontaler Lage geblieben –, um mit einem leidenschaftlich-liebevollen Blick die ganze Schöpfung zu überblicken. Es gab aber auch etwas Geheimnisvolles in diesem Blick, das ich kaum verstehen konnte, und doch wußte ich, daß es etwas mit der menschlichen Mitverantwortung für die wunderbare Naturschöpfung zu tun hatte, die wir mit der Göttin teilen, seitdem das Selbstbewußtsein als eine höchste göttliche Gabe in uns erweckt wurde.

Nun können wir einen weiteren Schritt zum Verständnis des Göttinpantheons tun. Auf der ersten Potenzebene (3) unterscheide ich die drei Gestaltungen der ternären Göttin als die Göttin der Ganzheit, die Göttin der Lebensfülle und die Wandlungsgöttin. Auf der zweiten Potenzebene (3 × 3) »verzweigt« sich jede der drei Göttinnen wiederum in drei Gestalten, die ich als die jungfräuliche, die mütterliche und die Wandlungsgestalt bezeichnet habe. Bisher habe ich die ersten zwei Göttingestalten der Göttin der Ganzheit als Aphrodite und Artemis vorgestellt. Wie

geschildert, verzweigt sich jede von ihnen erneut in drei Aspekte, einen weißen, einen roten und einen schwarzen Aspekt, wodurch wir schon auf die Ebene der dritten Potenz (3 × 3 × 3) des Göttinpantheons gelangt sind.
Von der Göttin der Ganzheit innerhalb dieser Ordnung fehlt aber noch ihre Wandlungsgestalt.
Ich glaube, sie ist noch in der letzten vorgriechischen Epoche in der kretischen Mondgöttin Ariadne zu erkennen. In der olympischen Religion wurde Ariadne allerdings zu einer Gestalt der niederen Mythologie herabgewürdigt und von ihrem schwarzen Aspekt abgespalten. Dieser wurde auf den Stier, das ehemals heilige Tier der Göttin, verlagert und in Gestalt des Minotauros dämonisiert. Im patriarchalen Mythos sitzt der Minotauros nun im Zentrum eines unterirdischen Labyrinths, genau an dem Ort, an dem ursprünglich die Einweihung in das Geheimnis der Umwandlung des Lebens durch die Göttin stattfand.
Logischerweise würde sich die Struktur des Göttinpantheons, die ich am Beispiel der Göttin der Ganzheit auf drei Potenzebenen ansatzweise aufgezeichnet habe, in bezug auf die Göttin der unbegrenzten Lebensfülle wiederholen. Ihre jungfräuli-

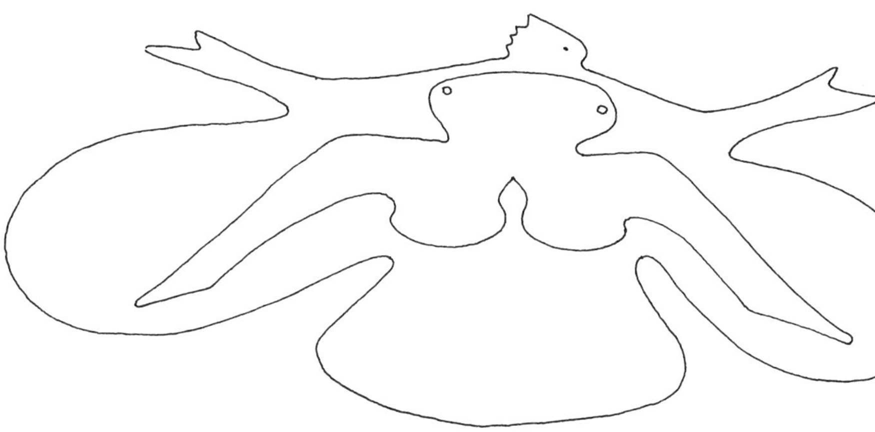

Gaia in der Landschaft, in ihrem roten Aspekt.
Nach einer Vision des Autors im April 1991 in Cappenberg

che Gestalt meine ich in Gaia erkannt zu haben. Sie wurde zwar im Prozeß der Patriarchalisierung auf die Rolle der Erdgöttin beschränkt, wird aber gleichzeitig auch als die Mutter aller Götter und Göttinnen angesprochen. Während des zweiten Offenbarungszyklus in Cappenberg hat sich Gaia mir in allen drei Aspekten gezeigt: In ihrem weißen Aspekt sah ich sie auf der Oberfläche der Erde ausgebreitet liegen. Die einzelnen Teile ihres Körpers bestimmten die energetische Qualität der verschiedenen Bereiche in der Landschaft. Die Chakren ihres Körpers markierten einzelne Kraftbrennpunkte der Landschaft. Ähnlich wie Eva auf dem Fresko in Hrastovlje hielt sie zwei Säuglinge an ihren Brüsten, die sie nährte. Der eine repräsentierte die kosmischen, der andere die irdischen Kräfte, die zusammen das Leben auf der Erde gestalten. Die Deutung, die die Vision begleitete, habe ich so verstanden, daß sie die kosmischen Kräfte, die auf die Erde strahlen, dadurch nährt, daß sie sie einer Umwandlung in ihrem Inneren unterzieht. Andererseits nährt sie das

irdische Leben dadurch, daß sie die gewandelten Kräfte als Lebenskräfte in die Landschaft ergießt.
In ihrem roten Aspekt zeigte sie sich mir als die Göttin der Inspiration, der Fruchtbarkeit und des Allwissens. Als ich während meiner Morgenmeditation am 9. April 1991 die Landschaft Cappenbergs überblicken wollte, sah ich zu meiner Begeisterung, daß die einzelnen Hügel und Täler eigentlich keine Landschaftsformen sind,

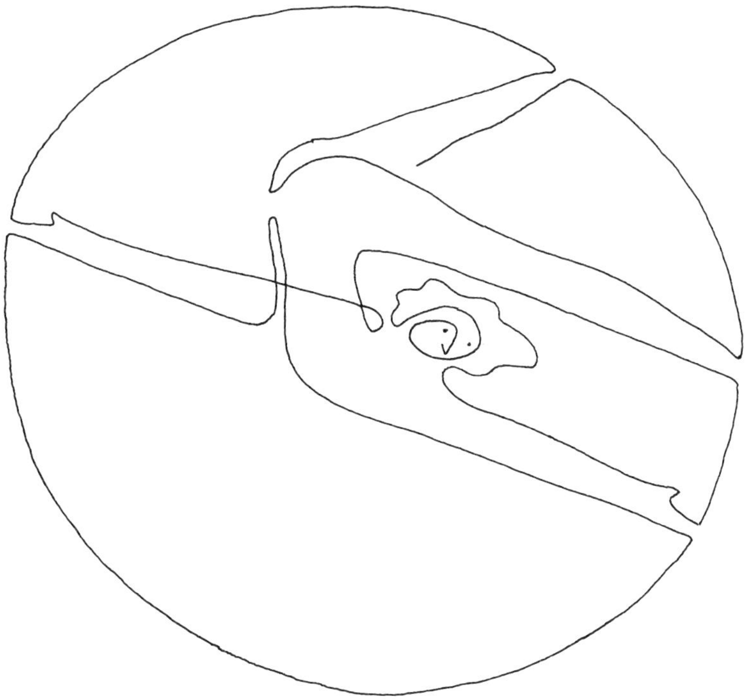

Gaia in der Landschaft, in ihrem schwarzen Aspekt.
Nach einer Vision des Autors im April 1991 in Cappenberg

sondern die Körperformen einer liegenden, rundschenkeligen Frau, der Göttin Gaia. Sie war wie in die Landschaft eingesunken. Sobald sie an die Oberfläche tauchte, waren die gewohnten Formen des Landes in ihre Körperrundungen verwandelt, sank sie dann wieder in die Tiefe der Erde, so konnte ich wieder Hügel und Täler sehen. Ich wurde gewahr, daß in einer an die Materie angrenzenden Raumdimension die Landschaft einen sensiblen Göttinkörper darstellt.
Dabei lag Gaia zunächst ausgebreitet in der Landschaft in einer Position, die unweigerlich den Blick zum Tor des Lebens, ihrer Vulva, lenkte. Auf die Landschaft Cappenbergs bezogen handelte es sich um einen Bereich, den ich schon als einen mächtigen Quellpunkt der Lebenskraft kannte. Diesmal war der Quellpunkt nicht nur ein radiästhetisch identifizierter Ort, sondern wurde zum Eingang in den gesegneten Schoß der Göttin. Und ich war eingeladen einzutreten – obwohl mich innerlich ein Schamgefühl vor dem intimen Blick überkam... Es war genau so, wie es die Märchen erzählen. Ich sah in ihrem Mutterleib unzählige Schätze aus Gold, Silber und kristallklaren Edelsteinen angehäuft – Symbole ihres unerschöpflichen Vorrates an Lebensfülle.

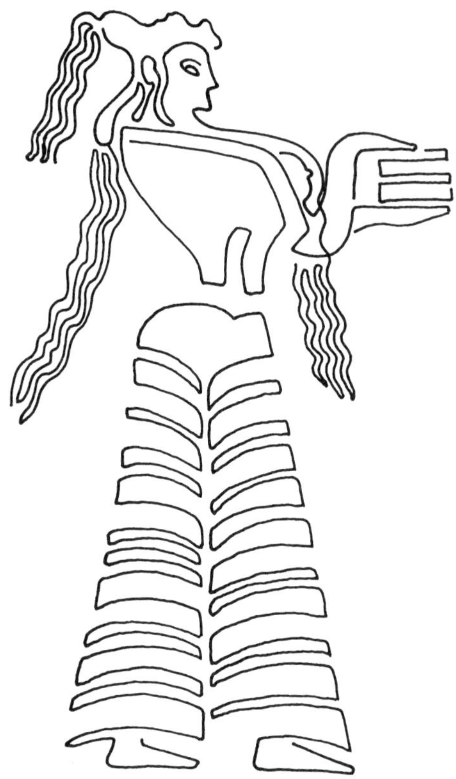

Hera als Hüterin der Herdglut, die sie in einem Kästchen aufbewahrt. Minoische Kultur, Kreta

Um mir auch ihren schwarzen Aspekt zu offenbaren, hat sich Gaia dann nach dem Prinzip des umgekehrten Baumes so aufgerichtet, daß sie sich mit den Schultern auf die Erde stützte, während ihr Wurzelchakra zum Himmel wies. Ihre Beine und Arme balancierten in einem gewissen Umkreis um sie herum. Es kam mir so vor, als würde sie die Weltachse darstellen, durch die sie die Schöpfung im Gleichgewicht hält. Dann verschwand sie senkrecht in die Erde hinein, so tief, daß nur ihre Vulva in Form eines wunderschönen Gartens auf der Erdoberfläche blieb. Der Garten war wie ein Paradiesgarten von einer quadratischen Hecke umgeben und symbolisierte die regenerierende Kraft der Göttin, die sich in die Tiefe der Erde zurückgezogen und dabei ein Zeichen ihrer künftigen Wiederkehr hinterlassen hatte.

Die mütterliche Gestalt der Göttin der Lebensfülle habe ich in der Begegnung mit Hera erfahren. Sie hat mir ein unbeschreiblich geerdetes Gefühl des Verkörpertseins in der Materie gegeben. Der Körper wurde zu einem perfekten Werkzeug der Seele, sensibel wie ein eingestimmtes Instrument. Darin spiegelten sich einige der ursprünglichen Funktionen der Hera als Göttin der materiellen Schöpfung, des Kreislaufes der Wiederverkörperung und der weiblich-männlichen Interaktion, Funktionen, die sie innehatte, bevor sie zur eigenwilligen Gemahlin des Göttervaters Zeus degradiert wurde.

Mit dem Erkennen der Wandlungsgestalt der Göttin der Lebensfülle hatte ich ungeheure Schwierigkeiten. Einerseits waren meine diesbezüglichen Erforschungen während des beschriebenen Offenbarungszyklus' in Cappenberg relativ unsystematisch, denn ich befand mich in einem Zustand ständiger Überraschung. So kam es, daß ich damals die Gelegenheit versäumt hatte, über ihr Wesen Erfahrungen und Erkenntnisse zu gewinnen. Andererseits scheint mir dieses »Vergessen« typisch zu sein für alle schwarzen Aspekte der Göttin, da sie – wie am Beispiel der Ariadne aufgezeigt – im Zuge der patriarchalen Neuordnung des Pantheons am stärksten degradiert, dämonisiert und verdreht wurden. Mehr noch, sie wurden so stark im Denken und Empfinden der Menschen tabuisiert, daß auch ich keine einzige Erinnerung aus meinem Unbewußten ans Licht zu holen vermochte, die es mir erlaubt hätte, an den Göttinoffenbarungsprozeß anzuknüpfen.

Ende August 1992, als das Manuskript zu diesem Buch bereits abgeschlossen war, war der Platz der Wandlungsgestalt der Göttin der Lebensfülle noch immer leer. Ich befand mich in Türnich und nutzte die Möglichkeit, täglich in der Kapelle zu meditieren, um die noch unklaren Stellen im Manuskript zu überprüfen. Zu meiner Überraschung wurde ich noch einmal auf die Göttin Gorgo Medusa aufmerksam gemacht, von deren Enthauptung ich ganz zu Anfang dieses Buches im Zusammenhang mit einem Traum gesprochen habe. Sollte sie die Gestalt sein, die Anfang und Ende miteinander verband?

Im ersten Kapitel hatte ich sie noch als eine Repräsentantin der Göttin im allgemeinen bezeichnet, doch inzwischen hatte ich durch meine Einweihung in die Struktur des Göttinpantheons erfahren, daß es keine Göttin im allgemeinen gab, sondern daß jede ihrer Gestalten eine eigene Funktion innerhalb der Ganzheit hatte. So wurde ich nun, vor dem endgültigen Abschließen des Manuskriptes, aufgefordert, meine einengenden Vorstellungen über das Wesen der Göttin Medusa loszulassen und ihre wahre Funktion zu erkennen. Die Tatsache, daß ich am Ende des Buches meine eigenen, zu Beginn geäußerten Vorstellungen teilweise wieder abbauen mußte, hat für mich eine tiefergehende symbolische Bedeutung. Der Vorgang macht klar, daß die vielfältige Wahrheit letztlich jenseits meiner, jeweils für einen bestimmten Zeitpunkt als gültig erkannten Formulierungen liegt.

Nachdem ich diese Lektion begriffen hatte, lief das Gespräch mit der Göttin mit einer unerwarteten Leichtigkeit an. Schon im ersten Augenblick wurde mir klar, daß die furchterregende Gestalt der Medusa mit dem Schlangenhaupt, wie wir sie aus der klassischen Kunst kennen, ihre Kräfte nur insoweit richtig darstellt, als sie von außen, das heißt aus einem vom menschlichen Verstand geprägten Blickwinkel gesehen wird. Während meines unmittelbaren Kontaktes mit ihr, bei dem ich innerlich eins mit ihr wurde, zeigte sie sich eher als eine zwar strenge, aber auch liebende Lehrerin, deren Aufgabe es ist, die Menschen ebenso wie alle anderen Lebewesen der verschiedenen Dimensionen immer wieder zu ihrem wahren Kern, zum Ursprung und Sinn ihres Seins zurückzuführen.

Auf den Menschen bezogen äußern sich ihre Wandlungskräfte darin, daß sie alles, was uns vom wahren Kern des Seins wegzuführen droht, unerbittlich zur Prüfung werden läßt. Verlieren wir zu sehr den Sinn für die Realität des Lebens, so wirkt sie mit ihren Kräften durch die Schwerkraft des Irdischen und zerreißt den Schleier der Illusionen. Umgekehrt entflammt sie aber auch das Feuer der Begeisterung in

Menschen, die zu tief in die Materie hinabgesunken sind, um sie durch die Verführung zum Licht ihrem wahren Wesen zuzuführen.*

Nun verstand ich, warum in meinem Traum vom April 1990 ein erdgebundener »Vernunftstyp« und ein in die geistigen Welten abhebender Poet aufgetreten waren: Sie stellten zwei Aspekte der Göttinkräfte dar, die zwar völlig gegensätzlich erscheinen, durch ihre Wechselwirkung aber den Menschen zu seinem wahren Wesen, zur Quelle seines Seins führen. Nur aus meinem damaligen, außerhalb des Göttinbewußtseins befindlichen Blickwinkel heraus hatte ich den einen als zerstörend, den anderen als schutzbedürftig empfunden.

Während ich nun in der Türnicher Kapelle meditierte, empfing ich eine weitere Eingebung der Göttin Medusa, die sich auf ihren »versteinernden Blick« bezog. Während der Meditation begannen plötzlich meine Augen sich zu öffnen. Innerlich war mir zwar klar, daß es sich dabei um eine Botschaft handelte, trotzdem folgte ich dem falschen Impuls und riß meine Augen auf. Ich wurde bitter enttäuscht, denn ich sah nichts anderes als die normale Realität. Nachdem ich meinen Fehler bemerkt und die Augen wieder geschlossen hatte, konnte ich nun mit viel größerer Sensibilität in die Eingebung des »Augenöffnens« eintauchen. Meine Augenlider wurden zu weit aufgespannten, bogenförmigen Öffnungen, durch die ich bei jedem Detail, das ich ansah, dessen Verbundenheit mit allem Leben erkennen konnte. Es war genau umgekehrt, als es der Mythos erzählt: Statt versteinert zu werden, wurde ich sehend. Der Mythos spiegelt also offensichtlich die Tabuisierung des ganzheitlichen Sehens.

Zum Schluß möchte ich mich noch den drei Gestalten der Wandlungsgöttin widmen, die ich in den antiken Göttinnen Athene, Persephone und Hekate erkannt habe.

Bei Athene war ich lange hin und her gerissen, wie ich sie einordnen sollte. Sie hat im Laufe der Geschichte eine solche Fülle von Beinamen und Funktionen erhalten, daß sie überall hingepaßt hätte. Diese Unentschiedenheit war überwunden, nachdem sie sich mir in einem Traum vom 12. April zu erkennen gab. Zuerst nahm sie die verschiedenen Rollen an, die ich durch ihre Beinamen Parthenos, Ergane und Glaukopis kannte. Dann verließ sie mich für eine Weile und kehrte zurück – nackt in einem weißen jungfräulichen Körper. Doch plötzlich drehte sie sich beim Herannahen um, so daß ich ihren Rücken sehen konnte. Dabei verwandelte sich ihre Gestalt für einen Augenblick in einen muskulösen, athletischen Körper. Die Botschaft war nicht zu übersehen: Es handelte sich um die Wandlungsgöttin in ihrer jungfräulichen Gestalt.

In den folgenden Tagen wurden mir während der Meditation ihre drei Aspekte nähergebracht. In ihrem weißen Aspekt wird sie Athene Parthenos genannt. Ihre Aufgabe besteht darin, dem Menschen zur Selbständigkeit auf verschiedenen Ebenen zu verhelfen. Dazu gehört zum einen der Impuls zur Loslösung – das Bewußtsein muß von allen möglichen Bindungen an äußere Kräfte wie die Kräfte der

* Rudolf Steiner beschreibt diese zwei Aspekte der Göttinkräfte als »ahrimanisch«, d.h. in die Erde ziehend und »luziferisch«, d.h. zum geistigen Licht erhebend. Er bewertet sie aber negativ als Gegenkräfte zur Christusgestalt, obwohl er einräumt, daß sie lehrenden Charakter für den Menschen besitzen. (Vgl. R. Steiner: Das Johannes-Evangelium, Hamburg 1908.)

Natur, der Materie und des Körpers abgetrennt werden –, also ein Impuls der schwarzen Göttin. Andererseits lehrt Athene Parthenos, wie der Mensch aus dem eigenen Ich heraus schöpferische Kräfte hervorbringen kann. Dieses vollständige In-sich-Sein ohne jede Anlehnung an das Außen ist eine Eigenschaft der weißen Phase – *parthenos* heißt »die Jungfräulich-Autonome«.

Sie hat mich in ihrem weißen Aspekt gelehrt, wie ich die Kräfte der Seele aus dem Bereich an der Wurzel der Wirbelsäule heraufholen kann, um sie in einer inneren Kammer, die sich unter dem Herzchakra befindet, zu konzentrieren. Andererseits wurde ich aufgefordert, die Impulse meines höheren Selbst durch das Scheitelchakra bis zum Kehlchakra hinunterzuziehen. Danach fand ein Prozeß der Synthese meiner seelischen und geistigen Kraftströme im Bereich des Herzchakras statt, woraus spontan eine schöpferische Energie geboren wurde, die ich in die Lösung meiner laufenden Aufgaben hineinleiten konnte. Diese Geburt der schöpferischen Kraft im Menschen würde ich als »parthenogen« bezeichnen.

In ihrem roten Aspekt trug Athene den Beinamen »Ergane« und galt als Erfinderin der handwerklichen Künste, wie Töpferei, Webkunst, Kochkunst, des Schmiedens der Feinmetalle, des Wagen- und Schiffsbaues und auch als Erfinderin der Werkzeuge des Ackerbaues und der Geräte der Tierzucht. Sie regt also die Entwicklung der Kultur aus einem parthenogenen, schöpferischen Impuls im Menscheninneren an. Auf diese Weise wurden die Werkzeuge erfunden, die der Menschheit einerseits zur Überwindung der Naturgegebenheiten und andererseits zur Vervielfältigung der Lebensfülle verhelfen.

Athene Ergane hat mich im Geiste in einen Hügel hineingeführt, den ich schon vorher als einen ihr geweihten Hügel kannte. Dort zeigte sie mir die Werkzeuge einer zukünftigen Kultur, die schon alle vorbereitet waren. Ich strengte mich sehr an, mir einiges davon konkret zu merken, doch – wie es gewöhnlich auch in den Märchen geschieht – hatte ich bei der Rückkehr in unsere Zeit leider alles wieder vergessen. Zurück blieb nur das Gefühl einer extremen Verwunderung über die Kulturformen, die ich gesehen hatte.

Mit der dreifachen Verzweigung des Wesens der Athene bin ich während des Meditationszyklus soweit vertraut geworden, daß ich am Beispiel ihres schwarzen Aspektes, in dem sie den Namen »Glaukopis« – die Eulenäugige – trägt, die Verzweigung der Göttin bis zur Ebene der vierten Potenz (3 × 3 × 3 × 3) demonstrieren kann. Die Ebene der vierten Potenz hieße in diesem Falle, daß sich der schwarze Aspekt der Wandlung wiederum in drei Unteraspekte gliedert, in einen weißen, einen roten und einen schwarzen.

Wie die übrigen Symbole der Göttin läßt sich auch das Eulensymbol zurück in die Tiefe des neolithischen Göttinzeitalters verfolgen. Die Eulengöttin ist dort mit einem Symbolspektrum vertreten, das die drei erwähnten Unteraspekte der eulenäugigen Athene reich belegt.

Die Eule ist bekannt als ein Weisheitssymbol. Gemeint ist nicht das verstandesmäßige Wissen, das sich aus Einzelheiten zusammensetzt, sondern das Wissen, das der Ganzheit entspringt. In diesem Sinne bezeichnet die Eule den weißen Aspekt der Athene als Wandlungsgöttin. Die Eule besitzt nämlich geradezu fantastisch vollkommene Augen, mit denen sie auch nachts ausgezeichnet sehen kann. Das Sehen in der Nacht wird mit der Qualität der inneren Weisheit gleichgesetzt im

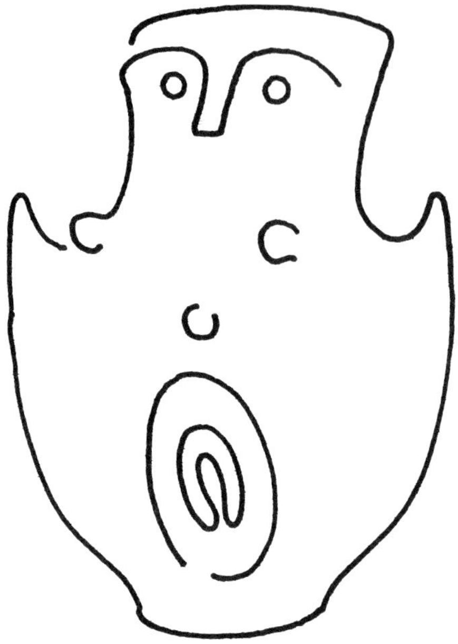

Eulengöttin mit den Symbolen der Fruchtbarkeit.
3000–2500 v. Chr., Lemnos, Griechenland

Gegensatz zum Sehen bei hellem Tage, das der verstandesmäßigen Wahrnehmung dient.
Mit der Eule als Weisheitssymbol sind wir weitgehend vertraut; es ist aber kaum vorstellbar, was sie mit der mütterlich-roten Phase verbinden könnte. Und doch finden sich unter den Artefakten der Kulturen des Alten Europa häufig Gefäße, die am Hals die charakteristischen Züge eines Eulenkopfes tragen, am Bauch aber Symbole der weiblichen Fruchtbarkeit wie die Nabelschnur, die Brüste oder die Schamlippen. Es handelt sich dabei oft um Urnengefäße, was hieße, daß die Menschen damals die Erneuerung ihres Lebens der Eulengöttin anvertrauten. In der Tat gibt es beim mütterlichen Verhalten der Eule eine Besonderheit, die zu diesem Gedanken inspirieren könnte. Aus ihren Eiern werden die jungen Eulen nicht alle auf einmal ausgebrütet, sondern in größeren Zeitabständen nacheinander. Dadurch schützt sie ihren Nachwuchs vor einem möglichen Mangel an Mäusen in gewissen Perioden. Gibt es eine Zeitlang zu wenig Nahrung, so stirbt ein Eulchen, aber nicht die anderen, die später ausgebrütet werden. Man hat darin sicher eine besonders fürsorgliche mütterliche Einstellung gesehen und die Eule in diesem Sinne auch als ein Symbol der mütterlichen Qualität der Wandlungsgöttin.
In ihrer Eigenschaft als Raubvogel zeigt sich der schwarze Aspekt der Eule. Sie ernährt sich durch das Töten. Ihr schriller Nachtschrei galt noch lange in der Volksüberlieferung als ein Zeichen des nahenden Todes für den, der ihn hörte. So trägt sie auch die Züge des schwarzen Aspektes der schwarzen Göttin. Diesem Umstand verdankt es Athene möglicherweise, daß sie im Zuge der Patriarchalisierung zu einer kriegerischen Göttin gemacht wurde. Damit wurde sie aber von ihrer ganzheitlichen Wandlungsfunktion abgeschnitten, bei der der Tod nur einen Durchgang zur Wandlung darstellt.

Nach der Erörterung der Göttin Athene als der jungfräulichen Gestalt der Göttin der Wandlung würde es der Ordnung entsprechen, auch etwas über ihre mütterliche Gestalt zu sagen. Ich meine, diese in Persephone erkannt zu haben, doch war es mir während des beschriebenen Zyklus in Cappenberg völlig entgangen, zu einer tieferen Erkenntnis über ihr Wesen zu gelangen. So wäre sie als die traditionelle »Herrscherin über die Unterwelt« in meinem Bewußtsein geblieben, und noch verfälschter als die Gemahlin des Hades, hätte ich nicht während meines nächsten Aufenthaltes in Cappenberg im Januar 1992 eine unerwartete Ergänzung zu dem Göttinoffenbarungszyklus erlebt. Die Ergänzung betraf auch die zunächst übersehene Persephone. Sie zeigte sich mir zuerst in einem Traum, den ich in der Nacht empfing, nachdem ich mit dem Studium des Buches von Marija Gimbutas *The Language of the Goddess* begonnen hatte, um meine Göttinerfahrungen mit den Symbolüberlieferungen des Alten Europa zu vergleichen. Persephone zeigte sich dünn und säulenförmig, besprüht mit karminroter Farbe.

In der folgenden Meditation, in der ich versuchte, ihr Wesen aus der Bildersprache des Traumes herauszulösen, lehnte sie als erstes jede Beziehung zur Körperlichkeit und Sexualität ab, was mit ihrer dünnen Gestalt völlig übereinstimmte. Dazu erfuhr

Göttin der Wandlung, von Gimbutas als »die steife, weiße Nackte« bezeichnet, ein Urbild der Persephone als Führerin der Seele durch die Nachtoderfahrungen. 4500–4000 v. Chr., Monte Miana, Sardinien

ich etwas über ihre Funktion, der Seele bei ihrem Ausstieg aus dem Körper und bei der Überwindung der Anziehungskraft der Materie behilflich zu sein. Sie soll einst die Rolle der Führerin der Seele durch die Nachtoderfahrungen der Reinigung, Selbsterkenntnis und Erneuerung innegehabt haben, die im Zuge der Patriarchalisierung des Pantheons von Hermes übernommen wurde. In dem Mythos, der den Eleusinischen Mysterien zugrundeliegt, ist noch das ternäre Wesen dieser uralten Göttin erkennbar, wenn sie als Kore das Werden, als Demeter die Fülle und als Persephone die Wandlung verkörpert.
Zum Schluß möchte ich mich noch der Göttin der Wandlung in ihrer schwarzen Gestalt zuwenden. Traditionell ist sie als Hekate bekannt; sie galt als die dunkelste unter den dunklen Göttinnen, weshalb sie später zu einer Göttin der Hexen erniedrigt wurde. Um sie zu erfahren, habe ich während einer Meditation am 17. April 1992 Gaia gebeten – sie führte mich nämlich durch den Offenbarungszyklus –, mir die vermutlich gefährliche Göttin vorzustellen. Sie nahm mich in meinem Bewußtseinszustand in sich hinein, führte mich in einem bestimmten Bogen durch ihren Körper hindurch und spuckte mich schließlich durch ihr Wurzelchakra in eine andere Welt hinein. Den bekannten Merkmalen nach zu schließen, würde ich diese Welt als die Unterwelt bezeichnen. Praktisch wäre das die mißverstandene und verfluchte Welt des Unbewußten.
Zunächst mußte ich dort eine Reihe abscheulicher Erniedrigungen und Mißhandlungen über mich ergehen lassen. Trotzdem blieb ich standhaft in meiner Bitte und ließ mich nicht verjagen. Mein demütiges Beharren schien belohnt zu werden, als mir ein süßes rosafarbenes Licht entgegenkam. Ich spürte darin aber nicht die Weisheit einer Wandlungsgöttin und lehnte es ab. Danach stürmte ein drachenartiges Wesen auf mich zu. Ich wich aber nicht von der Stelle und lehnte es ebenfalls als unecht ab. Erst danach tauchte die Göttin in der ganz einfachen und freundlichen Gestalt einer Greisin auf. Im Nu waren alle Monstervorstellungen, mit denen mein Bewußtsein sie umgeben hatte, verschwunden. Sie gab sich als Göttin der Weissagung, als Hüterin der Orakelkunst, zu erkennen.
Zusammenfassend ließe sich über das Pantheon der Göttin sagen, daß durch die Potenzierung der Zahl Drei die Gegenwart der Göttin das ganze All durchwebt. So kommt es zunächst zu der Neun als der heiligen Zahl der Göttin:

$$3 \times 3 = 9$$

Ich habe mich bemüht, so weit meine Einsicht reicht, die neun Göttingestalten darzustellen, in denen sich die Heiligkeit dieser Zahl widerspiegelt. Bedenkt man, daß jede von ihnen wiederum drei Aspekte verkörpert, so gelangt man zur Ebene der dritten Potenz der Zahl Drei:

$$3 \times 3 \times 3 = 27$$

Die Zahl 9 bleibt jedoch weiterhin die leitende Zahl, weil die Quersumme von 27 (2 + 7) wieder die Zahl 9 ergibt. Es scheint aber auch so zu sein, wie am Beispiel der Athene Glaukopis demonstriert wurde, daß jeder der 27 Göttinaspekte wiederum in drei Unteraspekte gegliedert ist. So gelangt man zur Ebene der vierten Potenz der Zahl Drei:

$$3 \times 3 \times 3 \times 3 = 81$$

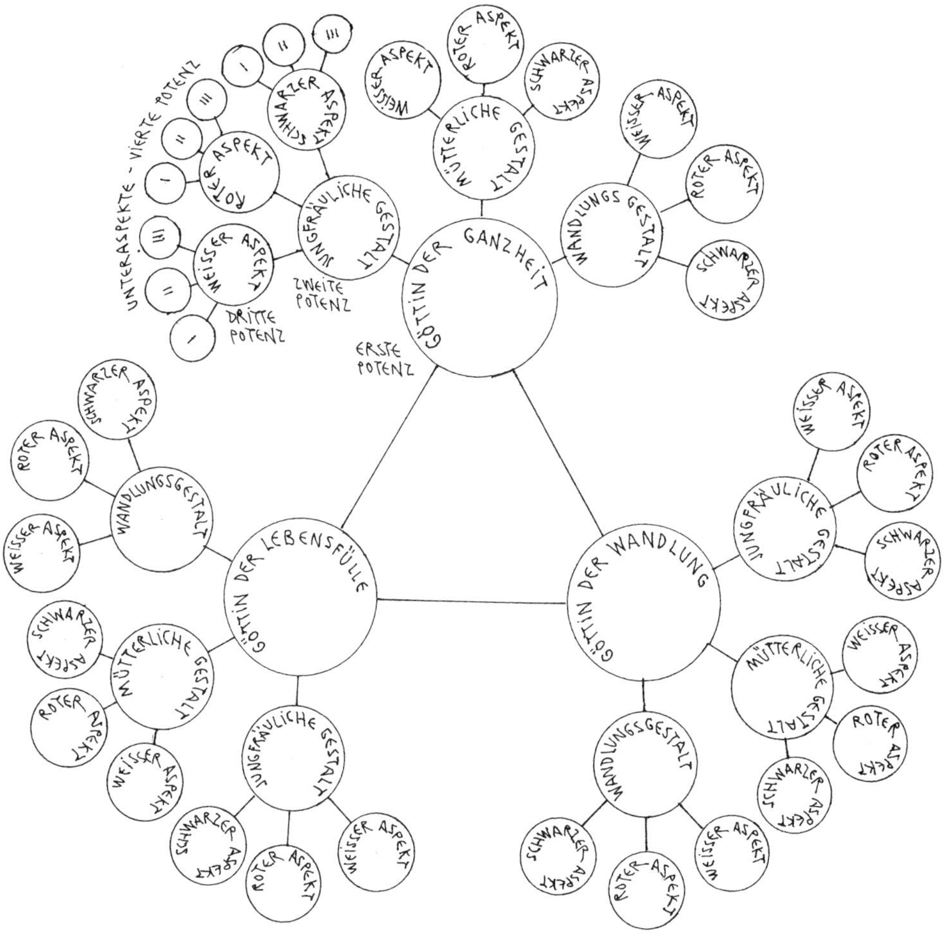

Verzweigungsordnung des Pantheons der Göttin

Und auch bei der Zahl 81 ergibt die Quersumme (8 + 1) die heilige Zahl 9 der Göttin. Da die Zahl 81 auch das Produkt von 9 × 9 ist, würde ich sie als die äußerste Grenze ansehen, die die Personalisierung der Göttin je erreicht hat, obwohl die Verzweigung ihrer Kräfte zweifellos bis ins Unendliche weitergeht.* Die hier vorgestellte, sich unendlich fortsetzende Gliederung des Göttinpantheons ist entscheidend, um eine Vorstellung davon zu gewinnen, wie sich die Lebenskräfte durch eine Landschaft verzweigen, was das Thema der beiden nächsten Kapitel sein wird. Um diese Vorstellung zu unterstützen, habe ich eine Übersicht angefertigt, in der die vier Potenzstufen des Pantheons der Göttin so unvollkommen dargestellt sind, wie sie meiner persönlichen Erfahrung entsprechen. An dieser Stelle möchte ich noch einen Schlußstein aus dem 15. Jahrhundert beschreiben, der die Ordnung der unendlichen Potenzierung der Zahl Drei genau wiedergibt. Der Stein befindet sich im gotischen Apsisgewölbe einer von drei nebeneinanderstehenden Wallfahrts-

* Diese Vermutung drängt sich um so mehr auf, als auch alle weiteren Potenzen der Zahl Drei jeweils die Quersumme 9 ergeben.

Ein Lilienkreuz, das die Potenzierung des Göttinpantheons wiedergibt. Gotischer Schlußstein (15. Jh.) aus der Marien-Wallfahrtskirche Rosalnice bei Metlika, Slowenien

kirchen, die alle aus der gleichen Epoche stammen und alle drei der heiligen Maria geweiht sind. Sie befinden sich in der Nähe des Dorfes Rosalnice, unweit von Metlika in Slowenien, an einem für das Land äußerst wichtigen Kraftort, von dem später noch die Rede sein wird.

Der Schlußstein zeigt ein verzweigtes Kreuz mit lilienförmigen Abschlüssen. Das Kreuz wächst aus dem es umgebenden Kreis heraus und hat als solches drei Endpunkte (3). Jeder dieser Endpunkte ist nochmals gekreuzt (3 × 3) und jeder der neun Endpunkte ist in der erwähnten Lilienform wiederum dreifach gegliedert (3 × 3 × 3). Es wäre durchaus möglich, ein solches Lilienkreuz systematisch bis unendlich weiterzuverzweigen.

Anhand der Vollkommenheit der numerischen Ordnung ist sehr wohl vorstellbar, daß die Zahl der neun Göttingestalten, potenziert zu ihren 27 Aspekten und 81 Unteraspekten, Zeugnis ablegt von der Struktur des ursprünglichen Göttinpantheons der jungsteinzeitlichen Kultur des Alten Europa. Natürlich gibt es darüber keine schriftlichen Dokumente, doch verfügen wir inzwischen über eine reichhaltige Sammlung von Kult- und Kunstgegenständen, die die religiösen Vorstellungen jener Epoche bildhaft zum Ausdruck bringen. All diese Funde hat Marija Gimbutas zusammengefaßt und in 28 Symbolgruppen gegliedert.*

Von den 28 Gruppen beziehen sich 27 (3 × 3 × 3)** auf die verschiedenen Aspekte der Göttin – die Gimbutas übrigens weitgehend anders interpretiert hat, als es mei-

* Marija Gimbutas: *The Language of the Goddess.* Die 1920 in Litauen geborene Autorin hatte zuletzt eine Professur für europäische Archäologie an der UCLA (Kalifornien). Neben Marie E. P. König gehört sie zu den herausragenden Pionierinnen der Erforschung der Göttinkultur in Europa.

** Es ist aus dem Buch nicht ersichtlich, wie Gimbutas in ihrer Systematik der Göttinaspekte genau zu der Zahl der dritten Potenz von Drei gelangt ist. Meinem Gefühl nach dürfte sie zu diesem Ergebnis von innen geführt worden sein.

nen hier dargelegten Erfahrungen entspricht. Ihre Systematik orientiert sich unter anderem an den Darstellungen der verschiedenen Körperbereiche der Göttin, an Körperöffnungen und Körperflüssigkeiten, an Tierattributen der Göttin oder an bestimmten geometrischen Zeichen und Mustern. Ergänzend hat sie noch eine 28. Symbolgruppe herausgearbeitet, die sie »männliche Götter und Dämonen« nennt.

Und tatsächlich sollte man das Göttinpantheon nicht darstellen, ohne auch den entsprechenden Platz für die männlichen Kräfte darin gefunden zu haben. Wie schon verschiedentlich betont, machen Ganzheitlichkeit, Allumfassenheit und Harmonie das Wesen der Göttinkultur aus. Deshalb wäre ihr eine Tendenz zur Verdrängung der männlichen Kräfte oder gar deren völlige Ignorierung überhaupt nicht angemessen, sogar absurd. Aber auch die Vorstellung vom Männlichen als einer anderen, abgesonderten Realität außerhalb des arithmetisch vollkommenen Göttinpantheons würde das Ganzheitsprinzip verletzen.

Bei ihrer Analyse der männlich-göttlichen Symbole der Jungsteinzeit unterscheidet Marija Gimbutas aufgrund des gefundenen Materials drei Phasen der Gottesentfaltung innerhalb des Jahreszyklus: Die erste zeigt die Göttin mit ihrem Sohn, meist auf einem Thron sitzend. In der zweiten Phase wird der Gott zum erwachsenen Mann und zum Geliebten der Göttin. Die dritte Phase, die dem Spätherbst zuzuordnen wäre, zeigt – in Übereinstimmung mit den abnehmenden Lebenskräften des Jahreszyklus einen trauernden Gott. Gimbutas vergleicht ihn mit dem Gott des Flachses, von dem die Volksüberlieferung erzählt, daß er durch eine Leidensgeschichte hindurchgehen muß, in deren Verlauf er im Schoße der Göttin der Wandlung aufgelöst wird. Die Stufen seiner Passion entsprechen den Phasen der Flachsbearbeitung, die notwendig sind, damit aus dem steifen Flachshalm der relativ weiche Leinenfaden entsteht. So wie der Faden sich dann in der Ganzheit des Gewebes verliert, löst sich auch der Gott in der dritten Phase auf, um im Frühjahr des nächsten Jahres von der Jungfrau wiedergeboren zu werden. Gimbutas verweist bei der Gestalt des sterbenden Gottes auch auf die Passion Christi und das Bildnis der Kreuzigung.

Die hier ebenfalls auftretende Zahl Drei bedeutet aber nicht, daß die drei Lebensphasen des Gottes, wie sie in den Zeugnissen des Alten Europa dargestellt sind, Ausdruck einer Zyklizität wären, die der ternären Natur der Göttin entspricht. Im Gegenteil, sie ist linearer Natur. Der männliche Impuls wird innerhalb eines in sich geschlossenen und fortlaufenden Göttinzyklus geboren, wächst zu seiner Lebensaufgabe heran und löst sich in der Wandlungsphase wieder auf. Erst auf der Ebene des nächsten Zyklus wird der Gott wiedergeboren und der Vorgang linear wiederholt.

So gesehen kann man sich das Wesen der Göttin als einen Kreis vorstellen, das des Gottes hingegen als eine Linie, die vom Kreis aus initiiert wird, innerhalb des Kreises ihre Wirkung vollbringt, um letztlich wieder in den weiblichen Kreis eingebunden zu werden. Die vollkommene Dynamik und Entfaltung dieses Universums beruht offensichtlich auf einer ganz spezifischen Verflochtenheit der weiblichen und der männlichen Kräfte. Es wäre dabei sinnlos zu werten, welches der beiden Prinzipien wichtiger ist. Ohne das eine oder das andere könnte der Strom des Lebens nicht fließen.

Die Vollkommenheit dieser Lebensdynamik wird auch aus der dem Pantheon zugrundeliegenden numerischen Ordnung ersichtlich. Dabei handelt es sich um ein Wechselspiel zwischen der Zahl 9 als der heiligen Zahl der Göttin und der Zahl 1 als der naturgemäß heiligen Zahl des Gottes. Die Summe beider Zahlen ergibt 10 – die Zahl der Vollkommenheit:*

$$9 + 1 = 10$$

Dieselbe Dynamik zeigt sich auch auf allen weiteren Potenzebenen:

$9 \times 3 = 27$ $(2 + 7 = 9)$, $27 + 1 = 28$ $(2 + 8 = 10)$ und so weiter:
$27 \times 3 = 81$ $(8 + 1 = 9)$, $81 + 1 = 82$ $(8 + 2 = 10)$
$81 \times 3 = 243$ $(2 + 4 + 3 = 9)$, $243 + 1 = 244$ $(2 + 4 + 4 = 10)$
$243 \times 3 = 729$ $(7 + 2 + 9 = 18,\ 1 + 8 = 9)$, $729 + 1 = 730$ $(7 + 3 + 0 = 10)$
und so weiter, vermutlich bis unendlich.

In der Trinitätskirche von Hrastovlje in Istrien, die – wie im ersten Kapitel vorgestellt – noch vollständig die Symbolgestaltungen der ternären Göttin aufweist, sind auch die drei Phasen der Gottesentfaltung parallel zu den Göttingestalten aufgezeichnet. In der ersten Phase wird der junge Gott als Knabe im Schoße der Jungfrau Maria-Sophia gezeigt. In der zweiten Phase tritt er in der Gestalt des Adam an der Seite Evas auf. Die Phase des trauernden und sich opfernden Gottes ist in den Bildern der Passionsgeschichte Christi dargestellt, die sich über dem langen Fresko des Totentanzes und der Wandlungsgöttin aneinanderreihen.**
Außerdem befindet sich in der linken Seitenapsis der Trinitätskirche ein Fresko der Heiligen Drei Könige. Formal betrachtet stellen sie, den Gaben nach, die sie in ihren Händen halten, die Heiligen Drei Könige aus dem Morgenland dar. Es fällt aber auf, daß kein Schwarzer unter ihnen ist, was sonst zur Zeit der Entstehung der Fresken längst ikonografische Praxis war.*** Einer der Könige ist als Jüngling abgebildet, der andere als erwachsener Mann und der dritte als Greis. Meiner Intuition nach wird hier, verhüllt im Bildnis der drei Weisen aus dem Morgenland, das lineare Prinzip der Dreiheit des männlichen Gottes zum Ausdruck gebracht.
Abschließend stellte ich mir die Frage, welche reale Bedeutung das Pantheon der Göttin – einschließlich dem männlichen Aspekt – für das Leben hier und jetzt hat. Über diesen Punkt hatte – nachdem der Göttinoffenbarungszyklus ausgeklungen war – große Verwirrung in meinem Bewußtsein geherrscht. Ich dachte damals, ich müsse bei jeder Entscheidung von einer der Göttingestalten eine Eingebung als Rat erbitten. Das funktionierte auch noch für eine gewisse Zeit, doch dann wurde die Kommunikation immer schwächer und erlosch schließlich fast ganz. Zum kritischen Zeitpunkt empfing ich eine erlösende Botschaft durch einen Traum, den ich

---

* Eine der Begründungen dafür, warum die Zahl 10 als die Zahl der Vollkommenheit gilt, liegt darin, daß ihre Quersumme zum Ursprung zurückführt: $1 + 0 = 1$.

** Ein zweites Beispiel für die Darstellung einer wesensgemäßen männlichen Dreiheit habe ich im Zusammenhang mit den drei Christusdarstellungen in der Türnicher Kapelle erwähnt. Sie zeigen den kosmischen Christus, den inkarnierten Jesus Christus und den Pelikan als Symbol für den Opfertod Christi.

*** Die Darstellung der Heiligen Drei Könige in Hrastovlje ist einzigartig in Europa. Vgl. die Monografie *Hrastovlje* von Marijan Zadnikar.

am 27. Juli 1991 auf der Insel Srakane in der Adria hatte: Ich fuhr in diesem Traum in einem voll gepackten Autobus. Dabei stand ich neben einer breitbusigen Frau mittleren Alters, von der ich anfangs noch nicht wußte, daß sie die Göttin verkörperte. Ich hielt einen Beutel in der einen Hand und eine Handvoll Bonbons in der anderen. Um mich am Griff festhalten zu können, habe ich die Bonbons einfach in die Tasche gesteckt, die die fremde Frau in Höhe ihres Busens an der Bluse hatte. Nach einer Zeit hatte ich das Bedürfnis, ein Bonbon zu lutschen und griff unbefangen in die Tasche der unbekannten Frau hinein, um eines meiner Bonbons herauszuholen. Später wiederholte ich dieselbe Geste noch einmal. Da wurde mir meine Art des Vorgehens aber schon unangenehm, und ich drehte mich zu der Frau um und begann, mich heftig zu entschuldigen.

Die Botschaft des Traumes hat mich genau an der erwähnten Schwachstelle getroffen. Es war zwar ganz natürlich gewesen, daß ich als kleines Kind am Busen der Mutter die Milch des Lebens und der Weisheit getrunken hatte. Aber als nun erwachsener Mann mußte ich lernen, selbständig zu werden und selbst eine Lösung für meine Probleme zu finden. Ähnlich ist es wohl auch der Menschheit in ihrer Beziehung zur Göttin ergangen. In der Kindheitsphase der Kulturentwicklung war es angemessen, daß sich die Göttin den Menschen in den unterschiedlichsten Gestalten des Pantheons offenbarte. Nachdem wir aber in der Zeit der Antike – auch die Christusoffenbarung zähle ich dazu – in die Geheimnisse unserer Selbständigkeit eingeweiht worden sind, wurde es unangemessen, die Kommunikation mit der Göttin weiterhin auf der früheren, personalisierten Ebene zu suchen.

Der Zyklus der Göttinoffenbarung, den ich in Cappenberg erlebt hatte, war im Grunde genommen ein Zurückgreifen in die Vergangenheit, durch das ich mir der ursprünglichen Gegenwart der Göttin in ihren vielfältigen Aspekten bewußt werden sollte. Unsere heutige Aufgabe besteht nun darin, dieselben Göttingestalten und Aspekte nicht mehr als Personen, sondern als Kräfte kennenzulernen, die durch ihre Gliederung, Interaktion und ihren Tanz das Leben zwischen Erde und Himmel zu einer wunderbaren und lehrreichen Wirklichkeit machen. So gilt es letztlich, sie auch als konkrete Kräfte in der Landschaft wiederzufinden.

Irland:

Die Göttin als Seele der Landschaft

Die Orchard Gallery in Derry (Londonderry)* in Nordirland suchte im Jahr 1991 nach einem Kunstprojekt, das symbolisch eine Brücke über die »heiße« Grenze zwischen Nordirland und der Republik Irland in Ulster schlagen sollte. Meine Freunde William Bloom aus London und Roy Arbucle aus Irland schlugen hierfür meine Arbeit mit der Lithopunktur vor. Der Vorschlag wurde akzeptiert, und so befand ich mich schon am 4. März 1991 auf dem Weg nach Irland, um einen ersten Plan für das künftige Werk auszuarbeiten.

Während das Flugzeug hoch oben in der Atmosphäre schwebte – unser Schicksal in den Händen der Engel des Luftelements –, versuchte ich, meine bisherigen Lithopunkturprojekte zu überschauen und auch die sich entfaltende Göttinoffenbarung. Ich spürte, daß es an der Zeit war, die beiden Entwicklungsströme, denen ich gefolgt war, miteinander zu verbinden und dadurch zu einer neuen Ausgangsposition für die Betrachtung und Heilung der Landschaft zu gelangen. So faßte ich den Entschluß, die Landschaft von Ulster, die ich noch nie gesehen hatte, wenn möglich unter dem Blickwinkel ihrer seelischen Dimension zu betrachten.

Es war leichter, diese Aufgabenstellung zu denken, als sie auf die Wirklichkeit anzuwenden. Als ich in Belfast ankam, herrschte dort eine nervöse Stimmung, ganz zu schweigen von den Militärs mit ihren schußbereiten Maschinenpistolen. Als ich aber mit einem Taxifahrer zu dem rund 150 km westlich gelegenen Derry durch die Landschaft fuhr, hatte ich das Gefühl, daß sie recht gut atmete und nicht durch die Probleme der Menschen in dieser Gegend verdunkelt wurde. Sobald wir aber über den Glenshane Pass bei Dungiven in die Landschaft meines zukünftigen Projektes gelangten, schlug die Situation schlagartig um. Ich fühlte, daß sich die Landschaft hier trotz ihrer strahlenden Schönheit nicht freuen kann. Es wurde düster und eng in mir.

Sofort nach meiner Ankunft ließ ich mich über mögliche Gründe für diese Schwierigkeiten unterrichten. Es stellte sich heraus, daß die Staatsgrenze genau bei Derry schmerzhaft die Landschaft durchschneidet. Die Regionen von Derry und Donegal, die mit dem mächtigen Fluß Foyle in der Mitte eine harmonische Landschaft bilden, waren durch die Staatsgrenze künstlich geteilt worden. Dabei war die Stadt Derry, deren Kern auf einer ehemaligen Insel im Fluß Foyle steht, Großbritannien zugeschlagen worden, während die Landschaft Donegal, die ein natürliches Um-

* Die mittelalterliche Stadt Derry wurde während der englischen Kolonisation im 18. Jh. in Londonderry umbenannt; heute wird dieser Name nach Möglichkeit umgangen, um den Geruch der Unterdrückung zu nehmen. Die Orchard Gallery gehört zum Kulturamt der Stadt Derry.

feld zur Stadt im Westen darstellt, an die Republik Irland fiel. Es erschien mir sinnvoll, daß die zukünftigen Lithopunktursteine genau in diesem Bereich, auf beiden Seiten der Grenze stehen sollten, um an die grundlegende Einheit dieser Landschaft zu erinnern, und diese Einheit wieder real in der Raum-Zeit-Dimension zu verankern.

Die widernatürliche Teilung hatte aber nicht nur die Landschaft zerschnitten, sondern auch die Stadt selbst. Nach der englischen Eroberung im 18. Jh. wurde die irische Siedlung einschließlich des Klosters, das der Hl. Columba im Jahr 546 gegründet hatte, vollständig zerstört, um darüber Londonderry in Form eines römischen Militärlagers zu errichten. Noch heute steht diese durch zwei sich im Zentrum kreuzende Hauptachsen gekennzeichnete urbane Struktur, einschließlich der kompletten Stadtmauer.

Den organischen Formen des sich an drei Seiten steil zum Fluß hinabneigenden Hügels der ehemaligen Insel hatte man eine quadratische Form aufgeprägt, die in ihrer Disharmonie zu den natürlichen Gegebenheiten zum Himmel schreit.

Hinzu kommt noch eine dritte brennende Wunde: die Religion. Die einstige Insel von Derry war zu keltischer Zeit einer der wichtigsten heiligen Haine Irlands. Derry, keltisch »Doire«, kommt von »Daire« und bedeutet Eichenhain. Vom Hl. Columba, der die Insel christianisiert hatte, um dort ein Kloster zu gründen, wird überliefert, er habe verboten, die heiligen Eichen zu fällen. Er ließ das Kloster mit der sogenannten Schwarzen Kirche so bauen, daß die Kontinuität des heiligen Ortes erhalten blieb. Die protestantischen Siedler machten der Kontinuität endgültig ein Ende. Sie zerstörten die alten katholischen Kirchen und das Kloster und errichteten eine neue anglikanische Kathedrale auf einem ganz anderen Platz.

Kleinmut überkam mich, als ich das ganze Ausmaß an komplizierten Brüchen im Land und im Bewußtsein seiner Bewohner erfaßt hatte. Gab es überhaupt noch eine Ebene, auf der die Ganzheit nicht zerstört war? In dieser Situation wurde mir unerwartet ein Hoffnungsstrahl geschickt, als ich am nächsten Tag die zwei wichtigsten Kirchen der Stadt besuchte, zuerst die katholische Long Tower Kirche und anschließend die protestantische Kathedrale des Hl. Columba. In der katholischen Kirche bemerkte ich auf dem Altarsockel zwei Darstellungen des Lebenbaumes, wie er aus einer reich verzierten Vase emporwächst. Dasselbe Motiv findet sich in vierfacher Form in der Marmorvertäfelung hinter dem Hauptaltar der protestantischen Kathedrale wieder!

Die Gefäße mit dem Lebensbaum, die ich in den beiden verfeindeten Kirchen fand, erfüllten mich mit Hoffnung, denn die Vase ist für mich ein Symbol für den Kessel der Göttin, aus dem die Kraft der Erneuerung in Gestalt einer wundersamen Pflanze aufsteigt. Der Kessel der Göttin*, der später als Hexenkessel verbannt wurde, symbolisierte noch bei den Kelten das wichtigste religiöse Mysterium, das Geheimnis der Wiedergeburt im Leib der Göttin. Aber schon in viel älteren Zeiten wurde der Kessel der Lebenserneuerung als das zentrale Symbol des mütterlichen Aspektes der Göttin geehrt, und so war er auch ein Attribut der vorkeltischen Göttin Danu in Irland.

---

* Vgl. Barbara G. Walker: *The Woman's Encyclopedia of Myths and Secrets,* San Francisco 1983.

Darstellung der Lebensbäume an den Altären der beiden wichtigsten Kirchen Derrys. Links: aus der katholischen Long Tower Kirche, rechts: aus der protestantischen Kathedrale des Hl. Columba

Nach der Überlieferung wurden die Ureinwohner Irlands »das Volk der Göttin Danu« – Tuatha Dé Danann – genannt. Sie hatten eine hohe matriarchale Kultur entwickelt und aus ihrer tiefen Verbundenheit mit der Landschaft Irlands Heiligtümer in Form von Steinstrukturen an den Kraftbrennpunkten errichtet. Nachdem die Tuatha Dé Danann im Zuge der keltischen Invasion besiegt worden waren, verwandelten sie sich – so erzählen es die Mythen – in ein Feenvolk, das seither an den Kraftorten der Landschaft lebt und weiter für sie sorgt. Es heißt, sie hätten dort, wo das menschliche Auge nur grüne Hügel und Ruinen alter Heiligtümer und Schlösser sieht, ihre unsichtbaren Paläste erbaut, um die Plätze auch weiterhin durch ihre Feste zu beleben.

Nun spürte ich einen starken inneren Drang, mit meinem irischen Werk an die verlorene Tradition der Tuatha Dé Danann anzuknüpfen. Sie waren ganz offensichtlich die Menschen, die dieses Land wirklich kannten, die seine Seele – die Göttin des Landes – liebten und die die Geheimnisse der Lebensströmungen dieser Landschaft entziffert hatten. Die Kelten als patriarchale Eroberer hatten zwar vieles von ihnen gelernt, ihre Heiligtümer übernommen und Irland nach einer der drei Töchter der Göttin Danu – Eira – benannt. Sie mußten aber, aufgrund ihrer androkratischen Vorstellungen, auch manches verstümmelt haben.

In der folgenden Woche reiste ich kreuz und quer durch das Land, um die Plätze der Tuatha Dé Danann zu finden. Ein Platz fällt dem Reisenden sofort ins Auge: Grianan Aileach, »das Steinerne Haus der Sonne«. Es handelt sich um einen riesigen Ring aus Trockenmauerwerk, der weithin sichtbar auf einem hohen abgerundeten Hügel liegt. Er sieht aus wie der Nabel auf dem schön gerundeten, schwangeren Bauch der Göttin. So wie der Nabel die Mitte des menschlichen Körpers bezeichnet, liegt auch der Grianan Aileach im Zentrum der Landschaft von Derry/ Donegal.

Einige andere Plätze sind durch stehende Steine markiert, die glücklicherweise noch heute, nach mehreren tausend Jahren, an ihrem Standort stehen. Sie wurden mir durch den örtlichen Archäologen gezeigt. Sofort fiel mir auf, daß sie nur noch Reste der alten Landschaftstempel darstellen, die schon vor langer Zeit wegen ihrer »heidnischen« Inhalte oder im Zuge der landwirtschaftlichen Nutzung der Orte beseitigt worden waren. Einige Plätze konnte ich nur durch meine innere Wahrnehmung erkennen, äußerlich war jede Spur ihrer ursprünglichen Heiligkeit verwischt. So gibt es zum Beispiel in der Nähe des Grianan-Berges einen vollkommen abgerundeten Hügel, der sofort den Blick auf sich zieht. Als ich am zweiten Morgen mit meinem irischen Freund in der Ferne vorbeifuhr, glaubte ich, auf seiner Kuppe einen riesigen Stein zu erkennen. Begeistert wollte ich mehr darüber erfahren. Doch mein Begleiter winkte ab, der Ort sei für mich uninteressant. Er bestätigte zwar, daß er sich auch häufig innerlich zu dem Hügel hingezogen fühle, aber was ich für einen Megalith gehalten hatte, sei nur eine mittelalterliche Schloßruine. Trotzdem ließ ich mich nicht von dem Ort abbringen, denn ich hatte schon oft die Erfahrung gemacht, daß kriegerische Kulturen, die zwar die innere Verbindung zur Landschaft verloren haben, dennoch von den Kraftorten angezogen werden. So als trachteten sie unbewußt danach, die Kraft, die diese Plätze ausstrahlen, für eigennützige und militärische Zwecke zu nutzen.

Wir fuhren also doch zu der Ruine von Schloß Burt auf dem Castle Hill. Oben an der verwüsteten Ruine herrschte schwingungsmäßig eine große Verwirrung, so daß mir schon Zweifel kamen. Ich konnte an Ort und Stelle die Heiligkeit des Ortes, die ich von weitem wahrgenommen hatte, nicht fühlen. Die spätere mißbräuchliche Nutzung des Hügels hatte die energetischen Spuren des vermuteten alten Heiligtums verwischt, das Kraftfeld des Ortes war dadurch chaotisiert worden. In solchen Fällen entferne ich mich ein wenig vom Zentrum des Platzes, wo gewöhnlich die Zerstörung besonders konzentriert ist, um zu sehen, ob gewisse Randstrukturen des einstigen Landschaftstempels noch schwingungsmäßig erhalten sind. So fand ich am Hang des Hügels mit Hilfe meiner Drehwinkelsonde* sieben Kraftringe, die rings um den Hügel zu spüren waren. Solche Ringe, auch »Hexenringe« genannt, stellten einst energetische Schutzringe dar, durch die das Kraftfeld des Heiligtums abgerundet und schwingungsmäßig geschützt wurde. Der Platz gehörte also doch zu den heiligen Orten der Landschaft von Derry/Donegal, mit denen ich künftig arbeiten wollte.

Einen Teil meines ersten Aufenthalts in Ulster verbrachte ich als Gast eines geistigen Zentrums, Maitheal, auf der Insel Inch, den zweiten Teil hingegen in der Stadt Derry. Die Insel Inch liegt in einer tiefeingeschnittenen Bucht, der Lough Swilly,

* Es handelt sich hierbei um ein Radiästhesieinstrument, mit dem man die feinen Reaktionen des Körpers auf Strahlungsquellen feststellen kann. Kommt es zu einer Reaktion, so dreht sich der horizontale Teil der Sonde um einen vertikalen Griff.

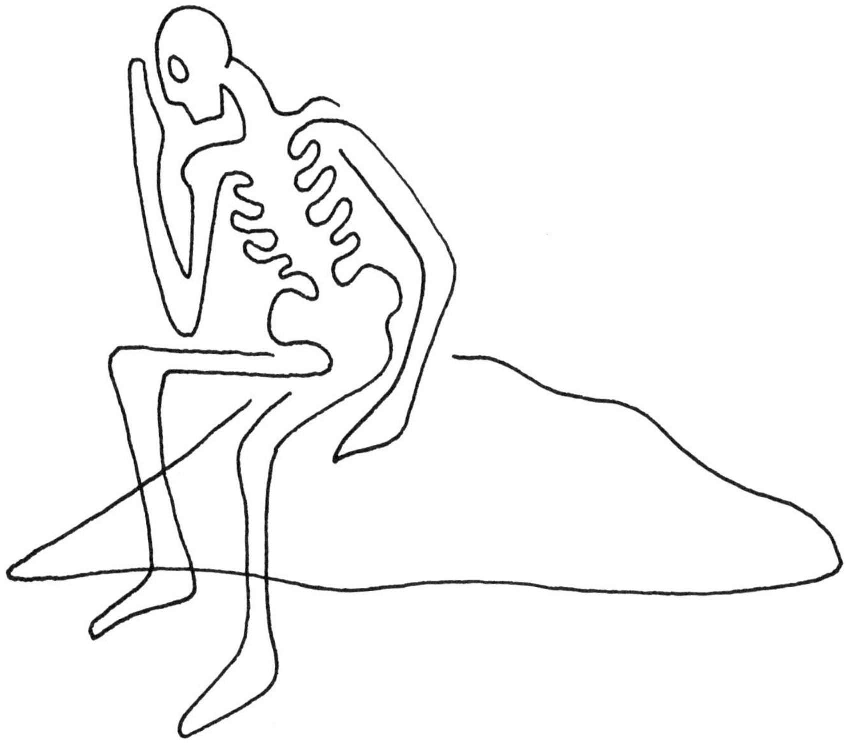

Darstellung der Wandlungsgöttin Morrígan auf der Insel von Derry. Aus dem Stadtwappen von Derry

am Atlantik. Wegen ihrer geschützten Lage an der Mündung eines kleinen Flusses wurde die Insel zur größten Überwinterungsstätte für die Schwäne aus dem Norden. Tausende dieser in den alten Kulturen häufig mit der Göttin der weißen Phase assoziierten Vögel belebten die Gewässer an der Ostseite der Insel noch im März, als ich täglich dort vorbeifuhr, um mein Lithopunkturgebiet zu besuchen.

Während meines Aufenthaltes in der Stadt fühlte ich mich zwar von den eingangs erwähnten Störfaktoren irritiert, fühlte mich aber dennoch wie aus einer unbekannten Quelle inspiriert. Das Geheimnis begann sich zu lüften, als ich das Stadtwappen von Derry kennenlernte. Zu meiner Verblüffung zeigt es ein Skelett, das in meditativer Pose auf einem grünen Hügel sitzt. Offiziell ist die Herkunft des Skelettsymbols unbekannt. Ich fühlte, daß darin eine uralte Botschaft über die wahre Identität des Hügels – die ehemalige Insel –, auf dem die moderne Stadt steht, verborgen war. Der Überlieferung zufolge handelt es sich um ein weibliches Skelett.

Um die Vorbereitungen für mein Werk abzurunden, unterzog ich mich während meines Aufenthaltes in Derry umfangreichen Meditationen. Dabei stellte ich unter anderem die Frage, wie die großräumigen Zusammenhänge innerhalb der Landschaft von Derry/Donegal zu deuten wären. Das Ergebnis meiner Vertiefungen war, daß ich das Land als dreigliedrige Landschaftsverkörperung der Göttin erkannte. Die Insel Inch mit ihren Schwänen und ihre verborgene Lage in der Tiefe der Bucht nahm ich als ein Land der Göttin der allumfassenden Ganzheit wahr. Die

Insel, die ein unglaublich symmetrisches Relief aufweist mit einem pyramidenförmigen Berg in der Mitte, gleicht einem Samenkorn, in dem die Ganzheit des Kosmos aufbewahrt ist.

Der Berg Grianan mit dem nabelähnlichen Heiligtum würde dann zusammen mit der umgebenden hügeligen Landschaft die Göttin der unbegrenzten Lebensfülle verkörpern, während der Stadthügel von Derry mit dem Symbol des Skeletts der Göttin der Wandlung zuzuordnen wäre. Die Kultur der Tuatha Dé Danann kannte die drei Gestalten der ternären Göttin als Áine, Danu und Morrígan. Meiner Intuition nach mußte die Insel Inch der Göttin der weißen Phase, Áine, geweiht gewesen sein, der Grianan-Komplex der Göttin der roten Phase, Danu, und die heilige Insel von Derry der Göttin der schwarzen Phase, Morrígan.

Soweit war es mir gelungen, mit meinen Intuitionen, Beobachtungen und Konzepten vorzudringen, weiter nicht. Demnach wurden 17 Orte für das Projekt ausgewählt, von denen jeder einen Ort der Kraft darstellte, der einst eine eigene Funktion innerhalb des Kraftgewebes der dreigliedrigen Landschaft innegehabt hatte. Es war mir aber noch immer ein Geheimnis, wie diese Orte zusammenwirkten, um die komplexen Lebensströmungen des Landes hervorzubringen. Kein einziger Ort hatte sich mir bisher innerlich geöffnet. Es gab fast keine Kommunikation zwischen uns, nur Bemühung über Bemühung von meiner Seite, keine einzige Botschaft von der anderen.

Die Zeit meines ersten Aufenthaltes in Irland war schon fast vorüber, als ich am 18. März 1991, zwei Tage vor meiner Abreise, einen außerordentlichen Traum hatte: Ich saß zusammen mit einer Menge anderer Leute in einem Wartezimmer. Menschen gingen irgendwohin, ein und aus, nur ich kam nicht an die Reihe. Ich dachte schon, ich hätte umsonst so lange gewartet und war nahe daran, den Raum zu verlassen, als ich mich entschloß, doch noch einige Zeit zu warten. Sofort nach diesem Entschluß wurde ich gebeten einzutreten. Ich hatte erwartet, zu einer Ordination hereingebeten zu werden, statt dessen sah ich eine übermenschlich schöne Frau mit schneeweißer Haut nackt an mich herantreten. Wie von einer inneren Kraft geführt, legte ich meine mittleren drei Finger, den Zeige-, Mittel- und Ringfinger, auf ihr Schoßdreieck, genau auf ihren Venushügel. Dann ließ sie sich hoch in die Luft heben und verweilte so in der Waagerechten, in vollkommener Balance auf meine drei Finger gestützt.

Ich erwachte mit einem beseligten Gefühl und absolut davon überzeugt, daß ich der Seele beziehungsweise der Göttin des Landes begegnet war, um endlich durch sie eine tiefgreifende Kommunikation mit dem Land meines zukünftigen Heilungswerkes zu erleben. Auch spürte ich tief in mir die Überzeugung, daß es sich nicht nur um eine gesegnete Begegnung handelte, sondern auch um einen Schlüssel, mit dem ich das Geheimnis enthüllen sollte, wie dieses Land in einer perfekten Harmonie – in Balance – gehalten werden könnte. Dieser Schlüssel hatte etwas mit drei mittleren Fingern zu tun und einem bestimmten Hügel am Körper der Landschaft. Soweit vermochte ich den Traum in meiner anschließenden Meditation zu klären.

Ich bat nun, zu dem Ort geführt zu werden, ließ mein Pendel laufen, um eine visuelle Hilfe dabeizuhaben, und folgte den inneren Impulsen. So ging ich durch das Stadtzentrum von Derry und weiter den Hügel hinunter zur Long Tower Kirche, wo ich zuerst das hoffnungsvolle Symbol der Göttin, den Kessel mit dem Lebensbaum, gesehen hatte. Ich wurde aber nicht in die Kirche geführt, sondern zu einer an der Seitentür gelegenen äußeren Nische. Schließlich blieb ich genau vor einem berühmten Stein stehen, den mir meine Gastgeber schon früher gezeigt hatten. Er heißt »Ballaun«-Stein und ist in eine Kalvariendarstellung eingemauert.

Konzept der drei Fingerkuppen-Vertiefungen auf dem Ballaun-Stein. Megalithische Kultur, Derry

Dieser Ballaun-Stein ist das einzige Artefakt, das von dem vorchristlichen Heiligtum auf dem Hügel von Derry übriggeblieben ist. Der Hl. Columba soll ihn aufbewahrt haben, als er den heiligen Hain in ein Kloster umwandelte. Der Stein weist drei runde, unterschiedlich starke Vertiefungen auf: eine ganz flache links, die tiefste in der Mitte, und eine flachere rechts. Ein Test mit dem Pendel zeigt, daß sie auch verschieden schwingen: Bei der mittleren Vertiefung dreht sich das Pendel gegen den Uhrzeigersinn, bei der rechten umgekehrt, und bei der linken schlägt das Pendel in regelmäßigen Zeitabständen von einer in die andere Richtung um.
Es war gerade die Zeit der ersten Frühmesse, und ich sah, wie einige Menschen sich der Kirche näherten. Ich ging zum Rand des geräumigen Platzes, um mich ungestört in die Frage zu vertiefen, was wohl dieser uralte Stein mit meinem Traum zu tun habe. Da bemerkte ich, wie eine Frau den Stein mit den ausgestreckten Fingern berührte, bevor sie die Kirche betrat. Und dann noch eine... und noch eine. Als niemand mehr zu sehen war, ging ich selbst hinüber zu dem Stein und berührte ihn mit den mittleren drei Fingern. Da waren plötzlich, wie in einem Gedankenblitz, die drei Vertiefungen im Stein, meine drei Finger und der Traum mit der auf meinen drei Fingerspitzen balancierenden Landschaftsgöttin miteinander verbunden.
Als erstes fiel mir auf, daß die Proportionen der drei Vertiefungen genau den Längen der drei Fingerspitzen entsprechen, obwohl die Größenordnung nicht vergleichbar ist. Vermutlich handelte es sich also bei dem Ballaun-Stein um den

Schlüssel, der mir im Traum angedeutet worden war. Nun galt es zu bedenken, daß der Stein erst seit dem Ende des 19. Jh. in die Kalvarie eingebaut ist. Bis dahin lag er auf seinem ursprünglichen Platz bei den Drei Heiligen Quellen. Die Quellen, benannt nach den Heiligen Martinus, Adomnan und Columba, befanden sich am Fuße des Hügels von Derry. Sie hatten von altersher als heilige Stätte gegolten, da sie zusammen mit dem Ballaun-Stein und dem Kloster des Hl. Columba als einzige Besonderheiten auf den ältesten Karten verzeichnet waren. Heute sind die Quellen verschwunden. Nur eine Pumpe aus Gußeisen erinnert mit ihrer Inschrift an die Quelle des Hl. Columba.

Alles deutete also darauf hin, daß der ursprüngliche Platz des Ballaun-Steines bei den Drei Heiligen Quellen am Fuße des Hügels von Derry den drei Punkten am Venushügel der Göttin entsprach, an denen sie durch drei Finger im Gleichgewicht gehalten wurde. Es ist der Schlüsselplatz, um in die seelische Ebene der Landschaft von Derry/Donegal einzutreten. Stellt man sich den Körper der Göttin in der Landschaft ausgebreitet vor, so entspricht die Insel Inch dem Kopf- und Brustbereich, der Berg Grianan mit den umgebenden Hügeln der Bauchpartie, und der Hügel, auf dem die Stadt Derry steht, dem ehemaligen Eichenhain, dem Bereich des Schoßes. Der Venushügel oder das Schoßdreieck der Göttin würde sich also genau am Fuße des Hügels befinden, da, wo einst die Drei Heiligen Quellen sprudelten. Vermutlich war eine Quelle der Göttin der allumfassenden Ganzheit, die zweite der Göttin der unbegrenzten Lebensfülle und die dritte der Göttin der ständigen Wandlung geweiht. Im Ballaun-Stein mit seinen drei Vertiefungen materialisiert sich diese Dreigliedrigkeit des Schlüsselortes, wobei die linke Vertiefung, die sowohl Yin- als auch Yang-Schwingungen ausstrahlt, mit der Ganzheit des Jungfrauaspektes korrespondiert, die mittlere mit dem mütterlichen und die rechte mit dem Wandlungsaspekt der Göttin. Solange der Stein noch auf seinem richtigen Platz gestanden hatte, steckte der Schlüssel potentiell noch im Schloß zu dem Tor, das den Zutritt zum ganzen Land eröffnete. Die Frage war, wie dieser Zugang heute wieder neu erschlossen werden könnte.

Im Herbst desselben Jahres war ich mit meiner Frau Marika wieder in Irland. Noch einmal suchten wir alle ausgewählten Plätze auf, um den genauen Lithopunkturplan vorzubereiten. Mit der Entschlüsselung der Landschaft ging es aber nicht wesentlich weiter. Der entscheidende Schritt sollte erst geschehen, nachdem wir wieder zu Hause in Slowenien waren. Unsere schon verheiratete Tochter Ajra hatte erfahren, daß sie bald arbeitslos würde. Angesichts des Umfangs an Arbeit, die 1992 in Irland auf mich wartete, bat ich sie, meine Assistentin zu werden. Ajra akzeptierte; in drei Monaten würde sie für die neue Aufgabe frei sein.

Kaum hatte sie den Entschluß gefaßt, als sich eine innere Stimme bei ihr meldete, die ihre ganze Aufmerksamkeit beanspruchte. Zunächst versuchte Ajra die Stimme zu ignorieren, was aber nicht möglich war, so daß sie schließlich bereit war, ihr zuzuhören. Ajra begann, dem lautlosen Diktat, das ihr zuteil wurde, telepathisch zu folgen. Es entstanden Texte, die sie über ihre Fähigkeiten informierten, Menschen und Orte zu heilen. Sie folgte den erhaltenen Hinweisen und begann mit einigen Heilungen in ihrer unmittelbaren Umgebung. Es zeigte sich, daß das Wissen und die Anweisungen, die sie von ihrem soeben erst entdeckten Meister Christopher Tragius erhalten hatte, gut waren. Aus dem zu schließen, wie er sich selbst vorge-

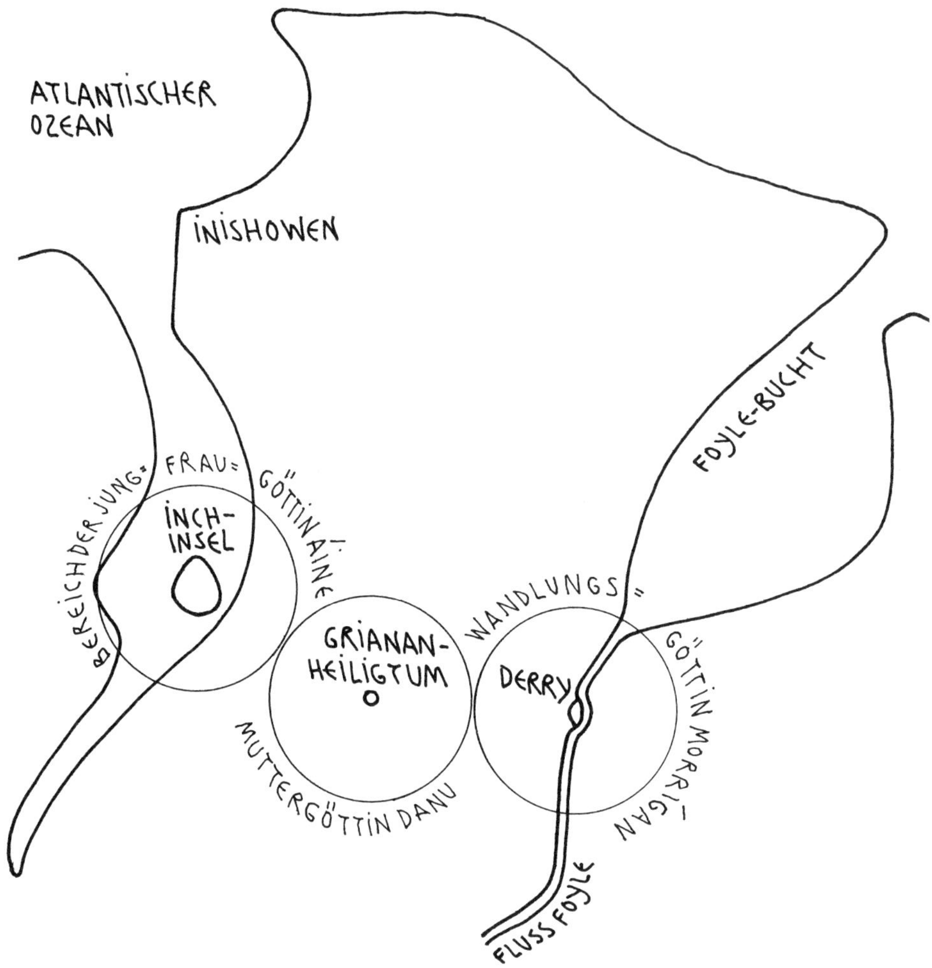

Die Dreigliederung der Landschaft Derry/Donegal

stellt hatte, gehört er zur Evolutionslinie der Engel und kommunizierte aus einer Dimension außerhalb von Raum und Zeit, die parallel zu unseren Dimensionen verläuft. Die Menschen, so Christopher Tragius, hätten schon in den Urzeiten des Planeten gemeinsam mit den Engeln eine Kultur geschaffen, die harmonisch im Einklang mit der Erde und dem Kosmos war – damit ist wohl die neolithische Kultur der Göttin gemeint –, und es sei nun an der Zeit, daß wir auf einer neuen Ebene der Entwicklungsspirale gemeinsam etwas von ähnlicher Schönheit wiedererrichteten. Aus diesem Grund habe er sich auf telepathischem Wege durch Ajra gemeldet, um uns bei unseren Heilungs- und Harmonisierungsprojekten zu helfen und das vergessene Wissen und die Informationen zu übermitteln, die für das menschliche Bewußtsein in der geistigen Situation, in der wir uns zur Zeit befinden, nicht zugänglich sind.

Nachdem die Kommunikation mit Christopher Tragius an einigen konkreten Heilungsbeispielen getestet worden war, um sicherzugehen, daß es sich nicht um eine falsche Quelle handelte, haben wir das Angebot des Engels mit Freude akzeptiert. Die Mitarbeit von Ajra und Christopher Tragius begann im Februar 1992 mit der Aufgabe, ein ganzheitliches Konzept für die Lithopunktur im Norden Irlands zu formulieren. Die anleitenden Worte, die Christopher hierzu übermittelte, lauteten:

Ihr steigt hier in eine heilige Landschaft ein, die in einem Rhythmus atmet, der an den Rhythmus des Kosmos angebunden ist. Sie atmet im Norden ein durch einen Kreis von 30 vertikalen und 7 waagerechten Steinen und atmet im Süden aus durch eine verzweigte Komposition von Bergen und Steinsetzungen. Der Strom (des Atems), der durch die Landschaft zieht, wird unterstützt durch die Aufstellung einer Reihe von Landschaftstempeln, die in ihrer Funktion dazu beitragen, daß sich ununterbrochen Endlichkeit in Unendlichkeit wandelt.*

Es wurde uns sofort klar, daß wir bei unseren Untersuchungen vor Ort einen wichtigen Kraftpunkt übersehen hatten, der weiter nördlich vom Gebiet unserer Aufgabe lag, der aber als ein Haupteinatmungspunkt der kosmischen Kräfte im Norden Irlands eine entscheidende Rolle für die Atmung »unserer« Landschaft spielt. Anhand der Landkarte stellten wir fest, daß es sich um den Bocan-Kreis in Inishowen, an der nördlichsten Spitze Irlands handeln mußte. Auf unserer nächsten Reise nach Irland im April 1992 mußten wir leider feststellen, daß der Kreis fast vollständig zerstört ist. Es stehen nur noch einige wenige Megalithe, andere sind umgeworfen worden, und fremdes Steinmaterial wurde dort in größeren Mengen deponiert.

Der Kommentar von Christopher Tragius am 4. Mai 1992, nach unserer Rückkehr, lautete:

Der Bocan-Kreis war das Hauptheiligtum für Nordirland. Er wurde mit großer Präzision und Sensibilität aufgestellt und gepflegt. Er stellte eine außerordentliche Verantwortung dar, weil durch ihn ein hochbedeutsames heiliges Land einatmet. So wurde der Bocan-Kreis zu einem Fundament des Volkes der Göttin Danu. Da es aber ein Leichtes ist, ein Volk zu ruinieren, wenn man sein Fundament zerstört, ist es so gekommen.

*Die Kelten haben versucht, so viel wie möglich aus unserer mit den energetischen Zusammenhängen vertrauten Kultur** herauszupressen, ebenso wie aus unserer Fähigkeit, gigantische Kraftsysteme in der Landschaft zu lenken und zu erbauen. Sie haben viele unserer Heiligtümer umgestaltet, um ihnen ihre ursprüngliche Rolle zu nehmen. Der Bocan-Kreis hatte einst die Form eines achtzackigen Sterns. Mit größter Mühe und Empfindsamkeit wäre es möglich, am Boden die Spuren der gewaltigen Kraftströme wiederzufinden, die jahrhundertelang durch diese Skulptur geflossen sind. Die Kelten haben versucht, die ganze verzweigte Kultur der Landschaftstempel in einem einzigen Heiligtum zu konzentrieren, im Zentralheiligtum unseres Systems, im Grianan.*

Sie haben dort unsere Kraftfelder materialisiert und in Form des existierenden Ringes aufgebaut, der auf unserem ursprünglichen Energiekreis steht.

---

* Unter Landschaftstempel verstehe ich einen komplexen Kraftort, bei dem durch natürliche oder kulturelle Gestaltung die verschiedenen Kraftbrennpunkte bezeichnet und landschaftlich ablesbar sind. Solche Orte haben die Funktion, die Lebensströme, die die Landschaft durchziehen, zu nähren und zu lenken.

** Gemeint ist die Kultur der Tuatha Dé Danann. Sie wird allgemein auch als die Megalithische Kultur Irlands bezeichnet.

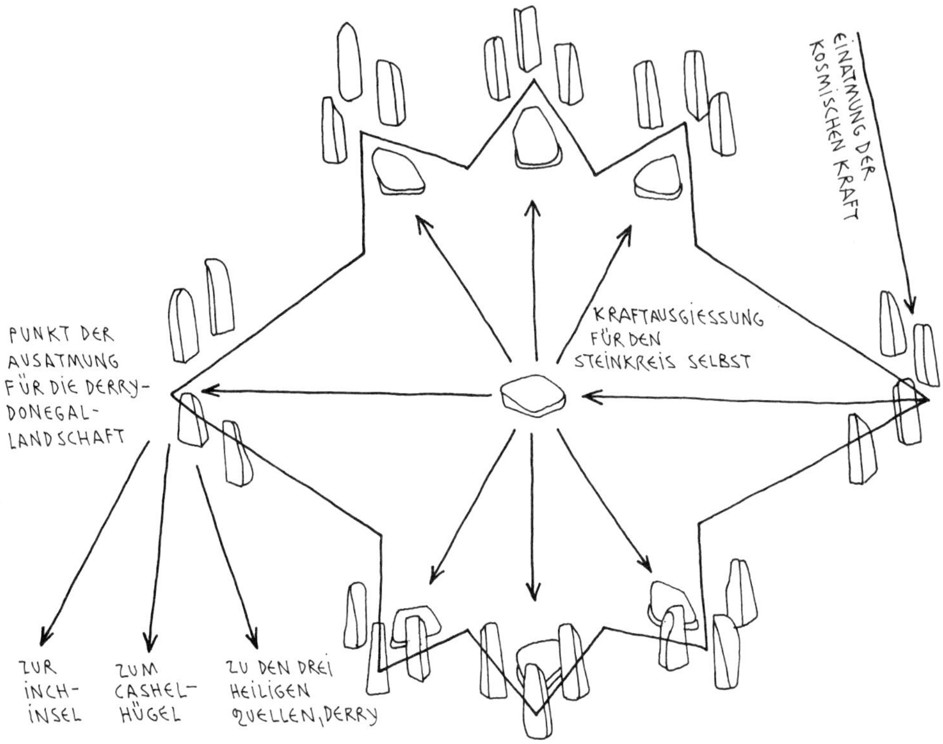

Das ursprüngliche Konzept des Bocan-Steinkreises.
Megalithische Kultur, Inishowen

Es ist weder den Kelten noch einer der anderen Übergangskulturen gelungen, der heiligen Landschaft eine entsprechende Kraftstruktur zu verleihen. Die Heiligtümer wurden immer weniger verstanden und verloren ihre Bedeutung – sie verkamen zu bloßem Schein. Von unserer Dimension aus werden diese heiligen Orte aber noch heute weiter geschützt, und wir helfen im Geheimen, daß sie weiterhin wirken können. Wenn das nicht so wäre, würde die Landschaft endgültig sterben.

Der Bocan-Kreis ist schon seit der keltischen Ära blockiert. Heftige Kämpfe wurden um diesen Ort geführt, und letztendlich wurde er von den Kelten begraben. Markos Vision entspricht der Wahrheit. Das Engelwesen, das für das Bocan-Heiligtum verantwortlich ist, macht große Anstrengungen, dem Land zu helfen. Es wirkt durch einen hauchdünnen Kanal, weil die Struktur auf der materiellen Ebene zerstört ist; mehr noch, an dem Platz herrscht eine absichtlich geschaffene energetische Verwirrung.

Ich wurde von Christopher erwähnt, weil ich in der Nacht nach dem Besuch des Bocan-Steinkreises am 6. April 1992 einen merkwürdigen Traum hatte, den ich sofort mit der Erfahrung des zerstörten Heiligtums in Verbindung brachte: Ich ging eine Hauptstraße entlang, die ich gut aus meiner Heimat kannte. Diesmal war sie aber überhaupt nicht passierbar, weil ein Mensch an einer Biegung, die eng zwischen zwei Reihen von alten Häusern verläuft, die Straßentrasse gekauft hatte, um sich dort eine private Wohnung zu bauen. Ich konnte einfach nicht weiter. Die einzige Möglichkeit wäre gewesen, mich durch das Bett des Eigentümers hindurchzuarbeiten*. So etwas wollte ich mir aber auf einer öffentlichen Straße nicht bieten lassen. Ich ging also zum Portier einer Fabrik in der Nähe, um zu fragen, ob es einen Umweg gebe. Er sagte, er wisse von keinem Umweg. Ich solle mich bei der Polizei informieren. Die Polizei gab zu, daß die Straße besetzt war, doch hätten sie dort auch keine Ahnung von einem möglichen alternativen Durchgang.

Unterstellt man nun, daß der Bocan-Kreis noch als Haupteinatmungspunkt für Nordirland fungiert, dann fließt die einströmende Kraft zwischen zwei kopfähnlichen Berggipfeln in der Mitte der Halbinsel Inishowen – sie heißen King und Queen Ban – hindurch zur Insel Inch in der Tiefe der Swilly Bucht. Dort wurde der Kraftstrom von einem polarisierten Landschaftstempel aufgenommen, der sich zwischen dem Gipfel des Inch-Top-Berges und dem heutigen Standort der Inch-Festung erstreckte.

Wie schon erwähnt, wurden die heiligen Orte der Landschaft häufig für militärische Zwecke benutzt, so auch die Felsformation an der nördlichen Spitze der Insel Inch, wo nach Angaben von Christopher Tragius einmal eine hohe und schlanke Steinnadel gestanden hat. Sie diente als Empfängerantenne für die Kraftimpulse vom Bocan-Steinkreis, wobei sie mit einer liegenden Steinplatte zusammenwirkte, die auf dem Gipfel des Inch-Top-Berges lag. Zusammen wirkten die beiden polarisierten Teile des Heiligtums so, daß sie die einfließende Kraft in eine Frequenz übersetzten, die den Schwingungen der Lebensprozesse im gesamten Raum Derry/Donegal entsprach.

Welch ein Glück, daß genau an dem Ort der ehemaligen Inch-Festung 1986 eine geistige Gemeinschaft gegründet wurde, die noch heute besteht. Hier lebt eine kleine Gruppe von Menschen, die sich der Vision einer friedlichen, auf geistigen Werten und der Zusammenarbeit mit der Natur beruhenden Welt verschrieben hat. Es handelt sich um das bereits erwähnte Maitheal-Zentrum, das genau auf dem Gelände der ehemaligen Festung angesiedelt ist.

Meine Frau Marika und ich wurden eingeladen, während der Arbeiten am Projekt dort zu leben und im Hof der Festung an den Lithopunktursäulen zu meißeln. Wir hatten also schon von Beginn an, wie ein Geschenk, die Möglichkeit erhalten, an dem Punkt zu schaffen, an dem das eigentliche Kraftsystem des Landes seinen anfänglichen Anstoß erhält.

Neugierig sind wir eines Sonntags auf den Inch-Top-Berg gestiegen, um zu sehen, ob es dort oben noch immer den liegenden Felsen gibt, den Christopher Tragius beschrieben hatte. Es war wie so oft in Irland, daß der Tag mit Sonnenschein begann, wir aber von einem Regensturm überschüttet wurden, noch bevor wir auf dem Berggipfel angelangten. Oben fanden wir ein kleines Plateau, auf dem künstlich ein Steinhügel angelegt ist, ein sogenannter neolithischer Cairn. Statt des liegenden Felsens hatte man auf dessen Spitze einen modernen geographischen Markierungsstein aus Beton gegossen. Nach einigem Suchen fanden wir schließlich den dreieckig geformten Felsen seitlich unterhalb des Gipfels liegen. Aufgrund sei-

* Mit diesem Bild wurde der »hauchdünne Kanal« angedeutet, von dem Christopher Tragius in der erwähnten Durchsage sprach.

ner ausgeprägten Sonnenausstrahlung* war er leicht als Teil der ehemaligen sakralen Anlage zu erkennen.

Die Steinnadel, die einst an dem Platz der heutigen Inch-Festung stand, hatte noch die zusätzliche Funktion, den Kraftstrom vom Bocan-Steinkreis in eine kreisförmige Bahn entlang dem östlichen Ufer um die Insel herumzulenken. Auf diese Weise gelangte die Strömung zu dem zweiten Kraftort der Insel Inch, zur Burg Inch an der Südseite der Insel. Wie sein Gegenstück am nördlichen Ufer wurde auch dieser Kraftbrennpunkt für militärische Zwecke seiner sakralen Funktion in der Landschaft beraubt. Auf dem Felsen, wo, Christophers Durchsage zufolge, ursprünglich ein Megalith lag, stehen heute die Ruinen einer mittelalterlichen Festung. Unweit davon befindet sich ein künstlich geschaffener Hügel, in dessen Längsgliederung ich die Gestalt einer riesigen liegenden Göttin erkenne.

Auf dem Hügel lagen einst drei Megalithe, die mit ihren Spitzen zum Himmel wiesen und einen Kreis bildeten. Sie hatten die Aufgabe, die vom Norden der Insel zuströmende Kraft im Bogen in einen Energiewirbel hineinzuziehen, den sie durch die Art ihrer Ausrichtung erzeugten. Dabei wurde der Kraftstrom so polarisiert, daß die Yang-Komponente durch den Wirbel nach oben befördert wurde, während das Yin-Element die Umkreisung der Insel entlang der Westküste fortsetzte bis zu dem Ort Strahan, der bereits in der Nähe des Maitheal-Zentrums liegt. Dort wird die Strömung durch die Komposition der Steine an der Stelle der heutigen Inch-Festung vom Gipfel des Inch-Top abgestoßen und in die schon bekannte Bahn gelenkt, die zwischen den zwei kopfähnlichen Berggipfeln, King und Queen Ban, zum Bocan-Steinkreis zurückführt.

Christopher erklärte uns, daß die Insel Inch als der Landschaftsbereich der Göttin der allumfassenden Ganzheit kraftmäßig als ein eigenes Universum beziehungsweise als eine vollkommen in sich geschlossene Einheit funktioniert. Die Kraftströmung, die durch den Bocan-Steinkreis eingeatmet wird, umkreist die Insel und kehrt wieder zum Bocan zurück. Die Insel bildet eine wunderbare Ganzheit**, die in meinen Augen zunächst fast ein wenig zu selbstbezogen im Hinblick auf die übrige Landschaft der Region wirkte.

Diese Selbstbezogenheit des jungfräulichen Bereiches wird aber dadurch überwunden, daß die an der Burg Inch wirbelartig aufsteigende männlich polarisierte Kraft – die ich als Yang-Kraft bezeichnet habe – durch Rituale in den ringförmigen Tempel des Berges Grianan hineingezogen wurde. Auf diese Weise nimmt die in sich geschlossene Einheit der Insel doch auch einen aktiven Anteil an den Lebensprozessen der ganzen Landschaft.

---

* Während meiner Untersuchungen in der Türnicher Kapelle habe ich entdeckt, daß den Symbolen der sieben Planeten im Bodenmosaik der Kapelle ein Zahlen- und Bewegungscode eingeschrieben ist, den ich an den Bewegungen meiner Drehwinkelsonde ablesen konnte. Mit Hilfe dieses Codes kann ich, wie am Inch-Top, feststellen, ob ein Stein oder Ort in Beziehung zu einem der sieben Planeten steht, wozu nach dem klassischen System auch Sonne und Mond gehörten.

** Zu dieser Ganzheit gehört noch das megalithische Heiligtum in der Mitte der Insel. Offiziell wird es als das Grab des Königs Ferguson bezeichnet; in Wirklichkeit stellt es aber eine vorzüglich erhaltene dreigliedrige Tempelstruktur dar mit zwei riesigen Felsen als Eingangspforte.

10 *Basilika Santa Maria della Salute mit der goldenen Kugel der Göttin Fortuna. Venedig.*

11 *Canal Grande mit der Basilika Salute im Hintergrund. Venedig.*

12 Silberne Halbmondscheibe an der Decke der Empore. Schloßkapelle Türnich. Franz Gillery, 1893.

13 Schloß Türnich. Rechts die Kapelle.

14 Blick in einen der künstlich angelegten Wassertunnel unter der Türnicher Schloßkapelle.

15 Drei aufrecht gesetzte Steine am Beaghmore Steinkreis, Nordirland, stellen die Ternität der Göttin dar: rechts die Jungfraugöttin Áine, in der Mitte die Muttergöttin Danu, links die Wandlungsgöttin Morrígan. Megalithische Kultur. (Zu den Farbabb. 15–31 vgl. Kapitel »Irland«.)

16 Reste des Bocan-Steinkreises. Megalithische Kultur, Inishowen, Irland.

17 Die Burg Inch mit dem künstlich erschaffenen Hügel im Hintergrund. Insel Inch, County Donegal, Irland.

18 Lithopunkturstein an der Festung Inch, Insel Inch, County Donegal, Irland, 1992.

19 Blick auf die Insel Inch vom Grianan-Berg. Im Vordergrund der Grianan-Lithopunkturstein. County Donegal, Irland, 1992.

20 *Der Grianan-Berg mit dem Heiligtum als Nabel auf dem Bauch der Göttin. County Donegal, Irland.*

21 *Das Grianan-Heiligtum, »Das Steinerne Haus der Sonne«: Trockenmauerwerk. Keltische Kultur, County Donegal, Irland.*

22 *Das Grianan-Heiligtum, innen nach Art eines Amphitheaters gestaltet, war zentraler Ort für Rituale. Keltische Kultur, County Donegal, Irland.*

23 Das Kosmogramm auf dem Lithopunktturstein für den Cashel-Hügel, County Donegal, Irland, 1992 (oben).

24 Der Moulldre-Felsen bezeichnet den Brennpunkt der Wandlung am Cashel-Hügel. Megalithische Kultur, County Donegal, Irland (links).

25 Castle-Hügel mit der Ruine des Schlosses Burt, County Donegal, Irland (unten).

26 Lithopunktursteine am Ort der Drei Heiligen Quellen, Derry, Nordirland, 1992.

27 Der Ballaun-Stein, einstiger Zeuge der Megalithischen Kultur, später eingemauert in die Kalvariendarstellung an der Long Tower-Kirche in Derry, Nordirland.

28 Der »Krönungsstein« mit den Fußabdrücken. Megalithische Kultur, Derry, Nordirland.

29 *Lithopunktursteinam Altnagelvin-Krankenhaus, Derry, Nordirland, 1992 (links).*

30 *Eines der Bronzeplättchen, die vom Autor an den Akupunkturpunkten der Stadt Derry in das Straßenpflaster eingelassen wurden; hier: New Gate, 1992 (oben).*

31 *Aufrecht stehender Stein in Dungiven, der den Verlauf der Ley-Linie zwischen dem Bocan-Steinkreis und den Mourne-Bergen bezeichnet. Megalithische Kultur, Nordirland (unten).*

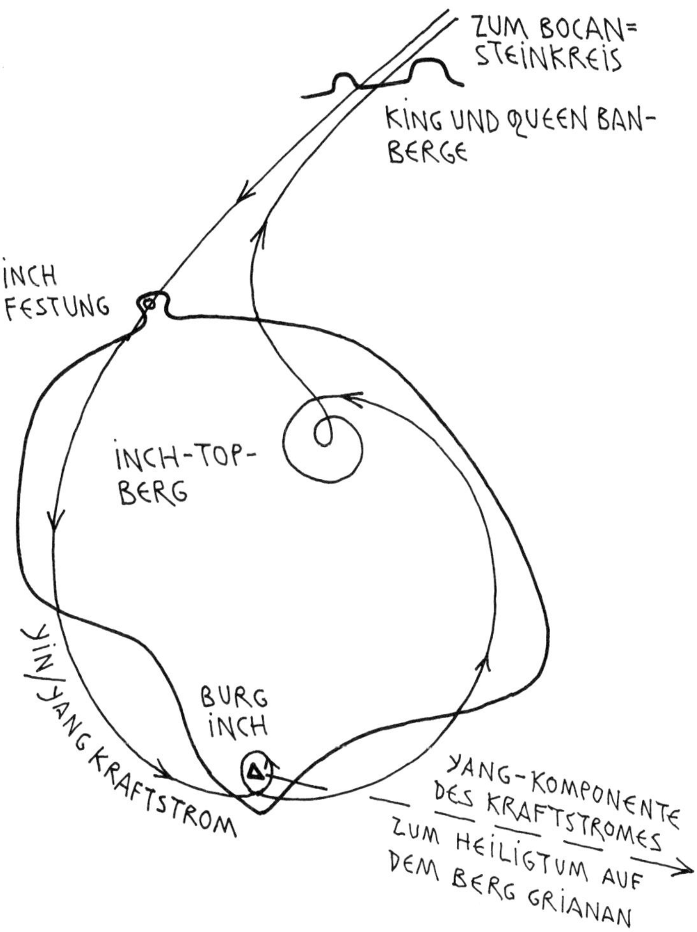

Der in sich geschlossene Kraftstrom der Insel Inch

Im Tempel des Berges Grianan, der das mütterliche Zentrum des Landes darstellt, ist die weibliche Yin-Kraft konzentriert, die aus zwei Richtungen herbeiströmt, vom Cashel und vom Holy-Well-Hügel. Sie tritt in einen Austausch mit der von der Insel Inch herangezogenen Yang-Kraft. Aus der Vereinigung der beiden Polaritäten werden die Lebensimpulse geboren, die alle Wachstums- und Entfaltungsprozesse im Land fördern. Die Beziehung zwischen der Insel Inch und dem Berg Grianan ist aus drei Gründen lehrreich für das Verständnis, wie die drei Aspekte der Lebenskraft durch die Rhythmen der Landschaft verkörpert werden. Zum einen zeigt sich, wie die männlichen Kräfte aus der Ganzheit der jungfräulich gestalteten Insel Inch hervorgehen. In diesem Zusammenhang sei an die alljährliche Krönung des Dogen von Venedig durch die Frauen des San-Zaccaria-Klosters erinnert oder an die mit dem neugeborenen Christus im Schoß dargestellte Jungfrau Maria-Sophia. Zweitens kommen die lebenstragenden Impulse in der Landschaft dadurch zustande, daß im Grianan, dem mütterlichen Tempel des Landes, die von der Burg auf der Insel Inch aufsteigenden männlichen Kräfte sich mit dem weiblichen Pol vermählen. Dieser Vorgang, der ein entscheidendes Merkmal der Göttin der Lebensfülle ist, findet seinen rituellen Ausdruck in der Heiligen Hochzeit des Hochsommers.

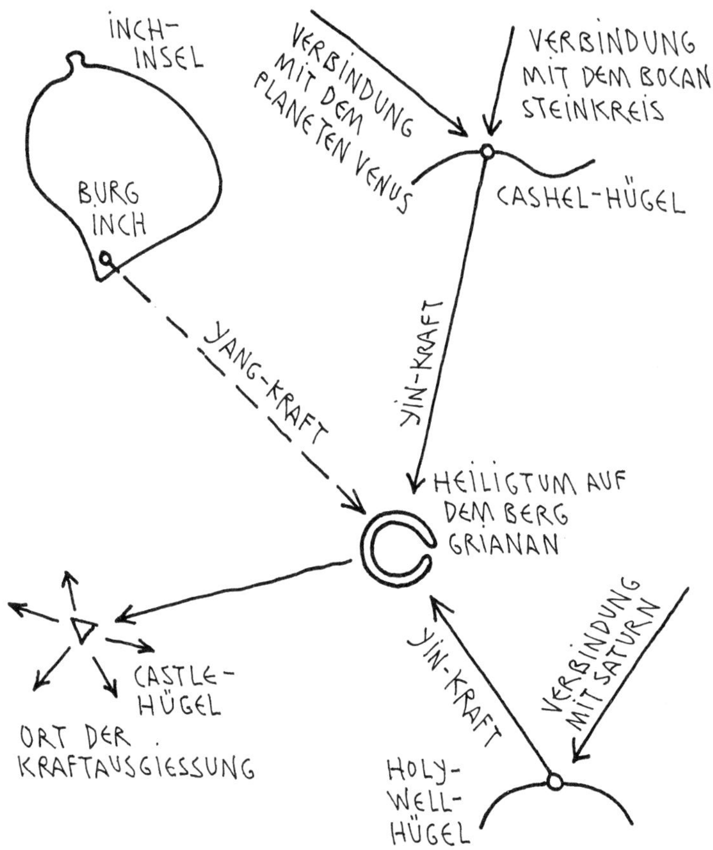

Die Funktionen des Grianan-Landschaftstempels. Megalithische Kultur, Donegal

Das dritte inspirierende Element in diesem Bezugssystem ist die unumgängliche Rolle, die die menschliche Kultur in dem Prozeß der Vermählung der beiden Pole durch alljährlich wiederholte Rituale spielte. Die verwirbelte, in den Himmel aufsteigende männliche Kraft an der Burg Inch hätte sich nutzlos im Nichts verloren, erklärte Christopher, wäre sie nicht durch das bewußte Wirken der Menschen während der Rituale zu Ehren der Göttin Danu, die mit Gesang und Tanz gefeiert wurden, zur Vermählung in das Grianan-Heiligtum angezogen worden.

Es ist also eine Illusion zu glauben, die Landschaft würde mit derselben Intensität und Fülle atmen und die Voraussetzungen für die Entwicklung der menschlichen Kultur anbieten, wenn nicht wir Menschen selbst aktiv am Prozeß ihrer ständigen Erneuerung mitwirken. Zwar haben, so fügte Christopher hinzu, in den Epochen, als die Menschheit stufenweise das Bewußtsein über die tieferen Zusammenhänge in der Landschaft verlor, die Landschaftsengel teilweise die frühere Funktion der Menschen übernommen. Sie können sie aber nur bruchstückhaft erfüllen, da sie nicht wie der Mensch die Fähigkeit haben, durch Körper und Bewußtsein die materielle und die geistige Ebene zu verbinden und dadurch das Eintauchen der geistigen Kräfte in die irdische Sphäre wie auch den Aufstieg in umgekehrter Richtung zu ermöglichen.

Der volle Name des Grianan-Heiligtums ist Grianan Aileach, »das steinerne Haus der Sonne«. Darin mag die Erinnerung gespeichert sein, daß die Rituale im Zusammenhang mit den alljährlichen Wendepunkten im Lauf der Sonne gefeiert wurden. Auf diese Weise, so Christopher, wurde für alle Phasen des Lebenskreislaufes in der Landschaft gesorgt und gleichzeitig für die Ganzheit der seelischen Entwicklungsprozesse im Innern jedes Menschen, der an den Festen teilnahm. Die Frühjahrstänze waren nach dem Vorbild des Vogels gestaltet: Die Tänzer und Tänzerinnen ahmten den Flug der Vögel nach als Symbol für die Befreiung und Wiedergeburt. Der Sommer wurde begrüßt mit Liebesliedern und mit dem Ritual der Heiligen Hochzeit. Gefeiert wurde die Liebe, die Früchte hervorbringt. Der Herbst galt als die Zeit der beginnenden Wandlung. Die Kräfte des Lebens und der Liebe haben sich in eine Frucht verwandelt. Daher stand im Mittelpunkt dieses Rituals der Tanz der Kinder, die einst zu Greisen werden würden. Die Festlichkeiten zum Winterbeginn bezogen sich auf Schlaf und Träume. Sie sollten der Natur zu einem schönen Schlaf verhelfen und die Träume der Menschen sollten *nach Schönem riechen*. Der Schlaf symbolisiert auch die Art und Weise, wie der Mensch körperlich zwar passiv, geistig aber aktiv das Labyrinth der Wandlungsprozesse durchlebt. Der Klang der Winterfestlichkeiten war kalt und voller Klirrtöne, die helfen sollten, die Todesangst zu vertreiben. Im Zentrum der Energiespirale wurde symbolisch ein Sonnenstrahl empfangen und die Sonne gebeten, sich nicht zu weit zu entfernen: *Sonne geh nicht zu weit weg. Wir brauchen dich. Bleibe bei uns.**

Zusätzlich wurden während jedes Jahreszeitenrituals die notwendigen kultischen Handlungen ausgeführt, die zur Anziehung der männlichen Kräfte von der Insel Inch dienten. Diese fanden allerdings nicht innerhalb des Steinheiligtums selbst statt, sondern im Bereich zweier elipsenförmiger Erdwälle, die in einem gewissen Abstand das Heiligtum umgeben. Wenn man den Bereich sorgfältig betrachtet, kann man die leichten Ausbuchtungen der beiden Wälle noch heute erkennen. Die Anrufungen der Yang-Kräfte wurden nur von einem kleinen Kreis, den Weisesten und Geklärtesten der Gemeinschaft, ausgeführt.

Um seine Rolle als Mutterleib für die Landschaft von Donegal/Derry zu erfüllen, wurde der Berg Grianan mit einer entsprechenden Landschaftstempelstruktur versehen. Nördlich und östlich des Grianan liegen zwei Hügel, die mit Eierstöcken zu vergleichen sind. Der nördlich gelegene Cashel-Hügel ist schwingungsmäßig mit dem Planeten Venus verbunden, und seine Yin-Kraft hat jungfräuliche Qualität; die vom westlich gelegenen Holy-Well-Hügel zuströmende Energie hat eine Beziehung zu Saturn und damit die Qualität der Wandlung. Im Schoße des Grianan-Heiligtums werden die beiden weiblichen Ströme mit der männlichen Schwingung von der Insel Inch vereint und befruchtet. Das »Kind«, das aus dieser Heiligen Hochzeit geboren wird, manifestiert sich in Form der lebensanregenden Ströme, die sich aus dem heute nicht mehr vorhandenen Landschaftstempel auf dem Castle-Hügel, südlich des Grianan-Berges, nach allen Richtungen in die Landschaft ergießen.

Den wunderschön abgerundeten Castle-Hügel, auf dessen Gipfel heute die Ruine der Burg Burt steht, habe ich schon anfangs als Beispiel für einen späteren

* Zitate nach Christopher Tragius

Mißbrauch eines heiligen Ortes erwähnt. Heute ist der Platz mit der klaffenden Ruine düster und leer. Christopher zufolge hatte der ursprüngliche Tempel an diesem Platz die Form von drei senkrecht stehenden Steinen, die von einer Felsplatte bedeckt waren.

Von dieser Anlage gingen in regelmäßigen Zeitabständen Signale aus, die alle Kraftbrennpunkte in der weiten Landschaft zu einem einzigen Kraftorganismus verbanden. Um diese lebensfördernden Impulse zu empfangen, wurden an entsprechenden Punkten in der Landschaft Antennen in Form von jeweils einem breiten pyramidenförmigen (Yin) und einem hohen vertikalen (Yang) Megalithen aufgestellt. So wurde über das Heiligtum auf dem Castle-Hügel dem ganzen Land die Ausgießung aus dem Grianan-Tempel zuteil. Es handelt sich dabei um Lebenskraftimpulse, die durch die gegenseitige Befruchtung der weiblich-männlich polarisierten Energien zustandekommen und die als Nahrung für die Erde und das Leben der Natur dienen. Sie geben der Erde die Kraft und die geistige Nahrung, um zu leben und zur Schöpfung beizutragen.

Ein besonderer Impuls der Ausgießung vom Castle-Hügel fließt dem dritten Bereich der die Göttin verkörpernden Landschaft zu, genauer gesagt, den Drei Heiligen Quellen am Fuße des Hügels, auf dem die Stadt Derry steht. Hier ist der Mittelpunkt des Bereiches der Wandlungsgöttin, der sich von dort aus östlich in einer Kette von Landschaftstempeln in Richtung Dungiven erstreckt. Die Schlüsselrolle des Dreiquellenortes für die Landschaft von Donegal/Derry hatte sich schon in meinem Traum gezeigt, in dem ich die Landschaftsgöttin auf meinen drei Fingerspitzen in der Luft balancierte. Diese Tatsache hat mir auch die Beschreibung durch Christopher Tragius bestätigt. Orte der Wandlung sind Plätze, an denen der Mensch befreit von aller Gespaltenheit die Ganzheit erfährt, dort kehrt die Kraft zu ihrem Ursprung, in die Unendlichkeit zurück. Dort finden wir die göttliche Dreiheit ungeteilt im Zustand der ununterbrochenen Offenbarung.

An diesem erhabenen Platz, wo heute eine Reihe von seelenlosen Wohnhäusern aus den sechziger Jahren steht und nur eine Wasserpumpe an die Quelle des Hl. Columba erinnert – die Quellen der Heiligen Martinus und Abdonman sind vergessen –, standen einmal drei aufgerichtete Steine im Dreieck. Der eine, Áine als der Göttin der Ganzheit gewidmet, bezeichnete die Geburt, der zweite, der Göttin Danu geweiht, die Lebensfülle, und der dritte, der Wandlungsgöttin Morrígan gewidmet, die Unendlichkeit. Zwischen den drei Steinsäulen lagen zwei flache Steine, von denen ich den Ballaun-Stein mit seinen drei Vertiefungen schon ausführlich beschrieben habe. Aus der Inschrift an der Seite des Steines geht hervor, daß der Stein bis ins 19. Jh. an den Drei Heiligen Quellen lag und erst 1897 zur Long-Tower-Kirche hinübergebracht wurde.

Den zweiten flachen Stein hatten Marika und ich schon im Oktober 1991 im Garten einer Schule für Behinderte in Pennyburn, einer Vorstadt von Derry, gefunden. In seine Oberfläche sind zwei Fußabdrücke eingemeißelt. Der Stein war in den letzten Jahrhunderten für die Krönung der örtlichen Könige benutzt worden, die beim Zeremoniell mit den Füßen in den Abdrücken standen, während sie auf die Krone warteten. Man nennt ihn den Aileach-Stein.

Als ich mich versuchsweise in der Position der zu krönenden Könige mit den Füßen in die Vertiefungen hineinstellte, stellte ich nach einer gewissen Zeit überrascht fest, daß sich jeder Fuß anders anfühlte. Danach habe ich abwechselnd den einen oder den anderen Fuß angehoben, um auf einem Bein stehend besser zu erspüren, worin der Unterschied bestand. Es war offensichtlich, daß die linke, der Sohle nachgebildete Vertiefung aktiv wirkte, während die andere neutral war. Als ich die Drehwinkelsonde in der Hand hielt, um den entsprechenden Zahlencode abzulesen, ergab sich beim linken Fuß der Code 21, der nach dem Schlüssel aus der Türnicher Kapelle den Einfluß des Saturn darstellt, und bei dem rechten ein vollständiges Ruhen, wobei der Druck auf dem linken Bein fast unangenehm stark wurde. Sobald ich aber wieder auf beiden Füßen stand, war die Schwingung des Saturn wunderbar ausgeglichen.

Immer wieder machte ich bei meinen Untersuchungen von Landschaftstempeln die Erfahrung, daß die Plätze oder sakralen Objekte, die mit der Göttin der Wandlung oder mit Wandlungsprozessen verbunden sind, die Saturn-Schwingung aufweisen, genau wie der Aileach-Stein. Vermutlich wurde er schon lange vor dem Ballaun-Stein von seinem ursprünglichen Platz an den Heiligen Quellen entfernt, da er sich für das Krönungsritual eignete. In Wirklichkeit müßten beide Steine, der Aileach- und der Ballaun-Stein, an den drei Quellen liegen, da sie mit den Finger- beziehungsweise Fußabdrücken die Voraussetzung für eine geistige Einweihung boten, bei der der Mensch auf dem einen stand, während er den anderen mit den Fingerkuppen berührte.

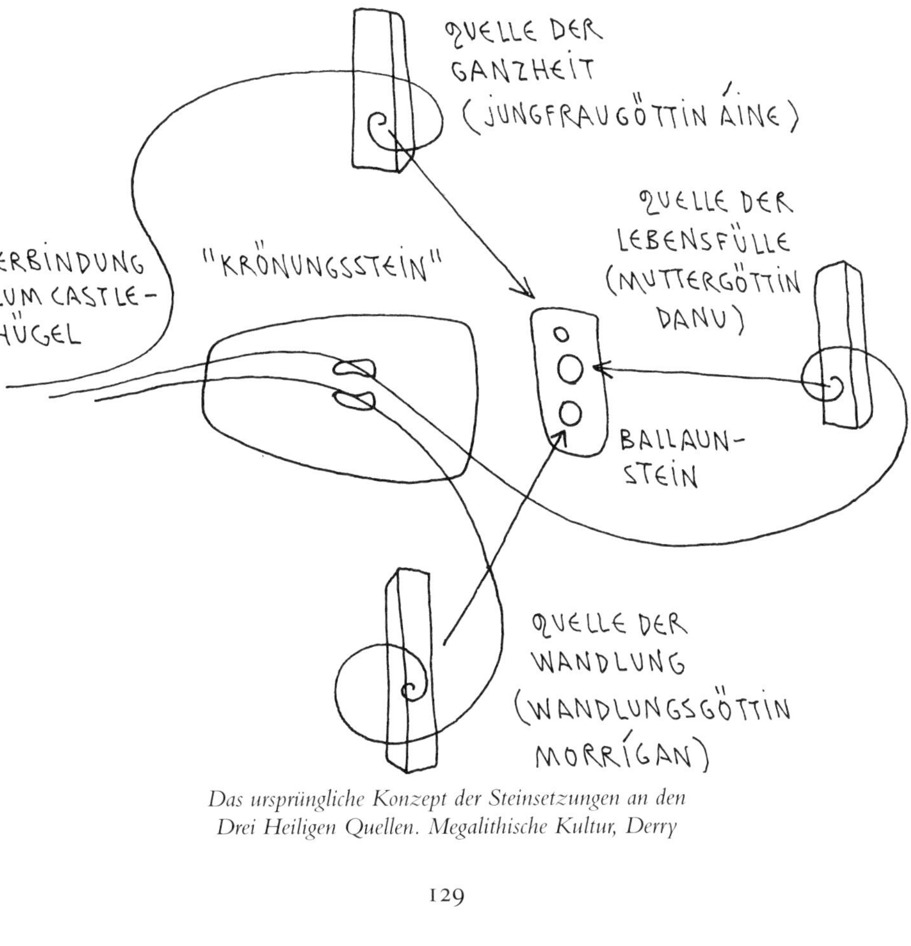

Das ursprüngliche Konzept der Steinsetzungen an den Drei Heiligen Quellen. Megalithische Kultur, Derry

Christopher gab uns dazu noch folgende Erläuterung:
Wenn sich der Mensch auf den Aileach-Stein zwischen die drei Göttinsäulen stellte, wurden die Kraftströme, die spiralförmig um die drei Steinsäulen kreisten, automatisch umgelenkt und in die drei fingerkuppenartigen Vertiefungen im Ballaunstein geleitet. In dem Augenblick, da der Einzuweihende den Stein mit seinen drei Fingerspitzen berührte, erkannte er sich blitzartig als Teil der allumfassenden Ganzheit. Das war die direkteste Art, wie der durch die Inkarnation aus der Ganzheit ausgesonderte Mensch sich als ein Teil der Ganzheit erfahren konnte. Der heutige Mensch sucht dieses Einswerden mit dem Ganzen sein Leben lang.
Das System zur Selbsterkenntnis, wie es in jener frühen Epoche an den Drei Heiligen Quellen verwirklicht war, wurde zerstört, als die neue Art der Wahrnehmung es dem Menschen nicht mehr erlaubte, in einen so unmittelbaren Kontakt mit sich selbst als Ganzheit zu treten. So kam es, daß die Steinskulpturen, die einst die dreifache Quelle gebildet hatten, von der neuen Kultur weit verstreut wurden. Das System ließe sich heute teilweise wiederaufbauen, aber nicht mehr in einer so vollständigen Funktion, wie es sie einst besaß, weil ihr Menschen nicht reif seid für die Wirkung des Systems auf einer so hohen Ebene. Den drei Quellen sollte man die Funktion des Nabels für die Landschaft wiedergeben. Die vollständige ursprüngliche Funktion soll aber nicht wiederhergestellt werden, weil sie im Gegensatz zu der Aufgabe des modernen Menschen in seinem Erdenleben steht. Wenn die Selbsterkenntnis wieder auf eine so einfache Weise erreicht werden könnte, wäre das Leben mit all seinen unzähligen Aufgaben für euch gar nicht mehr nötig. Die drei stehenden Steine (die durch unser Lithopunkturwerk wiederaufgestellt werden) *sollen wieder die Rolle der spiralförmigen Verwirbelung der Kraftströme, die aus der Richtung des Castle-Hügels zufließen, übernehmen. Die Wirbel sollen aber nicht mehr zum Ballaun-Stein geleitet werden, sondern in die Stadtlandschaft von Derry.*

Die Kosmogramme der drei Kräfte der Göttin: Ganzheit, Lebensfülle, Wandlung (von links nach rechts), eingemeißelt in die drei Lithopunktursteine an den Drei Heiligen Quellen, Derry, St. Columb's Wells, 1992

Der Wandlungsbereich des Landschaftstempels Derry/Donegal ist jedoch umfangreicher als der Hügel, auf dem der Stadtkern von Derry steht. Es gehören noch Kraftorte am anderen Ufer des Flusses Foyle dazu, im Park des Hl. Columba und auf dem Corrody-Hügel. Von dort verläuft die Kraftströmung über den Bereich des Altnagelvin-Krankenhauses, teilt sich in der Richtung des Gortica- und des Gortnessy-Hügels und vereint sich wieder am Ballygroll, um schließlich bei Dungiven in den großen Atmungsstrom Nordirlands einzufließen, der zwischen dem Bocan-Kreis im Norden und den Mourne-Bergen im Südosten verläuft.

Die Dreigliederung der Landschaft, die ich bislang beschrieben habe, stellt eines der drei Kraftsysteme dar, durch die die Landschaft auf der seelischen Ebene belebt wird und durch die sie ihre Identität bewahrt. Hinzu kommen noch zwei weitere Systeme, die ich als das Wasser- und das Atmungssystem bezeichnen würde.
Christopher Tragius hat uns Entscheidendes über die Bedeutung der Wassersysteme eröffnet: Nach der stufenweisen Zerstörung der von den neolithischen Kulturen erbauten Kraftsysteme blieben die Flüsse oft die einzige Möglichkeit, durch die sich die Kraftströme der Landschaft weiterhin manifestieren konnten. So hatte der Fluß Foyle noch bis zur Industrialisierung der Landschaft eine entscheidende Funktion für die Region Derry/Donegal inne; dies galt um so mehr, als seine Wasser einst auch die Hügelinsel von Derry umflossen und unmittelbar mit dem Schlüsselpunkt, den Drei Heiligen Quellen, in Berührung kamen. In den letzten Jahrhunderten ist aber auch der Fluß durch seine praktische Nutzung und Ausbeutung eingeengt worden, so daß selbst dieser letzte Reservekanal für die Atmung der Landschaft weitgehend verlorenging. Man müsse ihn unbedingt wiederbeleben.
Zu diesem Punkt hatte ich auch schon eigene Erfahrungen gemacht. Der Fluß Foyle hatte mich bereits bei meinem ersten Besuch des Landes im März 1991 interessiert, da nach der keltischen Mythologie Irlands die Mündung des Foyle in den Atlantik den Eingang in die Unterwelt darstellt. In den patriarchalisierten keltischen Vorstellungen wird sie als das Königreich des Manannan Mac Lir bezeichnet. Nachdem ich aber Derry als den Bereich der schwarzen Göttin der Wandlung erkannt hatte, die nach alter Tradition ihren Sitz in den Tiefen der Erde oder des Meeres hat, wurde mir der Zusammenhang mit dem Eingang zur Unterwelt, jenseits der mythologisch späteren Schicht verstehbar. Hinzu kommt, daß der Sitz der schwarzen Göttin der Tuatha-Dé-Danann-Kultur, der Morrígan, in der Meerestiefe lag – in Form einer wundersamen, von Glas umgebenen Paradieswelt.*
Eines Tages, während meines ersten Besuches, hatte ich mir vorgenommen, ein inneres Gespräch mit Foyle zu führen. Ich konnte aber im Bereich der Stadt kein Fleckchen Ufer finden, wo ich in eine unmittelbare Berührung mit dem Fluß hätte kommen können. Alles ist verbaut und zubetoniert. So mußte ich kilometerweit in Richtung Mündung gehen, um schließlich jenseits der Häfen zu einem Stückchen Ufer zu gelangen, wo kein Hindernis zwischen mir und dem Fluß bestand. Lange habe ich mich bemüht, einen Kontakt herzustellen, aber es gab keine Rückmeldung von der anderen Seite. Ich wollte schon meinen Versuch aufgeben, als ich mit dem inneren Auge eine Gestalt bemerkte, die sich mit größter Mühe aus den Gewässern erhob und auf ihren mit einem Tuch fest zugebundenen Mund deutete. Ich verstand die Geste so, daß die Blockade so stark ist, daß es keine Kommunikation mehr gibt. Dem Fluß ist jede Ausdrucksmöglichkeit seiner selbst genommen. Ich bestand aber darauf, wenigstens einen Hinweis zu bekommen, wo sich die Blockade befindet. Danach tauchte die Seele des Flusses noch einmal auf und wies stumm zum Stadtzentrum von Derry, das um die Kathedrale herumgruppiert ist. Der Ort also mit den Drei Heiligen Quellen, der einst als ein Segen

* Im Bewußtsein unserer Kultur ist die glasumgebene Wunderwelt der Morrígan oder Morgana nur noch in dem Begriff der »Fata Morgana« erhalten geblieben. Damit wird aber nicht mehr eine Wirklichkeit, sondern genau umgekehrt, eine Illusion bezeichnet.

für den Fluß in dessen Mitte gestanden hatte, war zu einem massiven Hemmnis geworden – fest geschmiedet aus entfremdeten menschlichen Gedanken, Gefühlen und Tätigkeiten.

Nun fehlt nur noch das dritte Kraftsystem der Landschaft auf der Seelenebene: das Atmungssystem. Bei der anfänglichen Betrachtung der Landschaft von Derry/Donegal habe ich von dem zerstörten Bocan-Steinkreis gesprochen, der den zentralen Einatmungspunkt für Nordirland darstellt. Es gibt aber auch kleinere Einatmungspunkte. Sie verteilen sich in allen Größenordnungen über die Landschaft: von der Landesebene bis hin zu jedem einzelnen Garten. Das Gleiche gilt natürlich für die zugehörigen Ausatmungsstellen.

Einatmungsbereiche sind höchst sensible Plätze mit der Fähigkeit, ganze Spektren von kosmischen Energien zu empfangen. Man kann sie aber nicht mit einem Gefäß vergleichen, das wahllos alle Energien in sich aufnimmt, vielmehr wirken sie als auswählende Filter, die nur bestimmte Energien anziehen und durchfließen lassen, die die betreffende Landschaft oder das Land braucht, um auf der geistigen Ebene das zu sein, was ihrer/seiner Identität entspricht. Nur diese selektiv angezogenen kosmischen Kräfte werden dann durch die Energiestrukturen dieses Bereiches zirkuliert. Deshalb ist jeder der Landschaftstempel an den Einatmungsplätzen anders gestaltet. Sie dienen dem Kontakt mit dem Kosmos und stellen gleichzeitig den Filter für die Differenzierung der einströmenden Kräfte dar.

Die kosmische Kraft, die durch einen Einatmungstempel empfangen wird, wird anschließend entlang dreier Linien durch die Landschaft geführt, die der weißen, roten und schwarzen Kraft der Göttin entsprechen. Die Verzweigungen dieses Verteilersystems wurden uns von Christopher am Beispiel der Landschaft von Derry/Donegal erklärt. Die wichtigste unter ihnen ist die mittlere rote Linie, die die Achse jedes Systems darstellt. Bei der besprochenen Landschaft verläuft sie vom Einatmungspunkt des Bocan-Steinkreises durch das Grianan-Heiligtum und weiter südlich zu dem berühmten Beltony-Steinkreis, der den äußersten Punkt der Ausdehnung des Kraftorganismus der Landschaft von Derry/Donegal bezeichnet, den kosmischen Ausatmungspunkt. Durch die Ausatmung am Beltony-Kreis in der Nähe von Raphoe wird das Atmungssystem dieser Landschaft abgerundet.

Im Strom der Ausatmung, der zwischen Erde und Kosmos verläuft, sind alle Erfahrungen und Informationen enthalten, die gesammelt werden, während der Atemzug durch die ganze Landschaftsstruktur zieht und dabei alle grundlegenden Kraftbrennpunkte durchströmt. Entscheidend ist dabei die beim Durchfließen des Atems vom Ein- zum Ausatmungspunkt zustandegekommene Interaktion zwischen der durchfließenden Kraft und den Lebewesen der Erde, der Natur und der menschlichen Kultur, die das entsprechende Land bewohnt. Die Erfahrungen, die dabei in Form bestimmter Schwingungsfrequenzen gesammelt werden und die für jedes Land eine eigene Qualität besitzen, werden in den Kosmos ausgeatmet; sie stellen gewissermaßen das Geschenk dar, das dieses Land den anderen Teilen unseres Universums anbietet, um irgendwo, wo immer sie gebraucht werden, wieder eingeatmet zu werden.

Der Beltony-Steinkreis ist eines der wenigen neolithischen Heiligtümer in dieser Gegend, das noch vollständig erhalten ist. Er besteht aus einem dicht angelegten Kreis von 66 stehenden Steinen, der durch einen außerhalb des Kreises stehenden Felsen und durch einen weiteren Stein innerhalb des Kreises im Gleichgewicht

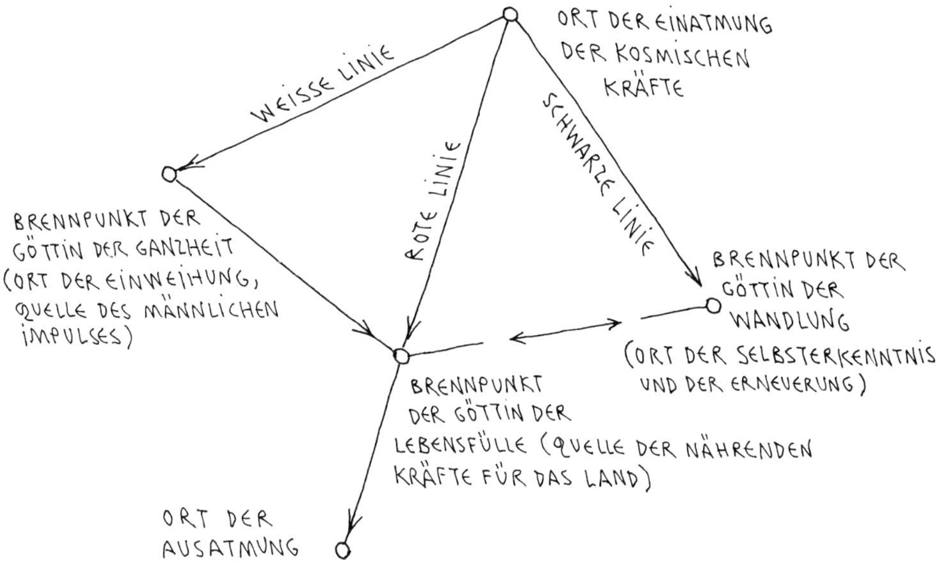

Allgemeines Konzept eines Landschaftstempels, nach den Aussagen von Christopher Tragius von 1992

gehalten wird. Bei dem inneren Stein konnte ich die Schwingung des Planeten Venus wahrnehmen, beim Kreis die der Sonne und bei dem außerhalb stehenden die Frequenz des Saturn. Nach meiner Bestimmungsmethode verkörpert der erste die Kräfte des weißen Aspekts, der Kreis die des roten und der äußere Stein die des schwarzen Aspektes der Göttin. Alle drei Aspekte werden an dem Ausatmungsort gebraucht, damit das gesamte dreiteilige Spektrum der Kräfte, die mit jedem Atemzug die Landschaft durchströmen, ausgeatmet werden kann.

Als ich mit Marika den Beltony Ring besuchte – er steht auf dem Gipfel eines mittelhohen Hügels – fielen uns am Abhang einzelne, etwa 140 cm hohe Steine auf, die unauffällig zwischen den Schafweiden verstreut sind. Unter ihnen fanden wir sogar einen pyramidenförmigen Stein aus reinem Quarzkristall. Diese Steine hatten offensichtlich etwas mit der Ausbreitung des Atmungsstromes durch die umgebende Landschaft zu tun. Wie Christopher uns später erklärte, dienen sie dazu, die Ausatmungssignale in bestimmte Richtungen der Landschaft zu verteilen. Jeder Stein besitzt eine energetische Struktur, die die Richtung sowie die Absicht der Signale bestimmt, die in dieser Richtung reisen. Die Ausatmung verläuft nicht nur einseitig von der Erde zum Kosmos, sondern sie fließt auch in einer Art Rückkoppelung zurück in die Landschaft.

Die beschriebenen Kraftsysteme der Landschaft auf der seelischen Ebene unterscheiden sich wesentlich von den Kraftsystemen auf der sogenannten ätherischen Ebene*, von denen die bekanntesten die Wasser- und die Ley-Linien sind. Die Wasserlinien sind Kraftströme, die gewöhnlich die unterirdischen Wasserläufe begleiten. Durch ihre starke Yin-Ausstrahlung haben sie einen Einfluß auf die entsprechenden Zonen der Erdoberfläche. Die Ley-Linien hingegen haben einen feu-

* Vgl. hierzu meine Ausführungen in *Die Erde heilen.*

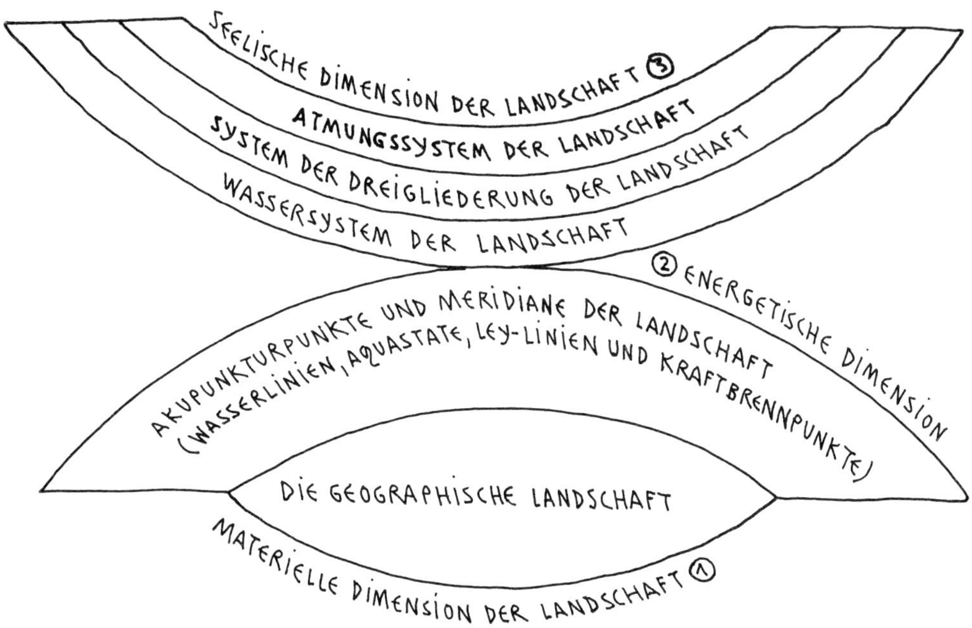

Konzept der materiellen, energetischen und seelischen Dimensionen einer Landschaft

rigen Charakter und dienen als Verteiler der kosmischen Kraft durch das Lebensgewebe der Erde. Sie verlaufen relativ geradlinig – aber nicht im rechten Winkel zueinander – über Strecken von mehreren hundert Kilometern, wobei sie sich den geografischen Formationen der jeweiligen Landschaft anpassen.

Die Kraftsysteme auf der ätherischen Ebene gehören zur materiellen Gestalt des Planeten als dessen belebende Kräfte. Sie haben also einen indirekten Bezug zur Raum- und Zeitdimension, weshalb man sie radiästhetisch wahrnehmen und ihren Verlauf in der Landschaft genau bestimmen kann.

Die Kraftsysteme auf der seelischen Ebene – die Dreigliederungs-, Wasser- und Atmungssysteme – sind jedoch geistig erschaffene System. Sie wurden ursprünglich von den geistigen Hütern des Planeten angelegt, um die Erde zu befähigen, die Evolutionen der Natur und des Menschen aufzunehmen und zu fördern. Sie wurden von der neolithischen Kultur des Alten Europa* als erstes wahrgenommen und durch das Netzwerk der Landschaftstempel und deren sakrale Nutzung in der Raum- und Zeitdimension verankert.** Die nachfolgenden indoeuropäischen Kulturen haben diese Systeme im Zuge der Eroberungen der europäischen Landschaften teilweise zerstört, teilweise wurden sie später im Laufe einer zunehmenden Verschmelzung der alten mit der vom Osten eingedrungenen Kultur wieder

* Nach Marija Gimbutas lassen sich die Kulturen, die dieses Werk in Mittel- und Nordeuropa vollbrachten, zwischen dem 6. und 3. Jahrtausend v. Chr. ansiedeln. Vgl. *The Civilization of the Goddess.*

** In Ländern, die reich sind an Steinbrüchen, hat man die Kraftorte mit Steinsetzungen bezeichnet, in anderen Fällen durch Erdwälle und Wassertümpel. Auch hat man sie als Naturhaine geehrt und durch Prozessionswege belebt. Gewöhnlich stellt ein Landschaftstempel eine Kombination aus allen drei Elementen dar.

integriert. Diese Verstümmelung der Kraftsysteme, verbunden mit den dramatischen Bewußtseinsveränderungen, wie ich sie im Zusammenhang mit der Enthauptung der Gorgo Medusa beschrieben habe, führten schließlich in den letzten Jahrtausenden zu einem fast vollständigen Vergessen und zur Vernachlässigung der Pflege der energetischen und seelischen Dimensionen der Landschaft.

Die Tatsache, daß die Kraftsysteme der Landschaft auf der ätherischen und der seelischen Ebene einen unterschiedlichen Ursprung haben, bedeutet aber nicht etwa, daß sie nicht zusammengehören und zusammenwirken. Sie sind weitgehend aufeinander abgestimmt. So manifestieren sich zum Beispiel die Brennpunkte des Atmungssystems der seelischen Ebene häufig an den Kreuzungspunkten der Kraftlinien des ätherischen Systems. Der Bocan-Steinkreis wiederum ist über einer starken Kreuzung von Wasserlinien errichtet worden, der Beltony-Ring über einer Kreuzung von drei Ley-Linien.

Der Zusammenhang zwischen der materiellen, der ätherischen und der seelischen Dimension der Landschaft läßt sich auf besonders anschauliche Weise am Bild eines Backofens aufzeigen. Der Ofen selbst als eine Hülle, die das Backen von Brot ermöglicht, steht für die materielle Ebene beziehungsweise die Raum- und Zeitdimension. Im Ofen wird Feuer gemacht, um Hitze zu erzeugen, die den Prozeß des Backens ermöglicht. Die ätherischen Systeme der Landschaft entsprechen diesem Feuer und erzeugen eine solche »Hitze«. Schließlich wird in dieser Hitze das Brot gebacken, wodurch der Sinn des Ofens und der Hitze erfüllt und das Leben genährt wird. Das Brot symbolisiert hier die seelischen Kraftsysteme und verweist auch auf die entscheidende Bedeutung dieser Systeme für alle Lebensbereiche der Erde, einschließlich des Menschen.

Aufgrund der beschriebenen Entdeckungen und Offenbarungen konnte bis Ende März 1992 der Lithopunkturplan für die Landschaft von Derry/Donegal fertiggestellt werden. An den 17 erwähnten Kraftorten des Landes wurden bis Juli desselben Jahres Steinsäulen aus Mourne-Granit aufgestellt, nachdem ich zusammen mit meiner Frau die entsprechenden Kosmogramme eingemeißelt hatte. Die Zeichnungen für die Kosmogramme habe ich, der irisch-keltischen Tradition folgend, als Geflechtmuster gestaltet. Jedes dieser Kosmogramme zeigt an, wie die Kraftströme an dem betreffenden Ort im Einklang mit dem Gesamtplan verlaufen und welche Qualität sie dabei zum Ausdruck bringen.

Der Kernbereich der Stadt Derry, der auf der ehemaligen heiligen Insel steht, sollte ein eigenes Akupunktursystem erhalten in Form von elf runden Bronzeplättchen mit Kosmogrammen, die an ausgewählten Punkten in das Straßenpflaster eingelassen wurden. Dabei wird die von Christopher Tragius vorgeschlagene Kraftbeziehung zu den Drei Heiligen Quellen am Fuße des Hügels von Derry berücksichtigt. Die Kosmogramme sind so gestaltet, daß sie die Kraftströme, die spiralförmig um die drei neu aufgestellten Steinsäulen an den Heiligen Quellen* kreisen, zu den Akupunkturpunkten innerhalb des Stadtkerns leiten.

---

* Die Lithopunktursteine an den Drei Heiligen Quellen befinden sich unterhalb der Stadtmauer am westlichen Fuße des Derry-Hügels. Der Ballaun-Stein ist eingemauert an der unweit südlich davon gelegenen Long Tower Kirche. Der »Krönungsstein« liegt im Garten der Schule für behinderte Kinder in Pennyburn, einer nordwestlich gelegenen Vorstadt von Derry.

Das dritte Element des Planes für die Wiederbelebung der Landschaft von Derry/Donegal ist eine Präsentation des Werkes in der Orchard Gallery in Derry, verbunden mit Seminaren und Besuchen der behandelten Orte*. All dies geschieht in dem Bestreben, das Lithopunkturwerk auch durch einen Wandel im Bewußtsein der Menschen zu untermauern. Schließlich ist das Öffnen des Menschen für die unsichtbaren und geistigen Dimensionen in der Landschaft – wie auch im eigenen Inneren – die entscheidende Voraussetzung für die Heilung des Lebensgewebes, das wir Landschaft nennen.

* In dem Katalog *Landscape Sculpture Derry/Donegal*, herausgegeben im September 1992 von der Orchard Gallery in Derry, wird das Lithopunkturwerk und seine Hintergründe beschrieben. Informationen über die Landschaftsskulptur und die Plätze der Lithopunktursteine sind in Form eines Faltblattes erhältlich bei: Orchard Gallery, Orchard Street, Derry BT48 6 EG, North Ireland, Tel. (0504) 269675.

Slowenien:

Die unendliche Dreigliederung der Landschaft

Im Jahr meiner intensivsten Auseinandersetzungen mit den Göttinerfahrungen – 1991 – wurde mein Heimatland zu einem selbständigen Staat. Da seit der letzten Epoche der Selbständigkeit der Slowenen im frühen Mittelalter schon über tausend Jahre vergangen sind, hatte sich kein Symbol erhalten, auf das man heute für die Gestaltung eines Staatswappens direkt hätte zurückgreifen können. Nach langen öffentlichen Diskussionen, die keine konkreten Ergebnisse hervorbrachten, entschloß sich die zuständige Stelle für eine Ausschreibung.

Da ich in der Aufgabe, ein Staatswappen zu gestalten, die einmalige Gelegenheit sah, mit dem Land als Makrolandschaft eine schöpferische Beziehung einzugehen, entschloß ich mich, an der Ausschreibung teilzunehmen. Meine Vorstellung war, ein Kosmogramm zu entwickeln, in dem die tiefere Identität des Landes auf der seelischen Ebene einen sichtbaren Ausdruck finden sollte.

Sobald ich mich auf die Aufgabe eingestimmt hatte, kam mir die Inspiration, zwei Symbole in dem neuen Wappen zu vereinigen, die traditionell als die wichtigsten Symbole des Landes galten. Zum einen sind dies drei sechszackige Sterne der gräflichen Familie zu Celje und zum anderen der höchste Berg Sloweniens, der Triglav*, der mit 2863 Metern die julischen Alpen krönt. Die Grafen von Celje hatten im 16. Jahrhundert fast alle slowenischen Länder unter ihrer Oberhoheit vereint. Ihre gut vorbereitete Anwartschaft auf den österreichischen Thron kam jedoch durch eine Familientragödie, in der sie nacheinander alle Söhne verloren, zu einem jähen Ende. Trotzdem sind sie ein Symbol des slowenischen Selbstbewußtseins geblieben.

Der dreiköpfige Berg Triglav wurde im 19. Jahrhundert, als das slowenische Nationalbewußtsein erwachte, zu einem Symbol der nationalen Identität. Beide Symbole haben eine Dreiecksform, nur daß das Dreieck der drei Sterne mit der Spitze in Richtung Erde, die Dreiecksform des Berges aber zum Himmel weist. Als ich die Sterne über den Berg stellte, entstand daraus ein Kosmogramm des Gleichgewichts zwischen den kosmischen und den irdischen Kräften. Dies war im wesentlichen schon das Grundkonzept meines Vorschlages für das Staatswappen, das ich später der Kommission übergab.

In einer darauf folgenden Meditation bin ich in eine tiefe Kommunikation mit der Seele meines Landes eingetreten und habe sie liebevoll gebeten, mir die Elemente des durch Inspiration empfangenen Kosmogramms zu erläutern, so daß ich daraus ein in seiner Form und Schwingung stimmiges Wappen gestalten könne. In mei-

---

* Triglav heißt wörtlich »der Dreiköpfige«. So wurde einer der Hochgötter der Slawen genannt, was zumindest bei den baltischen Slawen reich belegt ist. Es handelt sich also offensichtlich um einen alten heiligen Berg.

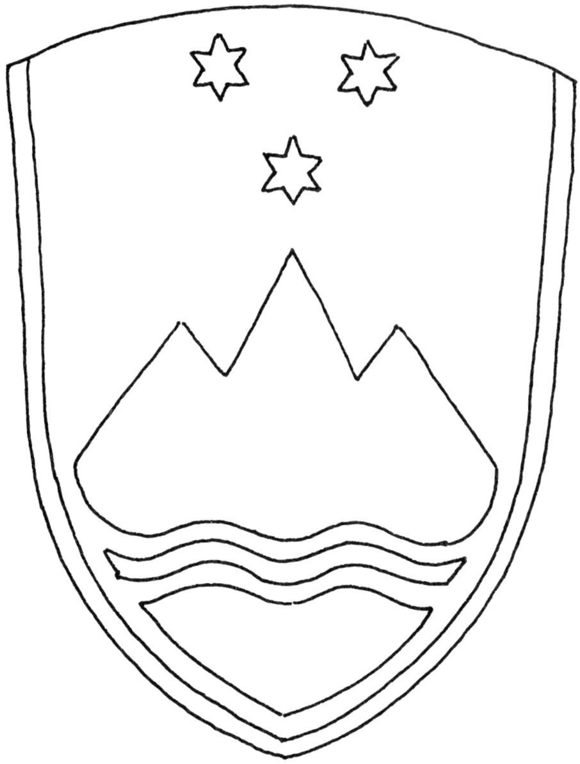

Das Staatswappen der Republik Slowenien

nem Bewußtsein tauchte zuerst der dreiköpfige Triglav als eine Komposition von drei Dreiecken auf, in denen ich ein Abbild der drei Lebensaspekte erkannte, wie sie in früherer Zeit in den Göttingestalten personifiziert waren: die Ganzheit, die Lebensfülle und die Wandlung. Der Berg erschien mir in einem vollkommenen Weiß, was sich zu einem fast grellen Licht steigerte, so daß ich den Eindruck bekam, daß eine ungeheure Kraft von ihm ausgeht. Weiter wurde mir mitgeteilt, daß die Wasserwellen, die ich am Fuße des Berges sah, die sieben Triglaver Seen symbolisierten, die tatsächlich in einem Hochgebirgstal am Fuße des Berges existieren. Das Wasser der Seen stellt die ausgleichende Yin-Kraft zu der Yang-Kraft des Berges dar. Als ich mich auf die drei sechszackigen Sterne konzentrierte, empfand ich sie als die Sterne der kosmischen Ganzheit, die alle sechs Richtungen des Alls umfaßt, die vier Himmelsrichtungen und die Beziehung zum Kosmos und zur Erde. Sie stehen in einer Dreiecksformation, die seit Urzeiten als das Kraftfeld der Göttin bekannt ist. Ich wurde während der Meditation durch dieses Kraftdreieck in einen fernen kosmischen Raum geleitet, wo eine ganz besondere Kraft pulsierte, die ich intuitiv als die Kraft des Heiligen Grals* wahrnahm. Das Sternendreieck im Kosmogramm

---

* Der Heilige Gral stellt die mittelalterliche Version eines uralten Göttinsymbols dar, des lebensspendenden Kessels. Der Gral wurde als eine unerschöpfliche Quelle der Inspiration, der Lebensfülle und der Weisheit bezeichnet, worin sich die Kräfte der ternären Göttin widerspiegeln. Vgl. dazu Heide Göttner-Abendroth: *Die Göttin und ihr Heros,* München 1980.

des Wappens sollte das Ausgießen dieser kosmischen Kraft in das Land symbolisieren, wobei der dreiköpfige Berg diesen Kraftstrom empfängt und ihn in drei Richtungen durch das Land leitet.

Das Wappen habe ich nun geometrisch so gestaltet, daß das kosmische Dreieck der Sterne und das imaginäre irdische Dreieck, zusammengesetzt aus den drei Gipfeln des Berges Triglav, sich in der Mitte des unteren Sterns berühren, so daß es an diesem Punkt zu einer Kraftübertragung zwischen dem Kosmos und der irdischen Landschaft kommen kann. Ich war recht überrascht, als mein Vorschlag zusammen mit drei anderen aus insgesamt 86 Entwürfen ausgewählt wurde. Später wurde er von seiten des zuständigen Verfassungsausschusses des Parlaments als Wappen für den im Entstehen begriffenen Staat vorgeschlagen und in letzter Instanz auch angenommen. Gleichzeitig mit der Erklärung der Unabhängigkeit begann auch der sechstägige Krieg um Slowenien, aber das Land stand schon unter dem Schutz des neuen Kosmogramms.

Als ich mit meiner Tochter Ajra im Februar 1992 ein Seminar über die Großlandschaft Sloweniens vorbereitete, waren wir freudig überrascht, als unser »Mitarbeiter« aus der Welt der Engel uns wie vollkommen selbstverständlich erklärte, der dreiköpfige Triglav sei der zentrale Einatmungspunkt für ganz Slowenien einschließlich Istriens, das größtenteils der Republik Kroatien angehört. Christopher Tragius bestätigte auch, daß vom Triglav aus drei Kraftlinien auf der seelischen Ebene des Landes ausgehen, durch die die drei Grundkräfte im Land verankert werden, die ich als Ganzheitlichkeit, Lebensfülle und Wandlung bezeichnet habe. Die kosmische Kraft wird vom Berg Triglav aufgenommen und differenziert durch die drei Linien und deren Verzweigungen auf den verschiedenen Potenzebenen durch ganz Slowenien geleitet.*

Christopher fügte hinzu, daß die äußere Ähnlichkeit des Triglav mit einer dreiköpfigen Pyramide keine besondere Bedeutung habe. Es gehe vielmehr um die symbolische Bedeutung der Zahl Drei und des Kopfes. Die Drei symbolisiert die Vereinigung aller drei grundlegenden Kraftpotentiale der seelischen Ebene der Schöpfung, die durch den Triglav eingeatmet werden. Der Kopf wiederum ist das Zentrum der Kommunikation. Der Name des Berges Triglav verweist auf seine dreifache Kommunikationsfunktion, womit die Kommunikation mit dem Kosmos gemeint ist beziehungsweise das dreifache System der Einatmung.

Die Funktion des Haupteinatmungspunktes für ein Land, das 20251 km² umfaßt, wird aber nicht vom Triglav allein getragen. Es gehört eine ganze Landschaft dazu, die sich in östlicher Richtung ausbreitet. Zum einen handelt es sich dabei um den schon erwähnten Yin/Yang-Ausgleich durch die sieben Triglaver Seen. Das Wasser aus den Seen tritt weiter unten am Savica-Wasserfall** als mächtige Quelle des Flusses Sava an den Tag. Sava ist der größte Fluß Sloweniens, der diagonal durch das ganze Land und weiter in Richtung Donau fließt.

---

* Ich war danach sehr erleichtert, da offensichtlich meine Intuition, den Triglav als zentrales Symbol für das Staatswappen zu wählen, richtig war. Nach der Einführung des Staatswappens gab es nämlich von verschiedenen Seiten heftige Kritik, die auch heute noch andauert.

** Zur Aussprache: Slowenisch: c – wie Deutsch: z; č – wie: tsch; š – wie: sch; z – wie: s in »sausen«.

Unweit der Quelle erweitert sich der kaum geborene Fluß zu einem ausgedehnten See, dem Bohinj-See. Am nördlichen Ufer, wo die Kirche des Hl. Johannes steht, verwandelt sich der See zurück in den Fluß. Aufgrund dieses zweifachen Wandlungsvorganges – zuerst wandelt sich der unter fürchterlichem Getöse geborene Fluß in das vollkommen stille Wasser des Sees und später kommt es zur Neugeburt des Flusses aus dem See heraus – kann man das Land um den Bohinj-See als einen Wandlungsbereich wahrnehmen.

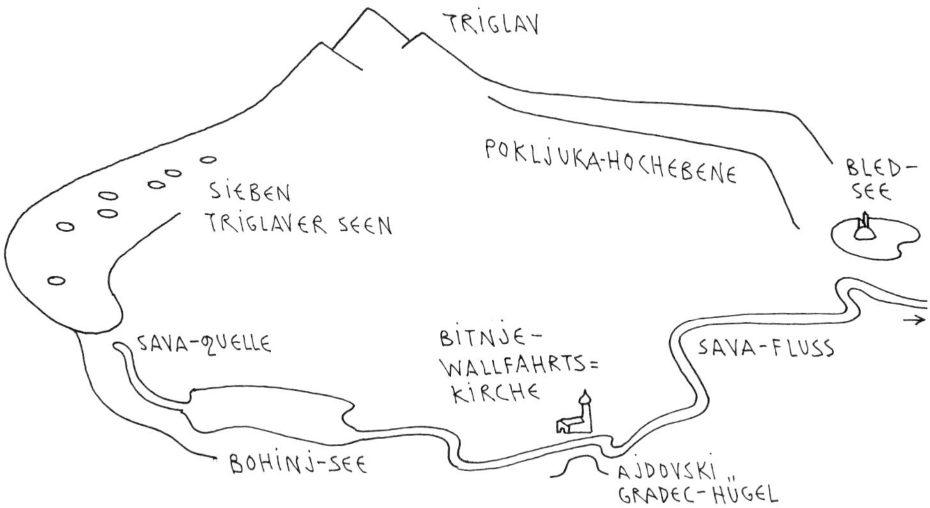

Bereich des Triglaver Landschaftstempels

Diese Qualität des Ortes wird auch aus volkstümlichen Überlieferungen aus verschiedenen Epochen deutlich, die erzählen, es gäbe am See die Erscheinung eines wirbelnden, furchterregenden »Windes«, der »Jaga Baba« – die herumschweifende Alte – genannt wird.

Der Fluß fließt weiter an einer einsamen Wallfahrtskirche in der Nähe des Dorfes Bitnje vorbei, die den mütterlichen Aspekt der Triglav-Landschaft darstellt. Die Kirche steht nach den Angaben von Christopher auf dem Platz eines ehemaligen neolithischen Heiligtums, das der Göttin der unbegrenzten Lebensfülle geweiht war. Die heutige Kirche ist der Mutter Maria, ihrer Entsprechung innerhalb der christlichen Kultur, gewidmet. Im Eingangsbereich zu der Kirche sind einige erstaunliche Kraftpunkte zu spüren, die den beiden – linearzeitlich gesehen – weitauseinanderliegenden Heiligtümern doch im Hier und Jetzt gemeinsam sind.

Die Kirche steht auf einer flachen Landzunge, die früher möglicherweise das Ufer des viel breiteren Flusses Sava gebildet hat. Man überwindet den Höhenunterschied zwischen dem ehemaligen Flußniveau und der Anhöhe, auf der die Kirche steht, indem man die steinernen heiligen Stufen – einst wohl auf Knien – hinaufgeht. Oben gelangt man in eine offene Vorhalle, die die Eigenschaften eines »Sternenfeldes« aufweist. Man befindet sich unter den Einstrahlungspunkten der verschiedenen Sterne und Planeten, die das Leben auf der Erde beeinflussen. Ich konnte mit Hilfe meiner Drehwinkelsonde die Bezugspunkte zum Mond, zur Sonne, zum Mars und zur Venus identifizieren. Die Brennpunkte dieser Kräfte sind im Boden

32 Die Insel Bled mit Marien-Wallfahrtskirche und den heiligen Stufen. Bled-See. Slowenien.
(Zu den Farbabb. 32–41 vgl. Kapitel »Slowenien«.)

33 *Das Staatswappen der Republik Slowenien, 1991.*

34 *Die drei der Heiligen Maria geweihten Wallfahrtskirchen von Rosalnice bei Metlika, Slowenien, 15. Jh. (rechts).*

35 *Bei den Grotten von Škocjan verschwindet der Fluß Reka in einer 150 Meter tiefen Schlucht in die Unterwelt des Kras, Slowenien (links).*

36 *Eingang zur Marien-Wallfahrtskirche mit den heiligen Stufen und dem Portal. Bitnje bei Bohinj, Slowenien, 17. Jh.*

37 Göttingestalt aus Ton, gefunden während der Ausgrabungen eines Pfahlbaues im Ljubljana-Moorland bei Ig. Größe 25 cm. Neolithische Kultur. Nationalmuseum Ljubljana.

38 Dreigliedrige Brücke über den Ljubljanica-Fluß im Stadtkern von Ljubljana, von Josef Plečnik, 1930.

39 Schwarze Madonna in der Wallfahrtskirche der Heiligen Anna über Črna, Slowenien. Barocke Holzskulptur.

40 Detail der barocken Kopie der heiligen Ikone, die einst von den Kreuzrittern aus Jerusalem im Heiligen Land in die Wallfahrtskirche von Jeruzalem, Slowenien, gebracht wurde.

41 Barockaltar mit der Schwarzen Madonna. Wallfahrtskirche der Heiligen Anna über Črna, Slowenien.

der Vorhalle in Form von geheimnisvollen Zeichen verankert. Der Boden ist aus weißen Flußkieseln gepflastert, die Zeichen sind dagegen aus schwarzen und grauen Steinen zusammengesetzt.
In der Vorhalle gibt es ein barockes, aus dem heimischen grünen Vulkangestein gemeißeltes Portal, das ins Kircheninnere führt. Es sind dort Symbole eingemeißelt, die für ein christliches Kirchenportal sehr ungewöhnlich sind: zwei Füllhörner, darüber zwei Stierhörner und ganz oben eine aufgehende Weltenscheibe versehen mit drei Pyramiden. Unmittelbar über den Eingang ist ein Rosenkranz eingemeißelt, an dem ein Kreuz hängt, wie ich es noch nirgends gesehen habe; es ist ein dreifaches Tau-Kreuz.* Im Rosenkranz befinden sich nebeneinander die Namenszeichen von Christus und Maria, was auf die Harmonie zwischen dem männlichen und dem weiblichen Pol der Gottheit hindeutet.

Vereinigung der Namenszeichen für Christus und Maria am Portal der Wallfahrtskirche von Bitnje

Der Kommentar Christophers angesichts des geistigen Reichtums, der sich vor der Kirche befindet, die den mütterlichen Aspekt für die Triglav-Landschaft verkörpert, lautete:
Die Künstler haben dort unter unserer inneren Führung genau die mütterliche Funktion des Ortes versinnbildlicht, die auch die anderen beiden Funktionen einschließt und dadurch als ein Punkt der Kraftausgießung für diese Landschaft wirkt. Daher trägt die Wallfahrtskirche Symbole, die eine Schlüsselbedeutung haben für die Stabilität der hiesigen heiligen Landschaft.
Der dritte Bereich der Triglav-Landschaft, der Bereich der allumfassenden Ganzheit, ist ebenso mit dem Wasserelement verbunden, er ist aber nicht unmittelbar an das Flußgebiet des Sava angeschlossen wie die beiden anderen, sondern existiert als ein Ort des jungfräulichen Prinzips vollkommen selbstgenügsam in der Form des Sees von Bled (deutsch: Weldes). Dieser See ist ein so vollkommen in sich ge-

* Zusätzlich sind am Seitenportal mehrfach Symbole der Ganzheit, der Lebensfülle und der Wandlung eingemeißelt, die als Stern, Rosette und Spiralwirbel vorkommen.

schlossenes Wassersystem, ohne Zu- und Abfluß, daß er aufgrund seiner Empfindsamkeit unter den heutigen Umweltbelastungen zu leiden beginnt.
Bled ist ein Ort von erhabener Schönheit. An einer Seite fällt ein riesiger grauer Felsen senkrecht in das Wasser des Sees. Seine Spitze ist von einem imposanten Schloß gekrönt. In der Mitte des rundlichen Sees liegt dagegen eine kleine Felseninsel mit einer der heiligen Maria geweihten Wallfahrtskirche. Die Landschaft um den See Bled atmet eine vollkommene Harmonie, da das starke Yin des Sees durch die fein darauf eingestimmte Yang-Kraft der Insel und des in einen Hügel übergehenden Felsens ausbalanciert wird.

Drei sakrale Bauten bezeichnen den weißen, roten und schwarzen Aspekt der Göttin-Landschaft von Bled

Bled läßt sich auch als ein Beispiel für die Weiterverzweigung der seelischen Kräfte in der Landschaft auf der Ebene der zweiten Potenz (3 × 3) betrachten. Als ein Ort des jungfräulichen Prinzips hat Bled – wie schon am Beispiel der Insel Inch in Irland erklärt wurde – sein eigenes kreisförmig abgeschlossenes Kraftsystem, das auf der Ebene der ersten Potenz wirksam ist. Innerhalb dieses Kraftsystems finden wir aber wiederum die bekannte dreigliedrige Struktur, die allerdings nur für die Mikrolandschaft von Bled von Bedeutung ist, also auf der Ebene der zweiten Potenz ihre Kraft entfaltet.
Die drei Plätze, in denen die dreigliedrige Struktur der Landschaft von Bled verankert ist, sind alle durch Kirchenbauten bezeichnet. Auf dem Brennpunkt des jungfräulichen Aspektes steht die Schloßkapelle, die mit ihrer Apsis auf der höchsten Spitze des hohen Felsens thront. Leider ist sie heute zu einem Teil des im Schloß angesiedelten Museums geworden. Der mütterliche Aspekt von Bled wird durch die Wallfahrtskirche auf der Insel verkörpert. Der Brennpunkt des Wandlungsaspektes befindet sich unter einem zweiten steilen Felsen, der die Verlängerung des Schloßfelsens darstellt. Der Platz ist durch eine Pfarrkirche gekennzeichnet, deren historisierender Stil des späten 19. Jahrhunderts keine Sensibilität für den Geist des Ortes zeigt. Eher zeugen die Höhlen, die sich in der Felswand befinden, davon, daß es sich hier um einen Ort der Wandlung handelt.

Einen hohen Grad an Sensibilität bezeugt hingegen die sogenannte Marien-Säule, die gegenüber der Pfarrkirche steht. Sie wurde im Jahr 1938 von dem Architekten Josef Plečnik aus Ljubljana gestaltet*. Sie ist so konzipiert, daß sie alle drei zyklischen Lebensaspekte in sich vereint. Durch die Qualität der Synthese ist die Säule nach Christophers Aussage in der Lage, die uralte Funktion dieses Ortes der Wandlung zu übernehmen, bei dem die im Brennpunkt der Wandlung vereinten weißen, roten und schwarzen Kraftaspekte in einen sich aufwärts bewegenden Wirbel hineingezogen werden, durch den sie zu ihrem Quellpunkt, dem Berg Triglav, zurückgeleitet werden. Dadurch verwirklicht sich, energetisch gesehen, der in sich abgeschlossene Kraftstrom des Landschaftstempels von Bled.

Die Mariensäule ist in Form einer Doppelpyramide konzipiert, wobei die obere zum Himmel weist und die untere in die Erdentiefe. Von der Basis der unteren Pyramide steigt als Symbol der Wandlung spiralförmig eine Schlange mit dem Apfel im Mund in Richtung der oberen Pyramide auf. Die obere Pyramide ist durch die Gestalt Marias angedeutet. Sie hat zwar den Christusknaben bei sich, weist aber andererseits keine Beziehung zu ihm auf, so daß sie gleichzeitig als Jungfrau und als Mutter dargestellt ist. So sind alle drei Phasen des Lebenszyklus in ihr vereint.

Um die Landschaft des Triglav vollständig zu beschreiben, wäre noch ihr Ausatmungspunkt zu erwähnen, in dem schließlich die differenzierten Kräfte von Bohinj, Bitnje und Bled** zusammengefaßt werden, um wieder in das kosmische Urmeer der Kraft ausgeatmet zu werden. Dieser Punkt befindet sich auf einem quadratisch geformten Hügel auf dem anderen Ufer des Sava-Flusses gegenüber der Wallfahrtskirche von Bitnje und trägt den Namen Ajdovski gradec.

Der Berg Triglav*** mit dem beschriebenen Landschaftstempel stellt den Quellbereich für Slowenien dar, der die drei Hauptlinien für die Gliederung des Landes hervorbringt. Diese drei Hauptlinien verkörpern die Lebensaspekte der Ganzheit, der Lebensfülle und der Wandlung. Ich möchte sie der Einfachheit halber die weiße, die rote und die schwarze Hauptlinie nennen. Entlang jeder dieser drei Linien gibt es eine Landschaft, die für Slowenien einen der drei Aspekte auf der Ebene der ersten Potenz verkörpert. Die Landschaft Kras (Deutsch: Karst) steht für den Ganzheitsaspekt, der Talkessel von Ljubljana für den Aspekt der Lebensfülle und die Landschaft des slowenischen Kärntens für den Wandlungsaspekt. Sie sind im gleichen Abstand zueinander angeordnet und stellen zusammen mit dem Triglav eine vollkommene geometrische Struktur dar.

Jede der drei Landschaften Sloweniens ist innerhalb ihres Bereiches wiederum nach dem Prinzip eines Landschaftstempels gegliedert – es geht nun um die Gliederung auf der Ebene der zweiten Potenz****. Jeder von ihnen hat einen eigenen Ein- und

* Der Architekt Josef Plečnik (1872–1957) hat für sein außergewöhnliches Werk, in dem er die Moderne mit der alten Tradition vereint hat, erst mit dem Aufkommen der Postmoderne weltweite Anerkennung gefunden. Als Architekt war er in Wien, Prag, Ljubljana und andernorts in Slowenien tätig.

** Bohinj und Bled sind berühmte, für den Fremdenverkehr gut erschlossene Orte im Nordwesten Sloweniens. Bitnje liegt auf dem Weg nach Bohinj kurz vor Bohinjska Bistrica.

*** Der Triglav ist ohne besondere alpinistische Kenntnisse vom Vrata-Tal aus zu besteigen.

**** Vgl. die Übersicht in der hinteren Innenklappe.

Ausatmungspunkt und dazwischen eine eigene Dreigliederung, bezeichnet durch bestimmte Kraftorte für den jungfräulichen, den mütterlichen und den Wandlungsaspekt. Dabei liegen die Orte der kosmischen Einatmung, der Brennpunkt der mütterlichen Kraft und der Ort der Ausatmung immer auf der Hauptlinie, die vom Berg Triglav ausgeht. Alle drei Hauptlinien führen jedoch zu den Hauptausatmungspunkten, die an den Grenzen des Landes liegen beziehungsweise auf der letzten Landspitze der Halbinsel Istrien. Die drei Hauptausatmungspunkte stellen die Gegenpole zum Triglav als dem zentralen Einatmungspunkt dar und runden die Struktur des riesigen Landschaftstempels Sloweniens auf der Ebene der ersten Potenz ab.

Wie angedeutet verkörpert der Bereich des Kras den jungfräulichen Aspekt Sloweniens. Es geht um eine Hochebene, die aus einer dicken Schicht von äußerst porösem Kalkstein besteht. So kommt es, daß alle Niederschläge in diesem Gebiet sofort in den Tiefen versickern. Folglich ist an der Erdoberfläche kein einziger Bach, Fluß oder See zu sehen. Tief unterhalb der Kalkschichten fließen jedoch mächtige Flüsse, die riesige Hohlräume in den Kalk gegraben haben. Sie werden aber erst sichtbar, wenn sie am Rande des Kras austreten, um sich ins Meer zu ergießen.

Dieser Umstand, daß die lebensbringende Kraft des Wassers wie in einem vorgeburtlichen Zustand noch im Schoße der Erde verweilt, hat nach Christopher dazu geführt, daß die alten Kulturen den Kras als einen riesigen Landschaftstempel der Göttin der allumfassenden Ganzheit betrachtet haben. Der Kras wurde wie ein Ei empfunden – das älteste Symbol für die uranfängliche Ganzheit, bevor sie sich in die unzähligen Manifestationen der Schöpfung teilt. Auf dem Kras zu leben, heißt sich auf der Eischale zu bewegen, während die ganze Lebenskraft noch ungeboren im Inneren des Eies schlummert.

Trotz seiner äußeren Kargheit und der Menge an Gestein ist der Kras ein fruchtbares Land, was zunächst überraschen mag. Christopher verwies in diesem Zusammenhang auf die oft riesigen Steinwallanlagen, die es in der Nähe fast jedes Dorfes gibt und die die bisherige archäologische Forschung als Bergschanzen der Bronzezeitkultur gedeutet hat. Unser Engel-Führer wies diese Deutung empört zurück. Dies sei eine sekundäre Form der Nutzung gewesen, eigentlich ein Mißbrauch der alten Tempelanlagen*. Der Kras wäre eine Wüste geblieben, hätte nicht die neolithische Kultur diese Steinstrukturen gebaut:

Mit den gigantischen Tempelkomplexen haben sie das Yin/Yang-Gewebe des Landes in ein Gleichgewicht gebracht, was eine Voraussetzung dafür ist, daß ein Land so atmen kann, daß auch der Mensch davon profitiert – die Landschaft selbst könnte auch ohne Menschen selbstgenügsam leben, wenn aber der Mensch ein Teil davon sein will, dann gilt als Vorbedingung, daß er für dieses Gleichgewicht sorgt.

Die Steinwallanlagen haben die Funktion, das Yin aus dem unterirdischen Bereich mit der Erdoberfläche zu verbinden und dadurch regelrechte Yin-Strömungen zu erzeugen, die dann

* Die Unzulänglichkeit der Verteidigungs-Theorie bezüglich der Wallanlagen zeigt sich auch darin, daß es Anlagen wie zum Beispiel die »Schlinge« über Ilirska Bistrica gibt, eine mehrere Kilometer lange Steinwallanlage, die auf einer Seite hufeisenförmig geöffnet ist, also für eine Verteidigung völlig wertlos war.

*einen Gegenpol zu den Yang-Orten darstellen. Jede Siedlung hat in ihrer Nähe ein solches Heiligtum, in dem die Anwesenheit eines Engels verankert ist. Dieser Engel sorgt dafür, daß das energetische Gleichgewicht aufrechterhalten bleibt. Zur Zeit führen wir (Engel) diese Funktion fort in der Hoffnung, daß die Menschen künftig wieder verstehen werden, was für ihr Land wichtig ist.**

Die Gliederung des Kras-Landschaftstempels beginnt am nördlichen Rande der Hochebene mit einem pyramidenförmigen Hügel, an dessen Hang in Form eines Ringes die mittelalterliche Stadt Štanjel liegt. Štanjel ist der kosmische Einatmungspunkt für den Kras und liegt genau an der vom Triglav ausstrahlenden weißen Hauptlinie. Von hier aus kommt es zur Dreigliederung auf der Ebene der zweiten Potenz, wobei im jungfräulichen Brennpunkt der alte Stadtkern von Triest liegt, im mütterlichen das weltberühmte Gestüt Lipica und im Fokus der Wandlungskräfte die riesigen Grotten von Škocjan, die zu den von der UNESCO geschützten Naturdenkmälern gehören. Der kosmische Ausatmungspunkt, der sich am südlichen Rand des Kras befindet, ist mit der Ruine des Schlosses Socerb besetzt.

Triest wurde durch seine übermäßige Entwicklung während der letzten zwei Jahrhunderte seiner wichtigen Rolle für die Landschaft weitgehend entfremdet. Nur die weiße Lilie im Wappen der Stadt erinnert noch daran, daß Triest die Verantwortung für die jungfräulichen Kräfte für das ganze Gebiet tragen sollte.

Lipica stellt mit seinem alten Eichenwald** eine wahre Oase im Kras dar, was den roten Aspekt der Lebensfülle bewußt macht. Es ist bezeichnend, daß gerade hier der Lipizzaner-Schimmel hervorgebracht wurde, der als Verkörperung höchster Vollkommenheit unter den Pferden gilt und damit die jungfräuliche Qualität des Kras-Landschaftstempels auf der ersten Potenzebene zum Ausdruck bringt.

Die Grotten von Škocjan stellen die Verbindung her zwischen dem unterirdischen Labyrinth des Landes und der Oberfläche. Man kann dort in die Unterwelt hinabsteigen und die eindrucksvolle Schlucht eines der unterirdischen Flüsse bewundern. Auf allen Ebenen der Grotte und in ihrer Umgebung gab es Heiligtümer der Wandlungsgöttin, was teilweise auch durch die archäologischen Funde belegt wird.***

Dort, wo die weiße Hauptlinie den Bereich des Kras verläßt, überquert sie das Tal des Rižana-Flusses und fließt weiter durch die ganze Länge der istrischen Halbinsel bis zu deren Spitze, wo der Hauptausatmungspunkt liegt, von dem aus ihre Kraft zum Kosmos zurückfließt. In die Landschaft von Istrien ist ein weiterer Landschaftstempel auf der Ebene der zweiten Potenz eingewoben. Sein kosmischer Einatmungspunkt befindet sich auf einem flachen Hügel im Rižana-Tal, an der Stelle, wo die schon öfter erwähnte und wegen ihrer Fresken bemerkenswerte Kirche von Hrastovlje steht.

Die außerordentlichen Eigenschaften der Kirche von Hrastovlje erklären sich – Christophers Erläuterungen zufolge – daraus, daß der Platz, auf dem sie steht,

---

* Eine der umfangreichsten Steinwallanlagen kann man in der Nähe des Dorfes Volčji Grad bei Komen besuchen.

** Außer in Lipica, das als Gestüt dem kaiserlichen Hof in Wien gehörte, wurden alle Eichenwälder auf dem Kras gefällt, um die Pfähle für den Ausbau Venedigs zu liefern.

*** Štanjel, Lipica und die Škocjan-Grotten kann man ohne weiteres besuchen. Besonders die beiden letzten Orte sind ganz auf Fremdenverkehr eingestellt.

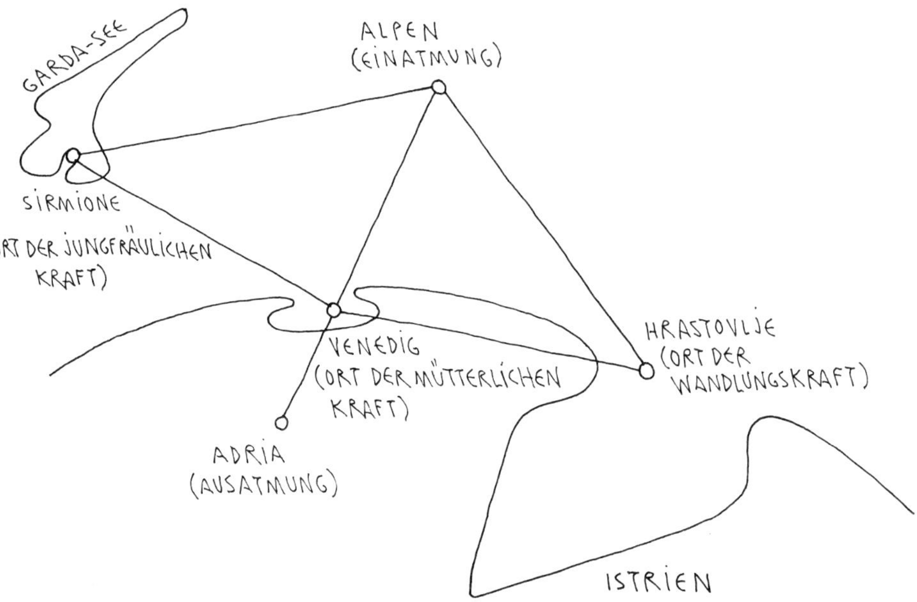

Der Landschaftstempel Veneziens

gleichzeitig der kosmische Einatmungspunkt auf der Ebene der zweiten Potenz für Istrien und der Kraftort der Wandlung auf der Ebene der ersten Potenz für die Landschaft Venezien ist*. Diese erstreckt sich zwischen dem Garda-See, den Karnischen Alpen, Hrastovlje mit dem Rižana-Tal und dem Adriatischen Meer. Als ein Schnittpunkt zweier großer Landschaftssysteme nimmt Hrastovlje eine weit und breit unvergleichliche Stellung ein.

Die Kirche wurde im 16. Jahrhundert zum Schutz vor den türkischen Angriffen mit einer hohen Mauer umgeben. Während unseres letzten Besuches in Hrastovlje im August 1992 hat meine Frau Marika bemerkt, daß am Eingang dieser Mauer ein quadratischer Stein eingelassen ist, der in der Mitte zwei seltsame Öffnungen zeigt. Spontan fühlte ich mich aufgefordert, meine beiden Hände hineinzustrecken. Dabei stellte ich fest, daß jede der beiden Öffnungen eine andere Ausstrahlung hat. Der Test mit der Drehwinkelsonde zeigte bei der linken Öffnung eine solare, bei der rechten eine lunare Schwingung an. Am Körper hat sich diese Polarität so ausgedrückt, daß der Kopf mit der solaren, der Körper mit der lunaren Schwingung in Resonanz trat.

Da die Vermutung nahelag, daß der Stein zur ursprünglichen Tempelanlage gehörte, die durch die Kirche ersetzt wurde, haben wir mit Hilfe von Ajra den Engel-Führer danach befragt. Er bestätigte, daß der Stein zu der vorchristlichen Anlage gehörte, und zwar befand er sich am Brennpunkt der Wandlungskräfte, der sich nach dem Bau der Kirche nach hinten, außerhalb der Mauer verlagert hat. Der Stein hatte eine Funktion innerhalb des Rituals der Selbsterkenntnis, ähnlich wie der erwähnte »Krönungsstein« mit den Fußabdrücken in Derry, der sich ebenfalls

---

* Interessanterweise gehörte Hrastovlje zusammen mit Istrien zu den Besitzungen der Republik Venedig.

auf einem Schlüsselkraftpunkt der Wandlung befand. Der Stein in Hrastovlje sei heute zwar an einer »falschen« Stelle eingemauert, doch stimme diese Außerkraftsetzung der ursprünglichen Funktion mit der veränderten Aufgabenstellung des heutigen Menschen überein, was am Beispiel von Derry ausführlich erklärt wurde.*

Von Hrastovlje aus gliedern sich demnach auf der seelischen Ebene zwei Landschaften, eine nach Westen in Richtung Venedig, die andere nach Süden in das Gebiet Istriens. Der westliche Landschaftstempel entfaltet sich entlang dem Fluß Rižana, der bei Hrastovlje aus der Unterwelt des Kras hervorströmt und in der Nähe der Stadt Koper seine zweite Wandlung erfährt, wenn er sich dort ins Meer ergießt. Dies geschieht zwischen dem wundervoll pyramidenförmigen Hügel Sermin und der Insel, auf der der Stadtkern von Koper steht.** Die beiden Anhöhen stellen ein Tor in Richtung Venedig dar. Durch die Tempelstrukturen, die einstmals dort standen, wurde der Kraftstrom bei der ersten in die Höhe gewirbelt, bei der zweiten aber erfuhr er die Wandlung aus der Vereinzelung zurück in die Ganzheit. Dazu gehören noch Duino an der italienischen und Strunjan*** an der slowenischen Küste, die die Ein- und Ausatmungspunkte des Wasserkraftsystems des Gol-

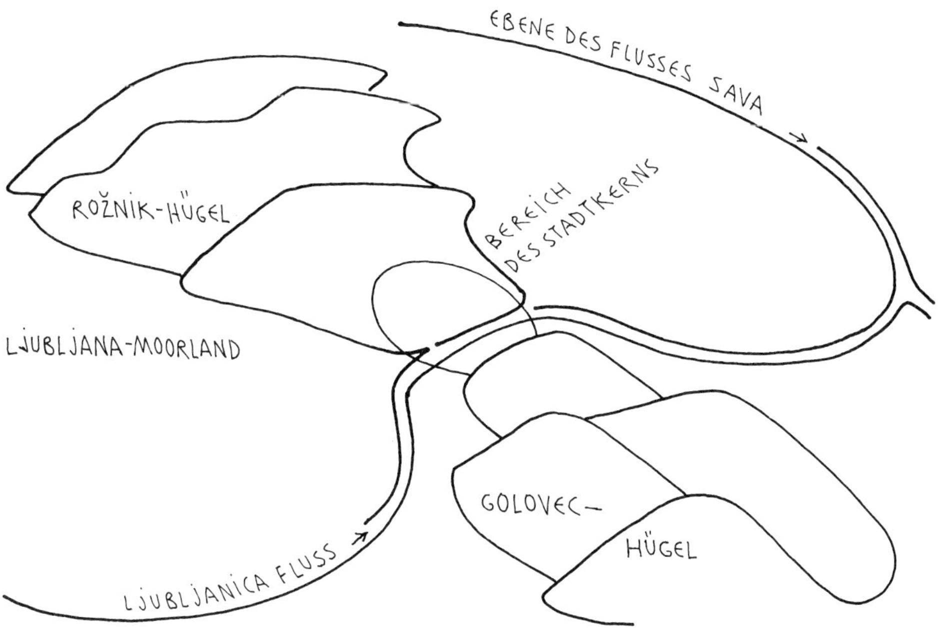

Der Talkessel von Ljubljana und die Lage der Stadt in der Mitte eines Landschaftskreuzes

* Hrastovlje liegt an der Hauptstraße Koper-Buzet im slowenischen Teil Istriens. Nach dem Kirchenschlüssel ist unter der Hausnummer 30 im Dorf zu fragen.

** Der Ring aus Meereswasser um Koper herum, der den Yin-Pol zu der Insel darstellt, wird heute im Zuge weiterer Neubauten leider mehr und mehr zugeschüttet.

*** In Strunjan befindet sich über der sogenannten Mondbucht die wichtigste Marien-Wallfahrtskirche Istriens. Die Bucht – ein Ausatmungspunkt der Meereskräfte – ist mit ihrer sichelförmigen Felswand als Naturdenkmal geschützt.

fes von Triest darstellen. Innerhalb des Landschaftstempels von Istrien sind die mütterlichen Kräfte im Bereich der Schlucht des Flusses Mirna* und der auf Hügeln gelegenen Städte Motovun und Beram verkörpert. In der Schlucht befinden sich die sogenannten Istrischen Thermen, Motovun ist ein wichtiger Kreuzungspunkt von Ley-Linien, und in der Marienkirche in der Nähe von Beram** ist neben vielen anderen ungewöhnlichen Darstellungen die zweite Totentanzszene in Istrien erhalten geblieben.

Der weiße Aspekt ist an der westlichen Adriaküste Istriens verankert in der Nähe von Poreč, wo auf dem mittleren der drei Hügel, die Mordele heißen, der einzige Steinkreis Istriens erhalten geblieben ist***, während der schwarze Aspekt seinen Brennpunkt auf dem Berg Učka an der östlichen Küste hat.

Die zweite Hauptlinie, die vom Triglav ausgeht, ist die rote Linie der unbegrenzten Lebensfülle. Sie ist im Unterschied zu der weißen und schwarzen Linie Yin/Yang-polarisiert, so daß sie in Form von zwei Kraftströmen durch die Landschaft fließt, die sich untereinander rhythmisch anziehen und abstoßen, aber auch komplementieren. An der Linie befindet sich im gleichen Abstand vom Triglav wie der Kras die Landschaft, die die Kräfte der Lebensfülle auf der ersten Potenzebene für Slowenien verkörpert, der schon erwähnte Talkessel von Ljubljana, der Hauptstadt Sloweniens.

Er wird aus zwei Landschaften mit ausgeprägt wäßrigem Charakter gebildet, dem Ljubljana-Moorland im Süden der Stadt, und der Ebene des Flusses Sava im Norden. Die Stadt selbst liegt in dem engen Bereich, wo sich – vermittelt durch den Fluß Ljubljanica – die beiden Landschaften berühren. Das Moorland von Ljubljana war noch im späten Neolithikum ein ausgedehnter See, der allmählich austrocknete und schon zur Zeit der Antike zu einem sumpfigen Moorland geworden war. In neuerer Zeit hat man dieses Gebiet vollständig trockengelegt, um es landwirtschaftlich zu nutzen; nur der Name und der häufige Nebel, der sich darüber bildet, erinnern noch daran, daß es sich um eine wäßrige Landschaft handelt.

Zwischen den beiden vom Wasser bestimmten Ebenen, die gleichzeitig zwei riesige Yin-Kraftfelder darstellen, liegen zwei breite Hügel, der Rožnik und der Golovec, die mit ihren Vorsprüngen in west-östlicher Richtung aufeinander zuzugehen scheinen, doch bleiben sie in einer gewissen Distanz zueinander stehen und bilden dadurch ein Tor, durch das sich die zwei Yin-Felder, vermittelt durch den Lauf des Flusses Ljubljanica, berühren können. Die zwei Hügel stellen zwei starke Yang-Kraftorte dar, die in der Mitte des Talkessels den Gegenpol zu den beiden Yin-Ebenen bilden. Der Talkessel von Ljubljana stellt durch eine ausgeprägte Polarisierung der Yin/Yang-Kräfte und deren kreuzartige Verteilung, durch die sie in einem vollkommenen Gleichgewicht zueinander gehalten werden, die ideale Landschaft für die Verkörperung der göttlichen Kräfte der unbegrenzten Lebensfülle dar.

---

* Die Schlucht von Mirna beginnt südlich von Buzet, wo zwei Felsen zu beiden Seiten des Flusses stehen, auf deren Spitzen Megalithe liegen.

** Der Kraftpunkt liegt westlich der Stadt auf einem Hügel, wo sich der Friedhof befindet. Dort steht auf dem Brennpunkt der Wandlung die Marienkirche mit den Fresken.

*** Weitere Hinweise über Koper, Strunjan, Duino, Motovun und den Steinkreis von Mordele finden sich in meinem Buch *Introduction to the Sacred Landscape of Istria.*

So hat sich, den Worten Christophers zufolge, in dem mittleren Bereich des imaginären Kreuzes schon in der Epoche des Spätneolithikums, als der See von Ljubljana von zahlreichen Pfahlbauten umgeben war, ein Landschaftstempel der Göttin der Lebensfülle entwickelt.* Die zwei Hügel, Rožnik und Golovec, stellten den Ein- beziehungsweise Ausatmungspunkt des Landschaftstempels dar. Im leicht erhöhten Bereich des Tores zwischen den beiden Hügeln wurden Heiligtümer für jeden der drei Aspekte der Göttin errichtet: für den jungfräulichen Aspekt am Rande des ehemaligen Sees, wo heute die Kirche von Trnovo steht, für den mütterlichen Aspekt am Fluß Ljubljanica im Bereich des alten Stadtkerns von Ljubljana und für den Wandlungsaspekt am Rande der Sava-Ebene, wo der spätere Friedhof von Navje lag.

In den Zeiten des allmählichen Vergessens der seelischen Kräfte in der Landschaft gab es in diesem wundervollen »Kessel der Göttin« durch das Hereinbrechen der unterschiedlichsten Völker und Kulturen eine Menge Wirren und Umsiedlungen. In der Neuzeit wurden schließlich auf den Kraftpunkten der beiden Hügel zwei Schlösser gebaut, was mit Blick auf die ausgeprägte Yang-Qualität der beiden Plätze nicht überrascht. Bei dem Einatmungspunkt steht inmitten des heutigen Stadtparks die Tivoli-Residenz, und auf dem Hügel der Ausatmung die Burg von Ljubljana, die das Stadtbild prägt. Die Plätze der Dreigliederung auf der Ebene der zweiten Potenz wurden durch die erwähnte Kirche in Trnovo, den Stadtkern von Ljubljana mit der Kathedrale und den Friedhof besetzt.

Die Geschichte dieser zunehmenden Verkennung der wahren Natur der Orte wendete sich erst in den zwanziger Jahren unseres Jahrhunderts, als der schon lobend erwähnte Architekt Josef Plečnik aus Prag nach Ljubljana zurückkehrte und für die nächsten zwei Jahrzehnte die Gestaltung der Stadt in seine äußerst sensiblen Hände** nahm. Unter anderem hat er an allen für den Landschaftstempel von Ljubljana wichtigen Punkten seine Schöpfungen intuitiv so gestaltet, daß man hier modellhaft erleben kann, wie das Kraftgewebe eines Ortes innerhalb der Struktur einer Stadt zum Ausdruck gebracht werden kann.***

Vor der Kirche von Trnovo, die nach einem Erdbeben im Stil des 19. Jahrhunderts neu aufgebaut wurde, hat Plečnik eine Brücke gebaut, die anstelle des gefühlslosen Kirchenbaues die Funktion der Verankerung der jungfräulichen Lebenskräfte an diesem Platz übernommen hat. Die Brücke gilt als einzigartig in der Architekturgeschichte, da sie große Hohlräume hat, in denen acht Birken gepflanzt wurden. Die jungfräulich weiße Farbe und die grazile Gestalt dieser Bäume verstärkt noch das Gefühl, daß dieser Ort tatsächlich dem weißen Lebensaspekt geweiht ist.

---

* Die Ausgrabungen im Ljubljana-Moorland haben auch eine ca. 25 cm hohe Tonfigur der Göttin ans Licht gebracht, die sich im Nationalmuseum von Ljubljana befindet.

** Einem zeitgenössischen Bericht zufolge war der Architekt so sensibel, daß er durch das Auflegen seiner Hand entscheiden konnte, aus welchem Stück Holz man besonders schwierige Teile seiner Gestaltungen anfertigen sollte. Die ausführenden Meister haben bestätigt, daß im Falle einer solchen Entscheidung das Holz während der Bearbeitung nie brach.

*** Zum Werk von Josef Plečnik ist eine Monografie erschienen: Damjan Prelovšek: *Josef Plečnik 1872–1957. Architectura Perennis,* Salzburg 1992. Ferner gibt es einen Stadtplan von Ljubljana, in den die Werke Plečniks eingezeichnet sind. Sein Haus in Trnovo/Ljubljana ist in ein Architekturmuseum umgewandelt worden.

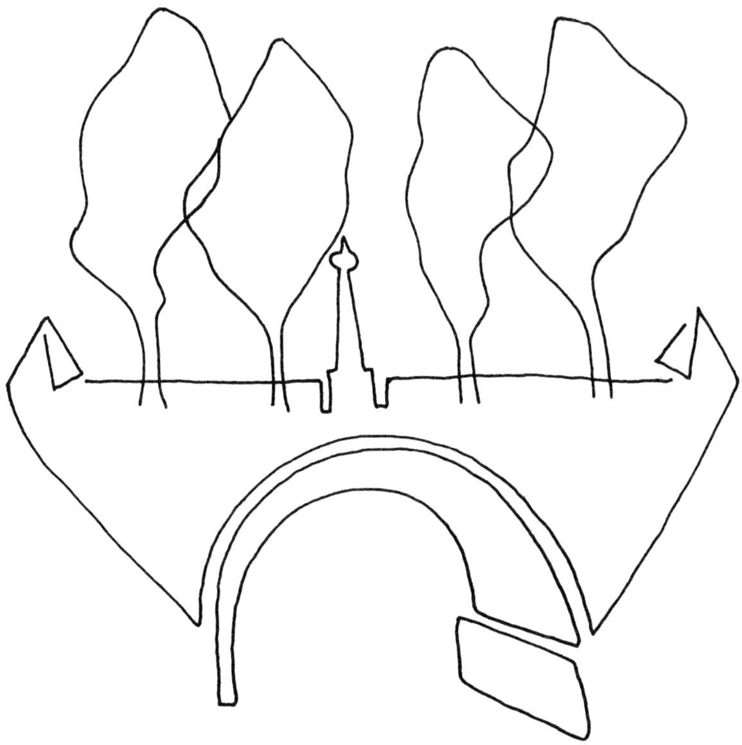

Die Trnovo-Brücke nach dem Entwurf des Architekten
Josef Plečnik, Ljubljana 1929–31

Außerdem befindet sich in der Mitte der Brücke eine Kosmogrammskulptur, die die Ganzheit als die Einheit der Gegensätze darstellt. Auf einer äußerst spitz zulaufenden Pyramide ist eine Weltkugel in Form eines Apfels angebracht.

In dem Bereich, wo einst der mütterliche Lebensaspekt verankert war, hat Plečnik eine andere, nicht weniger einmalige Brücke erschaffen, die als die dreigliedrige Brücke bezeichnet wird. Es handelt sich in der Tat um drei Brücken, die dicht nebeneinander den Fluß Ljubljanica überspannen. Die mittlere Brücke – bei der es sich übrigens um eine ältere, von ihm überarbeitete Brücke handelt – ist breiter, so daß sie den motorisierten Verkehr übernehmen kann, die beiden seitlichen Brücken sind schmaler und für die Fußgänger gedacht. Sie verlaufen aber nicht parallel zu der mittleren, sondern in einem gewissen Winkel zu ihr, so daß die Brücke als Gesamtkomposition überraschenderweise dem uns von Christopher vorgestellten Schema der Dreigliederung der göttlichen Aspekte in der Landschaft ähnelt. Durch diese Symbolik vereint die dreigliedrige Brücke die drei Lebensaspekte auf der Ebene der dritten Potenz, was diesem Ort, der den mütterlichen Aspekt auf der Ebene der zweiten Potenz verkörpert, wundervoll entspricht. Er wird zu einem Nabel, aus dem sich die geistige Nahrung für die zugehörige Stadtlandschaft ergießt. Den Brennpunkt der Wandlungskräfte hat Plečnik, nachdem der Friedhof an einen anderen Ort übersiedelt worden war, zu einem Ort der Kontemplation und inneren Sammlung umgestaltet. Durch die spätere Umfunktionierung dieses Bereiches, bei der – typisch für unsere Zeit – genau dort die Messehallen angesiedelt wurden, ist nur ein länglicher Streifen des Gedächtnisparks zurückgeblieben. Die Komposition beginnt mit einem vom Friedhof übriggelassenen Grab, steigert sich zu mehreren Reihen von Birken, die zusammen die Zahl 17, die Zahl der Wandlung ergeben, und endet in vier weißen, nebeneinanderstehenden hochaufstrebenden Säulen. Aus der Bildersprache übersetzt könnte man sagen, das geschlossene Viereck des Grabes wird einem Wandlungsprozeß unterzogen, an dessen Ende in einem offenen Viereck die Auferstehung gefeiert wird.

Die Bedeutung der Zahl 17 hat uns Christopher Tragius auf folgende Weise erläutert:

Die Zahl 17 ist eine unausgeglichene Zahl und führt zu Disharmonie. Gäbe es in einem Kreis zum Beispiel 17 Steine, so würde das bedeuten, daß der Kreis nicht abgeschlossen ist und dringend etwas darin fehlt. Dieses fehlende Glied würde mit der Zeit eine Spannung zwischen den vorhandenen Steinen verursachen, das heißt, eine destruktive Wirkung hervorrufen, die in letzter Konsequenz unweigerlich zur Umwandlung der bestehenden festgelegten Beziehungen im Kreis führen würde. Also gebraucht man die Zahlenkombination 17 bewußt immer dann, wenn ein Ort in besonders intensive Schwingungen gebracht werden soll, die eine Wandlung hervorbringen.

Noch etwas Entscheidendes hat Josef Plečnik für die Wiederbelebung des Landschaftstempels von Ljubljana getan: Durch die Gestaltung der Tivoli-Promenade und der Wegeführung am Burghügel hat er die Beziehung zwischen seinen Ein- und Ausatmungspunkten verstärkt und für die Spaziergänger geöffnet. Das Begehen des Weges entlang der zentralen Linie des Tempels ähnelt einem Ritual und ist als solches wesentlich für das Funktionieren dieser roten Linie.

Wie Christopher es ausdrückt, ist Slowenien geistig gesehen ein gesegnetes Land, weil sich seine Hauptstadt im mütterlichen Zentrum auf der Ebene der ersten Potenz befindet, genau an der Stelle, wo es zum Ausgießen der Lebenskräfte für das ganze Land kommt. So besteht die Möglichkeit eines Zusammenwirkens der seelischen Funktion des Ortes mit den öffentlichen Aufgaben, die eine Hauptstadt für das Land zu erfüllen hat. Damit diese sich gegenseitig unterstützende Harmonie zustande kommen könne, sei das bewußte Erkennen der seelischen Qualitäten der Landschaft eine Vorbedingung.

Die mütterliche Linie für Slowenien findet ihren Abschluß am Ort ihres Hauptausatmungspunktes, der sich am Fluß Kolpa, dem Grenzfluß zu Kroatien befindet. Dort stehen in der Nähe des Ortes Rosalnice die drei Wallfahrtskirchen, die ich schon im Zusammenhang mit dem in den Schlußstein eingemeißelten Lilienkreuz erwähnt habe. Die Komposition der drei Kirchen ähnelt unglaublich der Gestalt des Berges Triglav, dem sie von ihrer Funktion her genau gegenübergestellt sind. Die mittlere Kirche besitzt einen Turm, wodurch sie der mittleren, höchsten Spitze des Berges entspricht, die beiden seitlichen Kirchen sind gleich hoch, haben aber keine Türme, wodurch sie die seitlichen, niedrigeren Gipfel des Berges widerspiegeln. Die Kirchen befinden sich in der Nähe des Flusses, um ihre Yin-Funktion in der Beziehung zum Yang des fernen Berges zu verstärken.

Alle drei Kirchen stammen aus der Zeit der Gotik, was sich noch in ihrer äußeren Form zeigt, doch sind sie im Inneren auf eine unglückliche Weise häufig umgebaut worden. Trotzdem ist ihre Widmung an die drei Gestalten der heiligen Maria als der Repräsentantin der Göttin innerhalb der christlichen Epoche noch heute nachvollziehbar. Die rechte Kirche mit einer Skulptur der Maria als Himmelskönigin ist ihrem jungfräulichen Aspekt geweiht, die linke mit einer Darstellung der Pietà über dem Hauptaltar jedoch ihrem Wandlungsaspekt. Der mütterliche Aspekt der Maria in der mittleren Kirche zeigt seltsamerweise alle drei Aspekte der Göttin vereint. Es handelt sich um eine Holzfigur in fast natürlicher Größe, die bei kirchlichen Festen unterschiedlich bekleidet wird. Ihre Gestik ist recht ungewöhnlich: Einerseits hält sie als Mutter Christus als ihren Sohn im Schoß, andererseits wendet sie sich mit dem ganzen Körper von ihm ab, um in den Himmel zu schauen, als habe sie keine Beziehung zu ihm. Dazwischen ist auch der Wandlungsaspekt in der Weise eingewoben, daß Christus tot in ihrem Schoß liegt und gleichzeitig hinter ihr am Altar als lebender Christus steht.

Nach den Worten unseres Engel-Führers gab es in ältester Zeit an dem Ort ein dreiteiliges Heiligtum*, das den drei Aspekten der Göttin in der Gestalt von drei Wasserfrauen gewidmet war. Der Name des Ortes »Rosalnice« sei als eine Ableitung von »rusalke« zu verstehen, das im Slowenischen die Undinen bezeichnet. Die Beziehung zum Wasser, die sich darin verbirgt, sei wesentlich für die erwähnte ausgleichende Yin-Kraft des Heiligtums, wozu auch die Beziehung zum Fluß gehöre. *Glücklicherweise haben die drei Kirchen, die die alten Heiligtümer ersetzt haben, die symbolische Rolle dieses Ortes bewahrt. Anstelle der drei Wasserfrauen tritt darin zwar nur eine einzige Göttin, die christliche, in den Vordergrund, aber doch in allen drei Aspekten ihrer Symbolqualität.*

Bevor wir weiter zu der schwarzen Hauptlinie der Dreigliederung Sloweniens übergehen, möchte ich einige Zwischenfragen klären. Zum einen fragt man sich, welche Bedeutung denn den unzähligen Orten zukommt, die sich nicht auf einer der Hauptlinien befinden. Für ihre Einordnung innerhalb der seelischen Ebene des Landes gibt es mindestens zwei Möglichkeiten: Erstens gibt es Landschaften, die durch einen Kraftort an das System der Hauptlinien angeschlossen sind. Ein Beispiel dafür ist das Vipava-Tal, das ich im Zusammenhang mit den unglücklichen Flurbereinigungsmaßnahmen erwähnt habe. Die weiße Hauptlinie überquert das Tal, bevor sie den Kras erreicht. Dabei läuft sie über einen Hügel, auf dem die mittelalterliche Stadt Križ (Kreuz) steht. Der Hügel wird zu einem Einatmungspunkt, von dem aus sich kreuzartig vier Landschaftstempel auf der Ebene der dritten Potenz durch das Tal ausbreiten, wodurch die ganze Weite des Tales von dem Kraftgewebe durchzogen wird.

Die zweite Möglichkeit ist die, daß zwischen den Hauptlinien liegende Orte und Landschaften ein eigenes Netzwerk von Landschaftstempeln auf einer höheren Potenzebene entfalten, die aber eingestimmt ist auf den zentralen Bereich der Kraftausgießung – im Falle Sloweniens also auf Ljubljana –, und von den Impulsen, die von diesem Ausgießungsbrennpunkt ausgehen, die nötige Kraft einatmen. Es kann beliebig viele Landschaftstempelstrukturen dieser Art in einem Land geben, die sich

---

* Die drei Kirchen von Rosalnice sind ein in der christlichen Kultur äußerst seltenes Beispiel dafür, daß alle drei Kraftpunkte einer alten Tempelanlage durch Kirchen bezeichnet wurden, und es nicht zur Verengung auf einen einzigen Aspekt kam, wie es üblicherweise geschah. – Die drei Kirchen, bezeichnet als »Tri Fare«, befinden sich in der Nähe der Stadt Metlika an der Grenze zu Kroatien. Nach dem Schlüssel kann man in dem danebengelegenen Gasthaus fragen.

mehr und mehr verzweigen, bis sie auch das letzte Fleckchen Erde eingeschlossen haben. Die Funktion der Einstimmung auf den zentralen Ausgießungspunkt haben einst die Tempelstrukturen erfüllt, wie sie am Beispiel des Kras erwähnt wurden. Später wurde diese Funktion teilweise durch die Kirchen übernommen, da sie gewöhnlich auf den alten Kraftpunkten erbaut wurden, teilweise wurde die Aufgabe in aller Stille durch die Engel weitergeführt, solange bis – wie Christopher oft betont – der Mensch zu seiner mitschöpferischen Fürsorge für die Landschaft erwacht.

Wenn man die Kräfte, die das Land durchziehen, in ihrem Zusammenspiel betrachtet, stellt sich natürlich auch die Frage, wo hier die männlichen Kräfte ihren Platz haben. Am Beispiel der Beziehung zwischen dem Berg Grianan und der Insel Inch in Irland habe ich aufgezeigt, wie die männliche Kraft als ein linearer, aus dem Bereich der Ganzheit hervorgegangener Impuls in das Zentrum der Lebensfülle hineingezogen wird. Dieser Vorgang vollzieht sich in der Makrolandschaft Sloweniens entlang einer Ley-Linie, die das Land diagonal durchquert und dabei durch Lipica, den jungfräulichen Brennpunkt auf der ersten Potenzebene, sowie durch das Zentrum von Ljubljana als den Schoß des Landes verläuft. Ihr Eintrittspunkt in den Landschaftstempel von Ljubljana liegt im Fokus des weißen Aspekts an der Brücke von Trnovo und verläuft durch die Kathedrale weiter in Richtung Graz.

Der weitere Verlauf des männlichen Impulses in die Richtung der schwarzen Linie ist jedoch nicht so klar in die Landschaft eingeprägt wie der geschilderte Verlauf von der weißen zur roten Linie. Christopher hat den Weg als einen zweifachen Bogen beschrieben, der die reale Oberflächengestalt der Landschaft umgeht und den Charakter der Umwandlung hat, ähnlich wie an dem dritten Gottesaspekt in der Gestalt des alten Flachsgottes dargestellt. Dieser bogenförmige Weg verläuft einerseits tief

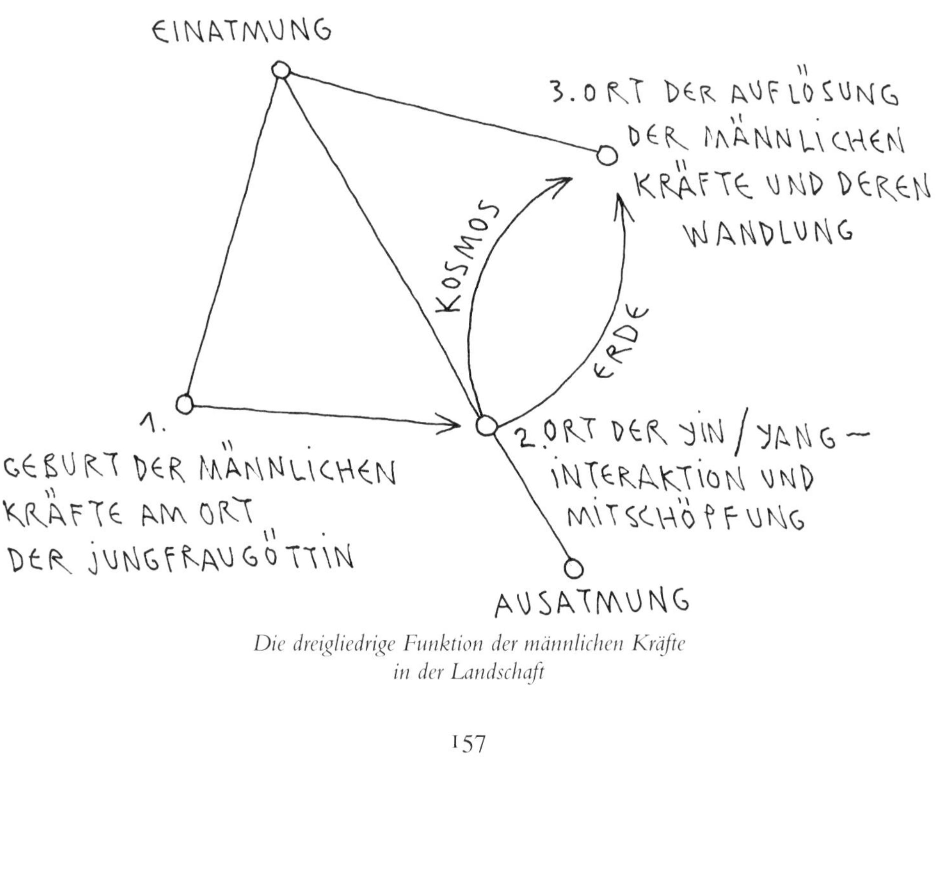

Die dreigliedrige Funktion der männlichen Kräfte in der Landschaft

durch die Dimensionen der Erde und andererseits hoch durch die Ausdehnungen des Kosmos. Auf diese Weise übernimmt der bogenförmige Verlauf einerseits die Funktion der Erdung für die Kraftsysteme der Landschaft und andererseits die Funktion, sie mit dem Kosmos zu verbinden. Der ganze bogenförmige Verlauf des männlichen Impulses steht unter einem starken Einfluß des Planeten Saturn, was natürlich auch für die Kraftzentren entlang der schwarzen Linien der Wandlung gilt.

Die schwarze Hauptlinie für Slowenien verläuft, wie angedeutet, vom Triglav aus durch das slowenische Kärnten, an Maribor vorbei, weiter in Richtung Murska Sobota, und findet ihren letzten Ausatmungspunkt im Bereich von Bogojina an der slowenisch-ungarischen Grenze. Die schwarze Hauptlinie berührt den Landschaftstempel der Wandlung auf der ersten Potenzebene am Berg Peca, in dessen Innerem nach der Volksüberlieferung der slowenische Nationalheld König Matjaž schläft, um am Ende der Zeit aufzuerstehen und den Slowenen ihr goldenes Zeitalter zu bringen. Am Hang dieses breiten Berges liegt hoch über dem Fluß und der Stadt Črna (wörtlich: die Schwarze) der Einatmungspunkt, verkörpert durch die Wallfahrtskirche der heiligen Anna*. An einem im westlichen Teil der Kirche gelegenen Seitenaltar steht eine hölzerne Skulptur der schwarzen Madonna aus der Zeit des Barock. Sie ist vollkommen schwarz im Gesicht, hat auffällig rote Lippen und trägt einen feuerroten Mantel; auch das Christuskind ist schwarz von den Fersen bis zu seiner goldenen Krone.

Wir haben angesichts dieser verblüffenden Darstellung unseren Engel-Führer um Erläuterung gebeten. Sein Kommentar lautete:

*Da die heilige Maria im Christentum die Göttin verkörpert und ihr alle drei Aspekte ihres Wesens verliehen sind, muß auch der schwarze Aspekt irgendwie zum Ausdruck kommen. Es gibt allerdings nur wenige Orte, an denen die Künstler so wagemutig waren, sie so darzustellen, wie sie von ihrem Gefühl geführt wurden. Gewöhnlich wird sie durch die trauernde Muttergottes ersetzt, bei der es sich um einen Rückzug der Göttin aus ihrer eigenen Rolle handelt: Maria ist in dem Falle nur als eine Beobachterin der Wandlung dargestellt, nimmt aber nicht am Prozeß teil. Bei den seltenen Beispielen der schwarzen Madonna geht es aber um eine aktive Einbezogenheit der Maria in die Wandlung, sie wird zur Mutter Wandlung – in einem verengteren, aber verständlicheren Sinne könnte man sagen, zur Mutter Tod.*** Daß sowohl Maria als auch das Christuskind schwarz vorkommen, würde bedeuten, daß in jedem Teilchen des Lebens auch ein Keim der Wandlung – man könnte gröber sagen: des Todes – liegt. Die Darstellung der schwarzen Madonna findet keine echte Grundlage innerhalb des christlichen (Jenseits-)Optimismus. So wirkt sie dämonisch und paßt nicht zur Verheißung des Paradieses. Es gibt den Menschen sogar das Gefühl, daß die jungfräuliche Gestalt der Maria sich auflöst, wenn sie in das schwarze Gesicht schauen. Es gab viele schwarze Madonnen, doch wegen ihres dämonischen Aussehens sind viele vernichtet oder hinter die Kulissen verdrängt worden. Die Leute schämen sich oft ihretwegen und wollen sie nicht als etwas zu ihnen Gehörendes annehmen.*

Der Landschaftstempel der Wandlung erstreckt sich über die engen Täler und steilen Berge des slowenischen Kärnten, die sehr gut die komplizierte Verflochtenheit

---

* Die Kirche liegt am Weg von Črna in Richtung Koprivno.

** Im Slowenischen ist dies die gebräuchliche Bezeichnung für die Gestalt, die bei uns zum »Sensenmann« verdreht wurde. (Anm. d. Lektorin)

der Wandlungskräfte wiedergeben. Seine Dreigliederungsbrennpunkte befinden sich im Bereich von Slovenj Gradec. Am interessantesten ist der Ort des ehemaligen Wandlungstempels auf der Ebene der zweiten Potenz, der sich auf einem steilen Hügel inmitten der Wälder befindet, wo heute die imposanten Ruinen des mittelalterlichen Schlosses Vodriž stehen. An den Erdwällen, die sich um den Hügel ziehen, kann man radiästhetisch die Anlagen des alten Tempels erspüren. Die Wandlungskräfte sind zur Zeit in einer mächtigen Buche verankert, die mitten in den Ruinen steht. Den Brennpunkt der Lebensfülle findet man bei der Wallfahrtskirche auf dem Schloßhügel über Slovenj Gradec, der Ganzheitsaspekt ist in der Nähe der Wallfahrtskirche St. Peter auf dem Berg Kronska verankert und der Ausatmungspunkt am Ufer des Flusses Drava bei Puščava.

Nach Verlassen des Landschaftstempels der Wandlung für Slowenien verläuft die schwarze Hauptlinie in Richtung ihres Ausatmungstempels, der sich durch die Gebiete von Prekmurje und Goričko ausbreitet. Sein Einatmungspunkt befindet sich im Schloßpark von Murska Sobota*, im Stadtzentrum. An dem betreffenden Platz wachsen in zwei Kompositionen einmal acht und einmal neun Eichen, die zusammen 17, die Zahl der Wandlung, ergeben. Sie stehen auf kleinen Anhöhen, in denen Überreste der alten Erdwallanlage zu erkennen sind.

Den zentralen Punkt dieses Landschaftstempels hat der Architekt Josef Plečnik wundervoll durch seinen Neubau der Kirche von Bogojina gekennzeichnet. Die

Kirche von Bogojina. Josef Plečnik, 1923–27

* Murska Sobota ist eine Regionalhauptstadt für den Osten Sloweniens. Bogojina kann man von Murska Sobota aus in Richtung ungarische Grenze erreichen.

Kirche ist auffallend asymmetrisch gebaut, obwohl sie an jeder Seite der geräumigen Halle durch je acht Säulen aus schwarzem Marmor getragen wird. Die starke Asymmetrie kommt dadurch zustande, daß es zusätzlich eine zentrale schwarze Säule gibt, die die Säulenzahl 16 auf die Wandlungszahl 17 erhöht. Sie steht aber nicht in der Raummitte, sondern ist auffällig nach Westen versetzt. Sie trägt drei weite Bögen, die in drei Richtungen die ganze Raumbreite überspannen und meinem Gefühl nach die drei Wesensaspekte der Göttin symbolisieren – und einen vierten, deutlich kürzeren, nach Westen orientierten Bogen, der durch bogenartige Öffnungen wiederum dreimal untergliedert ist und meiner Intuition nach für den Aspekt der Wandlung der männlichen Kräfte steht. Die Kirche von Bogojina weist aber noch eine Besonderheit auf: An der Holzdecke und an verschiedenen Teilen des Hauptaltars ist eine große Zahl der einfachen bäuerlichen Keramik angebracht, die man in den umliegenden Dörfern im täglichen Leben gebraucht. Die Tradition dieser Keramik reicht fast ununterbrochen zurück zu der neolithischen Lengyel-Kultur, die, wie an früherer Stelle erwähnt, in der Tiefebene des ehemaligen Panonischen Sees beheimatet war. Noch heutzutage wird solche Keramik in den benachbarten Dörfern in Brennöfen hergestellt. Die Gefäße mit ihrer antropomorphen Form, die am Hochaltar der Kirche von Bogojina hängen, haben mich spontan daran erinnert, daß wir uns hier auf dem Boden einer der wichtigsten Kulturen des Alten Europa befinden.

Das Konzept des Landschaftstempels von Jeruzalem, Slowenien

Der interessanteste Ort, der zu der Struktur dieses letzten Landschaftstempels an der schwarzen Hauptlinie für Slowenien gehört, ist ein Brennpunkt der Wandlungskräfte, der in einer wundervoll bewegten, hügeligen Landschaft auf dem Gipfel eines Hügels steht und den Namen Jeruzalem trägt. Der Überlieferung zufolge wurde an dem Hügel, den Graf Friedrich II. von Petau im 13. Jahrhundert dem Templerorden geschenkt hatte, von den Templern eine quadratische Kapelle erbaut, in der sie eine kostbare, aus Jerusalem mitgebrachte Ikone der schwarzen Madonna aufbewahrten. So kam es zu dem erstaunlichen Namen Jeruzalem, den dieser Ort in Slowenien trägt, der heute nur noch wegen seines ausgezeichneten Weines bekannt ist.*

Da trotz der Unterdrückung des Templerordens der Strom der Pilger nicht abriß, sondern immer stärker wurde, hat man die Kapelle im 17. Jahrhundert wesentlich erweitert. Dabei wurde leider die Wand der ursprünglich quadratischen Kapelle niedergerissen, um daraus die Apsis der neuen Kirche zu bauen. Auch die verehrte Ikone ist verschwunden, nachdem sie von einem Maler in zeitgenössischer Manier kopiert worden war – gut kopiert, wie unser Engel-Führer betont hat. Als einzige Erinnerung an die Rolle der Templer ist an der Decke der ehemaligen Kapelle ein blaues Malteser-Kreuz angebracht worden, das zwar genau den Einstrahlungspunkt der kosmischen Kräfte bezeichnet, als Symbol für die Templer aber falsch ist.

Während der letzten Juliwoche im Jahr 1992 leitete ich in einem im letzten Jahr entstandenen Zentrum für biodynamische Landwirtschaft in Svetinje, einem Nachbarort von Jeruzalem, zusammen mit meiner Tochter Ajra ein Seminar zur Erdheilung, an dem 53 Menschen teilnahmen. Wir hatten uns die Aufgabe gestellt, den Landschaftstempel von Jeruzalem und dessen Eingliederung in die Kraftsysteme zu erforschen und – so gut es ging – zur Auflösung der vorhandenen Blockierungen und einer Erneuerung der Funktion des Ortes beizutragen.

So standen wir am 30. Juli alle zusammen im Raum der ehemaligen Templerkapelle, um die Kopie der alten Ikone zu betrachten. Ich hatte gerade darauf aufmerksam gemacht, daß die Geste, mit der Maria das Gesicht des gestorbenen Christus liebevoll an ihre Wange drückt, genau einer Geste Marias gegenüber dem Christusknaben entspricht, wie sie häufig auf Ikonen dargestellt wird – als Jolanda, eine Mitarbeiterin, bemerkte, daß in dem Gemälde links von dem Gesicht Christi noch ein zweites Antlitz verborgen in den Falten des weißen Kopftuches der Maria dargestellt ist. Im Gegensatz zu dem vordergründig sichtbaren Bildnis des gestorbenen Christus zeigt das zweite Antlitz den auferstehenden Christus. Es wirkt so, als würde sich das Antlitz Christi gerade aus den weißen Leichentüchern befreien.

Danach haben wir Christopher gebeten, uns bei der Entzifferung des Geheimnisses von Jeruzalem zu helfen. Seine Auskunft lautete:

Der Tempel an diesem Ort wurde in der Absicht gebaut, einen Teil des Heiligen Landes in diese mit einer starken Schwingung getränkte Landschaft zu bringen. Dabei wurden die Gesetzmäßigkeiten des Hügels berücksichtigt – die Schwingungen der Kraftfelder des Ortes gleichen fast den Schwingungen Jerusalems. Das heißt, daß durch die Kapelle die Schwingung des (echten) Jerusalem an einem neuen Ort geerdet wurde. Der Hügel begann aufgrund seiner symbolischen Beziehung mit Jerusalem mitzuschwingen, und dies manifestierte sich über Nacht in einer ungeheuren Kraft, »die die Kranken und die Unglücklichen heilte«. Auf dem Gemälde, das ihr ausgezeichnet entschlüsselt habt, geht es um den Kontrast zwischen dem weißen Kopftuch und dem schwarzen Hintergrund, der die ganze Darstellung umfaßt. Maria ist auf dem Bild zuerst als Mutter und erst dann als Trauernde dargestellt. Dabei ist in dem Gemälde das Wesen der Umwandlung bereits vollzogen – Christus ist gleichzeitig als Marias Sohn, als Toter und als auf einer höheren Ebene Wiedergeborener dargestellt – was

* Jeruzalem befindet sich an der »Weinstraße« durch die Goričko-Hügel, die von der Regionalstraße Ljutomer–Ormož abzweigt. Nach dem Kirchenschlüssel kann man im Gasthaus fragen. Svetinje befindet sich an der gleichen Straße.

an der weißen Farbe des Antlitzes im Tuch erkennbar ist. Da das (wahre) *Jerusalem ein starker Kraftort der Wandlung ist, haben die Templer die Beziehung zu Jerusalem am treffendsten durch eine von dort mitgebrachte Ikone der schwarzen Madonna gekennzeichnet, die im wesentlichen die gleichen Züge hatte wie das heutige barocke Bild – auch sie beinhaltete alle drei Aspekte.*

Die Aufgabe, mit der wir uns vorerst befaßt haben, bestand in der Auflösung der Blockaden, die innerhalb der ehemaligen Templerkapelle entstanden waren, als das Heiligtum während des Umbaus im 17. Jahrhundert asymmetrisch verlängert wurde. Die frühere, einem Turm ähnliche Kapelle war durch ihren quadratischen Grundriß stark zentriert und gleichzeitig polarisiert gewesen. In dem ausgeprägten Zentrum, wo sich einst die heilige Ikone befand, war eine senkrechte Schwingungssäule verankert, die auf die Schwingung von Jerusalem eingestimmt war. Beim Umbau ist dieses fein aufgebaute vertikale Kraftfeld zusammengebrochen, und damit hatte auch der Ort die Verbindung zu Jerusalem verloren, ganz zu schweigen von der Zerstörung der Schönheit und der heilenden Kraft, die dem Ort durch das Werk der Templer verliehen worden war.

Unsere Gruppenarbeit zur Heilung dieser Umstände bestand darin, daß wir zunächst aufgrund unserer inneren Empfindungen und Visionen, die wir immer wieder miteinander verglichen, die Probleme identifiziert haben. Danach begannen wir mit einer Reinigung und Wiedereinstimmung der Kraftstruktur im Bereich der ehemaligen Kapelle. Die Methode, die wir dabei gebrauchten, ist eine in der Gruppenarbeit bewährte Heilungsmethode, die ich zusammen mit Freundinnen und Freunden während meines alljährlich stattfindenden Seminars auf der Isola Bisentina im Bolsena-See (Italien) entwickelt habe*.

Die Gruppe stimmt Töne an, wie sie spontan aus dem Inneren erklingen, und versucht einzeln und als Gemeinschaft in Einklang mit der Kraftstruktur zu kommen, in der sie sich befindet. Dabei geht die gemeinsame Anstrengung dahin, daß wir versuchen, den höchstmöglichen Grad an Harmonie untereinander zu manifestieren, so daß das intensive Vibrieren, das von der Gruppe ausgeht, durch Resonanzwirkung zu einem dauerhaften Anstoß wird für die Harmonisierung der Schwingungsmuster im Raum und zum Wiederaufbau der gebrochenen Kraftstrukturen. Dazu gehört wohl auch die Reinheit der Intention und die selbstlose Liebe, die die Gruppe dabei ausstrahlt. Die Voraussetzung dafür, daß die Blockaden und anderen Hemmungen, die ein Ort hat, erlöst werden können, ist, daß auch die dissonanten Beziehungen innerhalb der Gruppe in einem gemeinsamen Prozeß geklärt werden, wodurch eine tiefgreifende Einstimmung auf den Ort erst möglich wird.

Natürlich ist es wunderbar, etwas über die seelischen Gliederungsmuster der Landschaft zu wissen, doch zeigt das Beispiel von Jeruzalem stellvertretend für zahllose andere Orte, wieviel uns Menschen noch zu tun bleibt, bis die Erde wieder zu einem Paradiesgarten wird.

---

* Für die Entwicklung und Vermittlung dieser auf dem Anstimmen von Tönen beruhenden Methode bin ich besonders Birgit und Franz Hächl dankbar.

Literatur

Baring, Anne/Jules Cashford: The Myth of the Goddess, Harmondsworth (Viking Arkana, Penguin Books), 1991.
Botheroyd, Sylvia und Paul F.: Lexikon der keltischen Mythologie, München (Eugen Diederichs), 1992.
Busse-Wilson, Elisabeth: Das Leben der Heiligen Elisabeth von Thüringen, München (Beck) MCMXXXI.
Daly, Mary: Gyn/Ökologie. Eine Metaethik des radikalen Feminismus, Erw. Neuaufl., München (Frauenoffensive) 1991.
Eisler, Riane: The Chalice and the Blade, San Francisco (Harper & Row) 1988.
Gimbutas, Marija: The Language of the Goddess, San Francisco (Harper & Row) 1991.
dies.: The Civilization of the Goddess, San Francisco (Harper) 1991.
Göttner-Abendroth, Heide: Die Göttin und ihr Heros, München (Frauenoffensive) 1980.
König, Marie E. P.: Am Anfang der Kultur, Berlin (Gebr. Mann) 1973.
Matthews, Caitlín: Sophia, Goddess of Wisdom, London (Mandala) 1991.
Perocco, Guido/Antonio Salvadori: Civiltá di Venezia/I., Venedig (La Stamperia di Venezia) 1973.
Prelovšek, Damjan: Josef Plečnik, 1872–1957. Architectura Perennis, Salzburg (Residenz) 1992.
Ranke-Graves, Robert von: Griechische Mythologie. Quellen und Deutung, Reinbek (Rowohlt) 1992.
Schult, Arthur: Maria-Sophia, Bietigheim (Turm) 1986.
Voss, Jutta: Das Schwarzmond-Tabu. Die kulturelle Bedeutung des weiblichen Zyklus, Stuttgart (Kreuz) 1988.
dies.: Frauenrequiem. Totenmesse für alle Frauen, die als »Hexen« ermordet wurden, Stuttgart (Jutta Voss) 1989.
Walker, Barbara G.: The Woman's Encyclopedia of Myths and Secrets, San Francisco (Harper & Row) 1983.
White, John (Hrsg.): Kundalini Energie – die spirituelle Schlange in uns, München (Goldmann) 1979.
Zadnikar, Marijan: Hrastovlje, Ljubljana (Družina) 1988. (Mit einer Zusammenfassung in deutscher Sprache.)

Nachweis der Farbabbildungen

1 Jungfrau Maria, Hrastovlje. Foto Dušan Podgornik. Mit freundlicher Genehmigung des Amtes für Kultur- und Naturschutz, Piran.
2 Hrastovlje-Kirche. Foto Marika Pogačnik.
3 Eva und Adam, Hrastovlje. Foto Dušan Podgornik. Mit freundlicher Genehmigung des Amtes für Kultur- und Naturschutz, Piran.
4 Heilige Drei Könige, Hrastovlje. Foto Dušan Podgornik. Mit freundlicher Genehmigung des Amtes für Kultur- und Naturschutz, Piran.
5 Totentanzfresko, Hrastovlje. Foto Dušan Podgornik. Mit freundlicher Genehmigung des Amtes für Kultur- und Naturschutz, Piran.
6 Stein mit polarisierten Öffnungen, Hrastovlje. Foto Marko Pogačnik.
7 Lithopunkturstein, Cappenberg. Foto Ana Pogačnik.
8 Lithopunkturstein, Cappenberg. Foto Ana Pogačnik.
9 Lithopunkturstein, Cappenberg. Foto Marko Pogačnik.
10 Basilika Salute, Venedig. Foto Arne Hodalič.
11 Canal Grande, Venedig. Foto Arne Hodalič.
12 Halbmondscheibe, Schloßkapelle Türnich. Foto Hanna Moog.
13 Schloß Türnich. Foto Marie-Thérèse Gräfin d'Oultremont.
14 Wassertunnel, Schloßkapelle Türnich. Foto Marie Thérèse Gräfin d'Oultremont.
15 Göttinternität, Beaghmore. Foto Brendan McMenamin.
16 Bocan-Steinkreis. Foto Marika Pogačnik.
17 Burg Inch. Foto Marika Pogačnik.
18 Lithopunkturstein, Festung Inch. Foto Brendan McMenamin. Mit freundlicher Genehmigung der Orchard Gallery, Derry.
19 Insel Inch. Foto Marko Pogačnik.
20 Grianan-Berg. Foto Ana Pogačnik.
21 Grianan-Heiligtum. Foto Ana Pogačnik.
22 Grianan-Heiligtum. Foto Leon Kebe.
23 Kosmogramm, Cashel-Hügel. Foto Nike Pogačnik.
24 Moulldre-Felsen, Cashel Hügel. Foto Marko Pogačnik.
25 Castle-Hügel. Foto Ana Pogačnik.
26 Lithopunktursteine, Derry. Foto Brendan McMenamin. Mit freundlicher Genehmigung der Orchard Gallery, Derry.
27 Ballaun-Stein, Derry. Foto Ana Pogačnik.
28 »Krönungsstein«, Derry. Foto Marika Pogačnik.
29 Lithopunkturstein am Altnagelvin-Krankenhaus, Derry. Foto Brendan McMenamin. Mit freundlicher Genehmigung der Orchard Gallery, Derry.
30 Bronzeplättchen, Derry. Foto Brendan McMenamin. Mit freundlicher Genehmigung der Orchard Gallery, Derry.
31 Aufrecht stehender Stein in Dungiven. Foto Marika Pogačnik.
32 Insel Bled. Foto Smiljan Šiška.
33 Staatswappen der Republik Slowenien. Marko Pogačnik, 1991.
34 Rosalnice-Wallfahrtskirchen. Foto Ajra Miška.
35 Škocjan-Grotten. Foto Žiga Golob.
36 Bitnje-Wallfahrtskirche. Foto Žiga Golob.
37 Göttingestalt aus dem Ljubljana-Moorland. Mit freundlicher Genehmigung des Nationalmuseums Ljubljana.
38 Dreigliedrige Brücke, Lubljana. Foto Marko Pogačnik.
39 Schwarze Madonna. Foto Ana Pogačnik.
40 Barocke Kopie der heiligen Ikone, Jeruzalem. Foto Majda Rus.
41 Altar mit Schwarzer Madonna. Foto Ana Pogačnik.
Titelfoto: Beaghmore-Steinkreise, Nordirland. Foto Brendan McMenamin.
Vordere Klappe: Lithopunkturarbeit bei Burg Inch. Foto Ana Pogačnik.
Hintere Klappe: Der Autor im Grottenheiligtum von Srakane, Adria. Foto Nike Pogačnik.

Die Zeichnungen auf den Seiten 44, 47, 48, 54, 69, 85, 87, 96, 97 wurden nach Vorlagen aus Gimbutas: *The Language of the Goddess* angefertigt.

Weitere Bücher des Autors

Die Erde heilen – das Modell Türnich, München (Eugen Diederichs) 1989.
»Die Erde heilen« in: Orte der Kraft – Kräfte des Lebens, hrsg. von Wulfing von Rohr, Münsingen/Bern (Fischer) 1991.
A Hidden Pathway through Venice/Percorso segreto attraverso Venezia, Roma (Carussi Editore) 1986.
Introduction to the Sacred Landscape of Istria (unter Mitarbeit von Dušan Podgornik), Koper (Selbstverlag der Autoren) 1985.
Leylines and Ecology (unter Mitarbeit von William Bloom), Glastonbury 1985.
Art around Novi Pazar, Novi Pazar 1983.
Ljubljanski Trikotnik (Ljubljana-Dreieck: slowen.), Ljubljana 1988.
Za zdravljenje Zemlje (slowen. Ausgabe von Die Erde heilen), Ljubljana 1991.
Un Espoir pour notre Terre (frz. Ausgabe von Die Erde heilen), Paris (Médicis) 1991.

Führungen und Seminare auf Schloss Türnich

Marko Pogačnik leitet in regelmäßigen Abständen Führungen durch Park und Kapelle und veranstaltet Seminare für interessierte Laien.
Programm und Auskünfte:
Umweltzentrum für ökologische Strukturforschung Schloß Türnich
Postfach 4108
5014 Kerpen-Türnich
Telefon: 02237/7501

Auskünfte zu anderen Seminaren und Gruppen:

Marko Pogačnik
SLO 65261 Šempas št. 160
Slowenien 65-48564
Telefon (von Deutschland): 0038/6548564